中国新基建丛书

江厦智库

中国新基建与 5G 智慧城市建设

魏玉祺　主编

天津出版传媒集团
天津科学技术出版社

图书在版编目（CIP）数据

中国新基建与5G智慧城市建设 / 魏玉祺主编. -- 天津 : 天津科学技术出版社, 2021.6

（中国新基建丛书）

ISBN 978-7-5576-8982-7

Ⅰ. ①中… Ⅱ. ①魏… Ⅲ. ①信息经济—基础设施建设—研究—中国 Ⅳ. ①F492.3

中国版本图书馆 CIP 数据核字(2021)第 066021 号

中国新基建与5G智慧城市建设
ZHONGGUO XIN JIJIAN YU 5G ZHIHUI CHENGSHI JIANSHE
策划编辑：方　艳
责任编辑：刘　颖
出　　版：天津出版传媒集团
　　　　　天津科学技术出版社
地　　址：天津市西康路35号
邮　　编：300051
电　　话：（022）23332372
网　　址：www.tjkjcbs.com.cn
发　　行：新华书店经销
印　　刷：天津新华印务有限公司

开本 710×1000　1/16　印张 16.5　字数 300 000
2021年6月第1版第1次印刷
定价：68.00元

编委会名单

主　编

魏玉祺

编　委（以姓氏笔画为序）

刁伟鹤　　中国空间技术研究院总体设计部高级工程师
边小勇　　武汉科技大学副教授/江厦智库科技合伙人
付　兵　　转录科技（深圳）有限公司技术总监
付耀耀　　中国科学院宁波材料所智库中心主管
朱云志　　中国移动上海产业研究院智慧交通产品二部团队负责人
李立凌　　中国空间技术研究院总体设计部高级工程师
吕　桐　　中国移动上海产业研究院北京分公司产品总监
李　健　　中创三优（北京）科技有限公司总经理
李　原　　中国移动上海产业研究院北京区域中心项目总监
凌纪伟　　新华网科技频道副主编
张　晶　　北京中学一级教师
周海华　　青岛市工业和信息化局工业互联网处三级调研员
郭　跃　　宁波工程学院教授/江厦智库合伙人
赵康宁　　中国卫星导航定位应用管理中心原副主任
贾　茹　　中国空间技术研究院总体设计部工程师
崔永庆　　全拓数据董事长兼 CEO
黄克武　　中国空间技术研究院总体设计部高级工程师
魏邦友　　中国空间技术研究院总体设计部高级工程师

序 1

新格局下的中国新基建与数字化发展

朱高峰　中国工程院院士

新型基础设施建设提出的时间并不长，因此社会上甚至政府各部门的理解并不完全一致，有必要做一些阐明。

首先，基础设施指的应该是社会生产生活各主要方面共同依托的物质基础，从物质三大领域来说，就是物体、能量和信息，这三个方面的生产都有各种大大小小的群体（主要是企业）在做，但其产品并不构成基础设施，就像一个机械厂、一个发电厂、一个数据库并不构成基础设施一样，各个单位都要共同使用的才是基础设施，因此也可以称为公用基础设施。在缤纷多彩的世界中，人们选择了流通领域的关键设施作为基础设施，在物体领域即是物流运输设施，包括海、陆（公路、铁路）、空；在能源领域则是四通八达的电网；而在信息领域则是信息网络，包括通信网和因特网（互联网）。由于信息领域的特殊性，信息除流通外，信息采集、加工、变换等都很大程度上与信息网络密切相关，因此信息网络作为基础设施包含了这几方面的内容。

新型的含义比较清楚，就是随着技术的进步，设施不断产生迭代，新旧交替，因此不断会有新型基础设施出现。相对而言，物体和能量领域的技术进步相对较慢，而信息技术在近十多年中则是飞速发展，因此信息领域的新型基础设施的内容就较多，包括原有技术进步，如蜂窝移动通信领域的连续换代，大体上十年一代，现在是 5G；还包括所谓新一代信息技术的各个方面，如大数据、人工智能、云计算和边缘计算、工业互联网、物联网（这两者也可认为是互联网和工业等其他产业交叉融合而使其功能和应用得到了拓展）、AR/VR 等。这些新技术除了依托信息网络外，还需要与其对应的其他基础设施，因此新型基础设施有狭义和广义两种概念，前者就是与新一代信息技术相对应的基础设施，后者则包括物流网和能量网的新拓展，如高铁和超高压电网等。

至于建设则就是一般建造的意义了。但要注意如前已述，基础设施基本上是网状结构，因此建设是多个独立项目之和。比如5G网络当然要考虑基站总数，但更要考虑布局是否合理，与应用是否匹配。如前些年因为数据中心能耗太大，所以选择在西部气温较低、能量供给又充裕的地区大量建设数据中心，远离东部主要应用所在地，如果一旦单位能耗下降是否总体布局上会有变化等就要做充分预估了。因此基础设施建设一定要有总体规划，要在全局指导下发挥各个局部的积极性，切忌各自为战，吸取我国一些新兴产业曾经一哄而上然后不得不大调整造成损失的教训。

至于智慧城市则一定要明确方向，逐步推进。城市是一个非常复杂的系统，而城市大脑概念是从智能制造衍生而来的。一个城市交通系统要做好也不是件容易的事，建设智慧城市一定要实事求是，量力而行。

一方面基建能促进经济增长，GDP就是投资加消费加净出口。在成熟社会里都是消费占大头，我国由于一直在快速赶超阶段，所以消费比例比发达国家要低，相应地投资和净出口占比就比发达国家要高。由于我国制造业快速发展和全球化进展，出口增长一直快于进口。因此在20世纪前10～15年中净出口一直处于增长趋势。近几年来由于经济体量变大，对外开放也有很大进展，因此净出口比重在下降。随着全球化总的趋势的变化，净出口比重还会进一步下降。消费比重有所上升，但要达到发达国家的水平还会有相当一段过程。投资仍要维持相当的比例，投资大量用于基础设施建设，而交通和能源建设近些年已经投入很大，某些方面已经相对饱和，因此新型基础设施的建设对保持经济增长，包括调整结构具有重要的意义。

另一方面建设是为了使用，新一代信息技术的应用中大量是与各个产业的融合，以提高各个产业的质量和效益。而这些技术中有些还没有实际广泛应用，因此在扩大信息基础设施建设的同时，要加快产业之间的融合，要在行业、产业应用上下大功夫，而这是可以有大量的开拓性工作要做的。

同时在发展中一定要把握技术的先进性和成熟度，进度的可行性和与应用需求的同步性。要看到在多数领域，我国在理论基础和关键材料方面还有很多欠缺。

在《中国新基建与5G智慧城市建设》一书出版之际，祝我国新型基础设施建设取得好成效。

序 2

新基建中的"中国力量"

魏玉祺 江厦智库秘书长

当前，中国经济正迈向高质量发展阶段，新时代需要"新基建"。

从 1994 年我国启动北斗一号工程建设，到北斗系统第五十五颗导航卫星的成功发射，中国卫星导航系统建设实现飞速跨越，我国陆陆续续发射了近 60 颗北斗卫星，北斗三号后期实现了 100%国产化。这是继高铁之后中国又一次亮相世界的国之重器。

新时代，正值"新基建"全战略布局、全方位定位，涵盖了 5G、卫星互联网、人工智能、云计算、智能交通基础设施、智慧能源基础设施等领域的新基建，如何与世界"对话"，成为全社会共同期待的焦点。

我国在基础建设上的成就举世瞩目，但也有着广泛的升级空间。目前，中国经济类基建质量评分仅为 77.9（百分制），在 141 个经济体中排名第 28 位；中国发电量和能源消耗居全球第一，但人均水平低，清洁能源占比低；中国铁路里程仅次于美国，但密度大幅低于美、日，其中高铁里程世界占比超 2/3，轨道交通里程居世界第一，但服务效率普遍较低；中国公路里程和中国公共机场发展迅速，但服务效率相对较低；中国互联网覆盖面为 61%，还有很大的提升空间。

疫情的大考赋予了中国发展产业数字化、数字产业化的机遇和力量，加快 5G 网络、数据中心等新型基础设施建设，抓紧布局数字经济、生命健康、新材料等战略性新兴产业、未来产业，成为中国着力推进科技创新，壮大新增长点、发展新动能的战略定位。

本书中着力阐释的北斗导航、大数据、工业互联网、移动通信、航空航天、新材料、特高压等，都在很大程度上展示了在新基建中的"中国力量"。新华网科技频道副主编凌纪伟先生在第一章《智慧中国中的 5G 网络》中，结合案例深度分析 5G 网络如何赋能智慧城市；中国卫星导航定位应用管理中心原副主任赵康宁则从北斗导航的研发说起，重点解读北斗导航在新基建产业化中的场景应用，为北斗科技的社会化服务提出建言；郭跃教授在第二章《大数据中心与城市“大脑”》中解释说进入 2020 年，中国数据中心对于数量和质量都会有着极高的建设需求，将会继续高密度演进数据中心建设，更加突出数据中心在产品集约化中的应用，联合创新会成为未来数据中心非常重要的合作模式；转录科技（深圳）有限公司的付兵重点阐释了充分发挥转录科技长期产业化服务的经验，发挥企业自身长期进行塑料和电路制造生产的经验，研究开发出实用、高效的高精度生产线 7D 智能制造设备；中科院材料所付耀耀博士分析了新材料是高端制造的基础，如芯片、光纤、数据中心、航空航天、新能源汽车等需要新材料的支撑；全拓数据董事长兼 CEO 崔永庆对数据管理在疫情防控、公安等系统的应用进行了有效分析；中国空间技术研究院高级工程师魏邦友认为，卫星互联网已成为我国多地的新基建热词之一，以北京、上海、重庆、福州等为代表的城市纷纷将卫星互联网纳入新型基础设施建设行动方案，等等，不一而足。

新基建，重点突出的是“新”，新在技术和产业，新在发展理念，新在成为扩大有效投资、赋能新经济发展的重要手段。“新基建”既是先进的智能科技，又是赋能智慧经济的基础设施。一头连着巨大的投资需求，一头牵着不断升级的企业市场。

2020 年以来，计算机及办公设备制造业投资增长迅速提高，科技成果转化服务业和专业技术服务业投资增长双双拔高，“新基建”带来的数字化生产力正迅速转化为经济复苏的驱动力；5G 的建设成绩亮眼，新一轮信息技术正加速全球竞争力版图的重塑，我国已建成全球最大的光纤和 4G 宽带网络，5G 基站超过 20 万个，具备良好的产业基础和广阔的市场空间；在云计算方面，华为、阿里、腾讯等行业巨头纷纷加码投资，阿里云日前宣布，未来 3 年投入 2 000 亿元加码“新基建”，用于云操作系统、服务器、芯片等重大核心技术研发攻坚；人工智能与经济发展深度融合，智能经济已经成为大势所趋。

“新基建”按下“加速键”，不少同“新基建”相关的行业展现出良好的发展前景，5G 等新型基础设施建设将全面赋能各行各业的数字化转型，在新旧动能转换的关键时刻，“新基建”成为打造中国经济新增长的关键引擎，并带来一场深刻的产业变革。

我们期待，期待江厦智库的“新基建”研究能对中国智慧城市的顶层设计和基础建设有所贡献。

目录

第一章　5G 网络：领跑新基建，打通智慧中国的数字交通网络 1

第一节　建设智慧城市的背景与趋势 1
第二节　5G 如何赋能智慧城市建设 3
第三节　5G 智慧城市的典型应用场景 4
第四节　5G 智慧城市建设的利好因素 17

第二章　大数据中心：支持数字经济发展的关键 21

第一节　大数据 21
第二节　城市大脑 32
第三节　大数据背景下制造企业运营数据分析平台建设 43
第四节　大数据背景下公安数据分析平台建设 48
第五节　基于邻里中心大数据平台的疫情防控 57

第三章　人工智能：连接智能新时代 67

第一节　人工智能——伟大的起点：从图灵机说起 67
第二节　人工智能发展的重要里程碑 70
第三节　人工智能与机器学习 71
第四节　人工智能与深度学习 73
第五节　人工智能与区块链 82
第六节　人工智能与基因科学 86
第七节　人工智能走向应用 90
第八节　人工智能的未来 97

第四章　卫星互联网：构建新一代天地融合泛在网络 …………………100
第一节　卫星互联网产业概况……………………………………………100
第二节　卫星互联网产业链概况…………………………………………109
第三节　我国发展卫星互联网的机遇与挑战……………………………113
第四节　关于推动我国卫星互联网发展的建议…………………………115
第五章　工业互联网：推进网络强国建设的重要基础 …………………118
第一节　工业互联网平台建设……………………………………………118
第二节　工业互联网网络连接……………………………………………120
第三节　行业工业互联网标识解析体系二级节点建设…………………122
第四节　工业互联网安全体系搭建………………………………………125
第五节　应用案例——中集青岛冷链工业互联网应用…………………130
第六节　7D 制造工业互联网应用…………………………………………133
第六章　城际高铁轨交：推进城市群一体化、都市圈同城化 …………143
第一节　新基建“加持”下的轨道交通“赛场”………………………143
第二节　高铁、城轨如何继往开来………………………………………145
第三节　轨交大连接与 5G 物联网………………………………………146
第四节　轨交车地通信与 5G 行业专网…………………………………150
第五节　轨交“智慧车站”与 5G 位置大数据…………………………154
第六节　轨道交通新基建中的各种“5G”概念…………………………158
第七章　新能源汽车充电桩：汽车强国梦的智慧版图 …………………162
第一节　新能源汽车充电桩发展现状与趋势……………………………162
第二节　全国新能源汽车及充电桩建设概况……………………………164
第三节　新能源汽车充电市场发展趋势…………………………………166
第四节　充电桩智能管理平台如何助力行业发展………………………167
第五节　智能平台在充电场站运营中的典型应用………………………172

第六节　平台化趋势，新基建推动充电桩快速发展……174

第八章　北斗导航：助力新基建，实现智慧生活……177

第一节　北斗系统的建设历程……177

第二节　北斗应用产业……180

第三节　北斗系统建设应用启示……183

第四节　新基建下的北斗位置服务……185

第九章　新材料：构筑新基建“技术底盘”……189

第一节　5G 与新材料……190

第二节　光伏发电及特高压电网与新材料……192

第三节　城际高铁/城际轨交与新材料……194

第四节　新材料及其在航天的应用……197

参考文献……250

第一章 5G 网络：领跑新基建，打通智慧中国的数字交通网络

凌纪伟

智慧城市以信息通信技术为基础，推动城市信息空间、物理空间和社会空间相融合，提升城市居民生活和工作的便利性，最终实现人与城市可持续发展。信息通信技术突飞猛进，为支撑智慧城市建设源源不断注入新动能。尤其是随着 5G 商用，作为一种通用型技术，5G 开启万物互联新时代，与人工智能、物联网、大数据等新一代信息技术交叉赋能，不断丰富智慧城市的内涵和外延。

第一节 建设智慧城市的背景与趋势

一、智慧城市建设的时代背景

2000 年前后，全球人口进入老龄化。中国也同期进入老龄化社会，老年人口规模大、增速快、城乡差异大是中国人口老龄化的基本特点。与老龄化叠加的是，改革开放推动中国经济持续二十多年快速发展，大量人口日益向大城市集中流动，大规模的城镇化迎来高潮期。人口年龄结构的变化给城镇化进程带来一定挑战，以往依靠固定资产投资和房地产开发带动的城市化并不能解决城镇化浪潮带来的交通拥堵、医疗资源短缺、环境污染、公共资源不足等“大城市病”，这些挑战成为制约中国经济增长的一大障碍。

与此同时，进入 21 世纪以来的中国在信息科技领域的创新取得飞跃式发展，物联网、云计算、新一代移动通信技术、人工智能以及大数据获得快速发展。随着网络强国战略、国家大数据战略、“互联网+”行动计划的实施以及“数字中国”建设的不断展开，前沿技术的应用前景被普遍看好。信息科技能够让城市变得更加数字

化，城市资源更易于被整合，在此基础上能够实现对城市的精细化和智能化管理，从而降低城镇化浪潮带来的城市病困扰，最终实现人与城市的共生共融。

信息化浪潮为智慧城市建设带来前所未有的发展机遇，催生了社会各界对智慧城市建设的探索。智慧城市概念源于 2008 年 IBM 公司首次提出的“智慧地球”概念，是数字城市与物联网相结合的产物，其实质就是运用前沿信息通信技术，让城市更互联、智能和高效，从而有效提高公共服务水平，提升管理能力，促进城市经济可持续发展。

二、智慧城市演进趋势和技术路径

2012 年 11 月，住建部办公厅颁布《国家智慧城市（区、镇）试点指标体系（试行）》，将智慧城市提升到国家方针政策层面。该文件设置了三级指标，其中网络基础设施是重要的二级指标之一。

2014 年前后，由政府主导的智慧城市建设兴起，同期国内“互联网+”概念大热，互联网巨头借势抢滩布局智慧城市项目，促使智慧城市建设热度空前高涨。2014 年出台的《国家新型城镇化规划》将智慧城市作为城市发展的全新模式，要求大力推进智慧城市建设。同年，国家发展改革委等 8 部门联合出台《关于促进智慧城市健康发展的指导意见》，明确提出智慧城市是运用物联网、云计算、大数据、空间地理信息集成等新一代信息技术，促进城市规划、建设、管理和服务智慧化的新理念和新模式。

经过几年试点和不断探索完善，2016 年发布的《中华人民共和国国民经济和社会发展第十三个五年规划纲要》（简称“十三五”规划）提出要“建设一批新型示范性智慧城市”。同年 12 月发布的《“十三五”国家信息化规划》确定了新型智慧城市的建设行动目标：到 2018 年，分级分类建设 100 个新型示范性智慧城市；到 2020 年，新型智慧城市建设取得显著成效，形成无处不在的惠民服务、透明高效的在线政府、融合创新的信息经济、精准精细的城市治理、安全可靠的运行体系。由此，智慧城市的发展有了明确的路线图，重点从概念普及转向落地实施。

智慧城市建设，从设计到实施必须有据可依。2018 年国家标准化管理委员会颁发的《智慧城市顶层设计指南》统一和规范了相关单位在开展智慧城市顶层设计时的相关要求，回答了为什么建、建什么、如何建、何时建等一系列关键问题。在架构设计方面，提出网络通信层基础设施包括城市公共基础网络、政务网络和其他专用网络，物联网感知层基础设施包括地下、地面、空中等全空间的泛在感知设备。

从智慧城市建设的一系列规范不难看出，智慧城市建设对网络带宽、网络覆盖及网络速度等网络基础设施提出了多层次要求。国外在进行智慧城市规划时，也普遍将网络通信作为除物理设施之外的另一重要基础设施。新一轮智慧城市的最大特征就是信息化、网络化和智能化引领。

当前 5G 加速商用，5G 智慧城市成为发展新方向，5G 为智慧城市赋予了新的内涵和创新路径。业界不断探索如何将城市发展需求与以 5G 为代表的新一代信息通信技术深度融合，通过数字信息技术实现城市末端互联互通，实现城市精细化运行管理，铸就智慧城市发展新未来。

第二节 5G 如何赋能智慧城市建设

与 4G 相比，5G 能够带来更快的连接速率、更大的连接数量和覆盖范围以及更低的时延，借助这些技术优势，5G 可助力智慧城市建设再上一个新台阶。

一、5G 成为智慧城市发展的基石

如何利用 5G 网络的特点为城市赋能，已成为智慧城市建设过程中最受关注的话题之一。根据国家发展改革委的界定，5G 在新型基础设施（“新基建”）中属于重要的信息基础设施，5G 也被业内人士视为改变社会的通用型技术。中国联通与德勤发布的《5G 赋能智慧城市白皮书》将以 5G 为基础构建的泛在传感网络看作是智慧城市的基石，是实现智慧城市万物智联，人、机、物深度融合发展的关键基础设施之一。同时，5G 融合人工智能、大数据分析、云计算以及物联网等为代表的新一代信息技术，将全面深刻地改变城市生产、生活及治理等方方面面。

5G 高可靠、低时延、大带宽等特性，可高效将城市的系统和服务打通、集成，提升资源运用效率，优化城市管理和服务，改善市民生活质量。实际上，5G 具备满足智慧城市多场景对网络差异化需求的能力，这点对于智慧城市建设至关重要，这也是 5G 不同于以往的通信技术的特性所在。展望未来，5G 将引领万物智能互联，一方面5G智慧城市所产生的海量数据，可以通过5G网络高速实时传输，另一方面5G结合人工智能、云计算等先进算力，通过数据挖掘，最终助推智慧城市各垂直领域和综合场景释放更大的潜能。

二、5G实现智慧城市协同智能

5G能够支持大量数字化和个性化服务，并将进一步升级和扩大智慧城市的服务范围和市场规模。根据腾讯提出的“WeCity未来城市”概念，在5G时代，市民、空间和服务将会有全新的交互方式，市民对城市的感知将会更加具体、可视、实时，这将带来生活方式、工作方式乃至产业创新模式的巨大变革。IMT-2020（5G）推进组安全工作组发布的《5G智慧城市安全需求与架构白皮书》将5G新型智慧城市的特征概括为6点：泛在感知、高效传输、充分融合、协同运作、智能决策、精准防控。

5G赋能的智慧城市，应用V2X等技术的智能车辆与外界通信手段日益丰富，为智能交通新应用场景的实现创造有利条件。5G技术与传统安防结合，可以支撑起覆盖整个城市的立体安防监控系统，全时空高效保障城市安全。5G技术能够满足智慧医疗的需求，大力推进公平、可及、普惠的医疗改革。在5G时代，庞大、互联、覆盖整个城市的超高清摄像头网络和其他传感器能够凭借高分辨率，协助追踪可疑人员，同时还可以管理十字路口路况，分析交通动向，优化城市设施……5G与人工智能、大数据、云计算以及区块链等技术深度融合，将在更大范围、更深层面全面重塑城市生产、生活及治理等方方面面，实现城市运营治理的数字化。

时代不断向前发展，智慧城市的建设目标也越来越高。2020年初，突发的新冠肺炎疫情，对智慧城市的功能提出更高要求。城市公共卫生防控体系、城市智能应急管理体系、城市公共服务体系等，需要实现数据、物资、人员等资源的高效配送与协同。未来的智慧城市要以能源、医疗、人居、交通等公共服务为核心，在提高灾害应对能力的同时，真正做到以人为本、提供高品质服务。

第三节　5G智慧城市的典型应用场景

随着2019年中国5G正式商用，依托5G高带宽、低时延、大连接的技术特性，结合窄带物联网（NB-IoT），将为新型智慧城市的发展带来更优的技术解决方案以及更丰富的应用场景。技术手段不断演进，基础设施日益完备，智慧城市的应用场景越来越细分化，基本覆盖了从政府事务到社会民生的方方面面。本文选取了智慧交通、智慧医疗、智慧治理、智慧能源等贴近百姓生活、具有较直观感受的场景，介绍 5G 如何赋能智慧城市下的智慧生活。

一、5G+智慧交通，开启智慧出行新篇章

智慧出行是数字化技术应用及落地的最佳场景之一，也是智慧城市建设的关键。发展智慧交通是解决现有交通问题的重要突破口，既有助于保障交通安全、缓解拥堵，又有助于提高车辆及道路的运营效率，改善大众出行体验。

中共中央、国务院 2019 年印发的《交通强国建设纲要》明确了智慧交通发展方向，提出加强智能网联汽车（智能汽车、自动驾驶、车路协同）研发，推动大数据、互联网、人工智能、区块链、超级计算等新技术与交通行业深度融合。可见，未来智慧交通的发展趋势势必为智能化、网联化，从而在感知资源共享的环境下实现交通网络的全局最优化。5G 在速率、时延、连接数、支持移动性、边缘计算能力等方面均较 4G 大幅度提升，在打造智慧的车、智慧的路、智慧的车路协同和交通管理等方面大有用武之地，未来的智慧交通必将向“自动、主动、人性化”演进。

（一）5G 推动车联网和自动驾驶发展

车联网的演进包括 LTE-V2X 和 5G 新空口 V2X 两个阶段。车联网技术实现了将每辆网联车以及路侧智能设备感知的信息快速区域共享，而自动驾驶车辆则可基于从车联网中获得的交通环境信息，实时做出快速合理的决策，提高交通运行的效率及安全水平。

5G 技术被认为是推动车联网发展的赋能器，5G 与汽车的融合已经开始。2020 年 2 月 23 日，国家发展改革委、工信部等 11 部委联合印发的《智能汽车创新发展战略》提倡人工智能、互联网、通信公司等（信息与通信技术）企业变身智能汽车技术供应商，同时提出要在智能汽车的基础上，大力发展智慧交通等产业形态。2020 年 5 月，华为宣布携手首批 18 家车企正式成立“5G 汽车生态圈”，加速 5G 技术在汽车产业的商用进程，共同打造消费者感知的 5G 汽车。

全球范围内的领先汽车制造商和供应商合作，加速了蜂窝车联网技术的商用进

程。基于这项技术能够实现车对车（V2V）、车对基础设施（V2I）、车对行人（V2P）的低时延通信。对汽车行业而言，蜂窝车联网无疑是一项能量巨大的技术，它不仅实现了车对车，以及车对路侧基础设施的通信，并且关系到运营商如何形成一个广泛的生态系统。对个人消费者而言，未来的汽车更像是一个行驶在道路上的移动智能终端，消费者不仅可以解放双手，更可以在车内享受基于高速网络带来的生活和工作的体验提升。

案例

百度在长沙全面开放自动驾驶出租车免费试乘

2020 年 4 月 20 日，百度宣布在长沙全面开放 Apollo Robotaxi 自动驾驶出租车服务。用户通过百度地图、百度 APP“Dutaxi”小程序即可呼叫，免费试乘。此次百度 Apollo Robotaxi 开放的打车范围约 130km^2，行车路线覆盖长沙当地的居民区、商业休闲区和工业园区等多生活场景。值得一提的是，该项目并非测试区内的封闭道路测试，而是掺杂社会车辆的开放道路测试。

在长沙的车路协同示范区域，Apollo Robotaxi 可与智能道路基础设施联动，实时获取红绿灯倒计时及全量对象级路侧感知结果，通过车端与路端感知融合，应对恶劣天气、遮挡盲区、超视距等驾驶风险，使得自动驾驶更安全更高效。

车联网的发展需要统一的数字化基础设施，在新的智慧城市、区域先行落地是首选项。从落地实践来看，北京、上海、天津，以及雄安新区、江浙地区等一批热度较高的数字化新城和地区已率先将车联网及自动驾驶纳入示范建设。

（二）5G 助力打造智慧道路

打造智慧交通，车、路必然要实现协同发展，不再单纯地只是把车变成像人一样智能地感知周围环境，因此智慧公路的建设被提上日程。为此，工信部与交通运输部合作推动中国公路系统的数字化、智能化改造，路的标识、规则将进行智能化升级，利用 5G 技术发挥车路协同优势。

近两年来，湖北、湖南、江苏、浙江、四川、山东等地纷纷提出建设智慧高速公路。从建设诉求来看，智慧高速公路的特征是 5G 与云计算、大数据和物联网、人工智能等新一代信息技术融合，建立具有全面准确感知、主动服务等特性的实时动态交通运输信息服务体系。

由于 5G 智慧公路可实时对不同路段进行精准感知，这对实现车路协同与自动驾驶具有极重要的推动作用。只有智能的路和智能的车协同，彼此互通信息，才能形成一个强大的智能信息系统，全面提高行车安全保障和出行服务水平。可见，智慧高速公路建设是以“人、车、路、环境”为基础，最终目标是实现路和车的协同发展，实时反馈驾驶过程中的路况信息，最终保障交通出行安全。

（三）5G 加快智慧交通管理体系建设

在 5G 的赋能下，城市道路交通管理正在迈入智慧化、数字化管理的新时代。5G 技术让超高清的道路视频监管成为现实。交通摄像机采集的高清监控图像，在 5G 支持下可近乎无卡顿、极低延迟地将驾驶员清晰的面部图像传输到交通路网监控中心，这为做好交通安全管理、治理违章等提供了便利。

5G 与人工智能、边缘计算相结合，能够发挥更大的效能。在治理交通拥堵方面，通过将人、车、道路、地图、摄像头等数据进行整合并智能分析，用这些数据建立科学合理的模型，以此智能地调控红绿灯，完成城市交通系统的人性化调度和管理。在治理交通违章方面，5G 的高传输率、高宽带、高可靠的特性，可大幅度提升道路监控视频回传的质量及速率，而 5G 融合边缘计算能力，可将人工智能算法就近部署，提高了交通数据处理效率，这些都能加快对交通路况的响应速度，从而提高交通管理水平和效率。

在推动传统城市交通管理向空地一体化协同转型方面，“5G+无人机”模式已然成熟，成为各地交通管理部门从空中加强道路管控工作的新抓手。在无人机的领航下，交通管理空地联勤的科技手段，助力道路巡查和执法管理。5G 基站通过多天线和波束成型技术，更是实现了对无人机的精准连续覆盖，无人机投入日常交通巡逻成为现实。

二、5G+智慧医疗，让医疗加速数字化

智慧医疗是智慧城市的重要组成部分。在医疗行业，过去所谓的“大数据”只是把数据收集到一起，对数据缺乏针对性的处理，很难产生应用价值；而进入 5G 时代，以大数据为基础形成的智慧医疗，将会为智慧城市的构建发挥作用。我国已开展了基于 5G 新型网络架构的智慧医疗技术研发，加快 5G 在疫情预警、院前急救、

远程实时会诊、远程手术、无线监护、移动查房等环节的应用推广，实现了患者与医务人员、医疗机构、医疗设备之间的互动，让市民享受到更便捷、更高质量的智慧医疗。

随着生活水平的提升，人们渴望在居住地就能便捷地享受到优质的医疗资源的需求，是智慧医疗快速发展的驱动力。此外，2020 年初暴发的新冠肺炎疫情，加速了智慧医疗的发展进程。2020 年 3 月，国家发展改革委、工信部印发了《关于组织实施 2020 年新型基础设施建设工程（宽带网络和 5G 领域）的通知》，将建设面向重大公共卫生突发事件的 5G 智慧医疗系统纳入其中。

（一）5G 助力远程医疗大步向前

远程诊疗基于低时延的高清影像传输技术，使医生能够远程为患者诊断甚至治疗，能够极大程度上解决医疗资源分布不均的问题。

自 5G 商用以来，医疗行业作为重要应用场景不断涌现各种案例。面对突发的新冠肺炎疫情，5G 网络利用其高速率、低时延、广连接等特点，再结合大数据、人工智能、云计算等通用技术，在应对疫情挑战中发挥了巨大作用，为抗疫各环节的筛查、诊疗提供了新方法和新思路。此次疫情堪称 5G 技术进入医疗行业应用的重要转折点，5G+医疗已经从“试验阶段”走向“临床阶段”，发挥出实质性作用。经此一“疫”，中国医疗行业，从政策、趋势到消费者习惯等都迎来深刻变化，医疗行业的数字化正在加速前行。

案例

5G 助力武汉火神山等医院远程会诊

2020 年 2 月 4 日，武汉火神山医院开始接诊。这里不仅满足约 2 万人通信需求，更可在 5G 支持下远程会诊。2 月 9 日下午 5 时许，解放军总医院和火神山医院首次开展 5G 网络远程会诊。通过这套系统，来自北京的专家为火神山医院重症患者救治提供实时远程指导。

疫情暴发后，5G 远程会诊在全国各地医院快速应用。在四川，中兴通讯股份有限公司、中国电信四川公司基于 5G 双千兆网络，帮助四川大学华西医院与成都市公共卫生临床医疗中心成功完成了两例新冠肺炎急重症患者的远程会诊。全省 27 家定点医院，通过会诊系统在线观摩学习。

5G 支撑的远程技术可充分调动各地的多学科专家资源进行远程会诊，在迅速给出诊疗方案、提高患者救治效率的同时，也降低了医护人员感染的风险。在医护人员有限、医疗物资短缺的情况下，5G 技术赋能，让整个医疗救治体系高效运转。

（二）5G 助推医疗机器人应用

测温、送药、答疑解惑……很难想象，这些工作正由机器人代替医护人员完成。疫情防控之下，机器人成为强大的防疫大军，经历疫情考验的智慧医疗站在了风口浪尖。

疫情期间，在武汉部分医院，一批 5G 云端医助护理机器人、5G 测温巡查机器人、5G 云端消毒清洁机器人、5G 云端送药服务机器人穿梭其中，承担着远程看护、测量体温、消毒、清洁和送药等工作，有效提升了病区隔离管控水平。在 5G 支撑下，多家科技企业的智能医护机器人已经在湖北、上海、山东、甘肃、广西、河南、江苏等地医院及卫生服务中心推广应用，承担病人导诊问询、挂号诊疗等工作。在浙江，2020 年 2 月 18 日 15 点 15 分，远在 700km 之外的省人民医院远程超声波医学中心的医疗专家，利用 5G 技术远程控制武汉市黄陂体育馆方舱医院的超声机器人为患者进行超声检查。在浙江大学医学院附属第二医院急救中心新冠肺炎感染病区，医护人员们已经用上了 5G VR 重症监护室远程观察及指导系统。

随着云计算、大数据、5G 等技术在医疗领域的落地，医疗数字化已经进入一个全新的发展阶段，此次疫情的暴发成为加速医疗机器人普及的一个关键触发点，促进智慧医疗加速落地和完善。

（三）5G 赋能下的互联网医院加速布局

足不出户、在家就医。疫情期间，信息化手段优势凸显。2020 年 2 月 7 日，国家卫生健康委发布《关于在疫情防控中做好互联网诊疗咨询服务工作的通知》，强调发挥互联网诊疗咨询服务在疫情防控中的作用。随后的 2 月 18 日，工信部办公厅印发通知，提出利用大数据、5G 等技术，加快病毒检测诊断、防控救治速度，提高抗疫效率。此外，相关部门也积极鼓励针对疫情的线上咨询、线上就诊，发挥互联网医院的独特优势，鼓励线上开展部分常见病、慢性病复诊及医药配送服务，降低其他患者线下就诊交叉感染的风险。

国家推进信息技术用于疫情防控，相关医疗机构和平台积极响应。全国近两百家公立医疗机构及近百家企业互联网医院，充分利用 5G 等信息技术，联动全国各地的医生、专家，发挥线上诊疗优势。阿里健康、腾讯健康、今日头条等提供疫情智能问答助手，北京、天津、浙江等地也积极搭建新冠肺炎线上医生咨询平台，帮助用户快速自我评估病情。2 月 16 日，湖南省卫生健康委批准 8 家医院设置省内首批互联网医院。国际调研机构 IDC 预计，疫情推动互联网医院建设，“互联网+”医疗模式迎来高速成长期。

案例

湖南省开通首批 8 家互联网医院

2020 年 2 月，湖南省卫生健康委已正式批准同意中南大学湘雅医院、湘雅二医院、湘雅三医院、湖南省人民医院、湖南省儿童医院、湖南省脑科医院、湖南省肿瘤医院、湖南省妇幼保健院等 8 家医院设置互联网医院，有需求的患者可在线问诊咨询。据悉，这是湖南省内首批准入的互联网医院。

湘雅医院表示，互联网医院上线后，皮肤科、内科、外科、儿科、护理等多个科室将开通在线咨询，可为患者提供图文咨询、在线复诊、检验检查预约、私人医生、快递送药上门、统一支付等服务。

非常时期，新型冠状病毒来势汹汹，减少外出是防控第一要素。然而，对于一些老年人和慢性病患者来说，按时、规范用药也是当务之急；根据自身情况了解相关医学知识、找医生答疑解惑也是即时所需。面对两难局面，中南大学湘雅三医院在获批首批互联网医院后立即推出“互联网+慢病门诊”，实现慢病咨询+复诊续方线上云服务，提供图文咨询、复诊开药、药品配送等“无接触”式的服务模式。

数字化在应对疫情中发挥了特殊作用。以互联网医院为代表的在线诊疗通过 5G 技术实现了实时影像传播。疫情之后，互联网、大数据、5G 等信息技术对推动医疗数字化、加快医疗商业模式创新将起到巨大作用。

三、5G+智慧治理，打造高效的公共服务

5G 在应急指挥、交通枢纽和医院管理等领域提供重要通信保障，同时在远程指

挥、红外线测温等公共卫生管理方面发挥保障作用。同时，各地都在积极推进智慧社区建设，面对数量庞大的监控探头，如何将获取到的海量信息做统一处理，5G 技术能够解决这些难题，从而加快智能安防转型。

（一）5G+热成像人体测温技术

秒测温，全程无接触，针对流动人员的体温筛查，5G+热成像人体测温信息化平台，在全国多地广泛应用于地铁、火车站、医院、学校、商业体等各类场景，成为疫情防控常态化的有力保障。

与传统的手持测温仪相比，5G+热成像人体测温信息化技术，有效解决人流量大、周转快的公共场所传染性疫情筛查，筑起疫情防控第一道防线。地铁站、机场、火车站等公共场所，因为人流量大，依靠传统人工测温效率低，反而容易导致排队形成人群集中，不利于疫情防治。5G+热成像人体测温这种解决方案布放简便，非接触，快速通行，在一定时间内减少重复检测，提高筛查效率，降低工作人员风险。另外，凭借 5G 大带宽特性，可将视频及相应数据实时快速传送到大屏或城市应急指挥云平台进行数据记录和监测，通过云端大数据管理，一旦发生群体性感染事件可以“追溯”。

案例

中国联通在全国提供 5G+热成像人体测温方案

2020 年 2 月以来，为了对流动人员进行快速有效的体温筛查，中国联通推出 5G+热成像人体测温信息化平台，旅客体温检测和通行效率提高了 10 倍以上。

据了解，5G+热成像人体测温信息化平台凭借 5G 传输技术，可将视频及相应数据准确快速实时传送到大屏或云平台进行数据记录和监测。基于此，中国联通 5G+热成像人体测温方案正在全国各省广泛应用于地铁、火车站、医院、学校、政府、企业、商业体、门店、宿舍等各类场景。

该平台还结合当下生物识别技术、热成像测温技术、视频智能分析等技术手段。同时，可通过视频监控抓拍体温异常人员，重点排查，提高事前预警、事中处理、事后追溯的工作效率，为抗击疫情提供更多便利。

疫情发生以来，5G 联动前沿智能科技，助推公共卫生服务水平向前迈进一大步，为抗击疫情增添了信心和底气。随着防控疫情常态化，类似热成像测温这种新业态会在5G技术的赋能下得到进一步推动和升级。

（二）5G加快智能安防落地

5G网络的融入正在加快智能安防系统的落地速度。面对大量摄像头收集的海量数据，处理平台在5G赋能下，能够在较短时间内完成存储与传输，工作效率大大提高。

对于监控设备来说，5G技术可以更快地传输更多的超高清监控视频资源，结合边缘计算，在后端即可进行智能数据处理，减少网络传输和多级转发带来的延迟损耗。5G网络正式商用，监控设备迈入8K高分辨率时代，这意味着拍摄到的画面更加高清，从中可以监测到更丰富的视频细节，视频监控分析价值更高，市场机会更多。

5G在安防领域深入应用，安防产品将具备更多智能功能，并将各个场景内的安防设备连接到一起，实现信息的交互与快速传递。5G能够帮助安防设备获取更多更有效的数据，并在人工智能等技术的辅助下，快速完成数据比对分析，这也预示着安防企业未来将加大与5G、人工智能等技术融合，打造更能满足大众需求的智能安防产品，也预示着智慧城市之下，城市居民的生产生活安全将更有保障。

（三）5G让政务向服务转型

数字政府和智慧城市紧密相关，数字政府进一步升级，对城市的规划和发展将起到助推作用。数字政府同时也是营造更加宽松的营商环境、实现经济社会高质量发展的抓手。

当前，各地加快推进互联网+政务服务，出现了“最多跑一次”“一次不用跑”“不见面审批”等先进的服务模式，有效缓解了办事难、办事烦、办事慢的问题。中央党校（国家行政学院）电子政务研究中心编撰的《省级政府和重点城市网上政务服务能力调查评估报告（2019）》显示，各地区各部门“互联网+政务服务”建设蓬勃发展，取得显著成效。以“智能化、移动化、一体化、便利化”为标志的政务服务新模式不断涌现，利企便民、人民满意、亮点纷呈的“数字政府”正在加速打造。

在诸多智慧应用里，智慧政务起步较早，发展也较为成熟。尤其是政务云作为智慧政务的核心驱动力，近些年得到极大发展。中国信息通信研究院发布的《云计算发展白皮书（2019年）》显示，2018年已实现全国政务云31个省级行政区全覆盖，地市级行政区政务云覆盖比例达到 75%。

5G 具有支持海量连接的特点，在 5G 大连接的推动下，政务数据采集量、采集渠道、数据维度、数据的格式进一步丰富，5G 与云计算、大数据融合，可以建立复杂场景下的多维城市信息综合大数据应用平台。社会治理开始向精准预测、智能决策的精准治理方向迈进。

四、5G+智慧能源，城市生活更智能便捷

智慧能源是水、电、气等综合能源的具有实用性的整体解决方案。通过数字化、网络化和智能化手段，可提供设计、输配、调试、运营和服务的全流程解决方案，从而达到高效、节能、清洁的目的。

5G 为智慧能源赋能，通过 5G 超大带宽、超低时延、超高可靠的网络，可以成功实现无人巡检、智能抄表等应用场景，实现数据传输从有线到无线，设备操控从现场到远程。5G 赋能之下，形成对整个能源系统的协调与优化运营。

（一）智慧的燃气

燃气管网的安全运行，对于整个城市的发展起到至关重要的作用，直接关系到城市居民的生活稳定。在 5G 与北斗的融合之下，北斗精准定位、北斗短报文通信服务已成熟应用于燃气管网日常运营管理中，时刻保障城市燃气安全稳定。通过北斗精准服务结合 5G、大数据、非接触检测技术、多传感器融合技术、图像识别技术等多种学科技术的相互赋能，北斗高精准智能巡检机器人在油气场站可替代人工巡检，守护工业安全。

5G 时代的到来，基于 NB-IoT 技术的智能燃气表将会出现大幅增长。中国电信、华为等共同发布的《5G 智慧燃气白皮书（2019 版）》显示，基于 5G+物联网可靠稳定的智能抄表方案，将为企业降本增效，为燃气、供水管网安全运行保驾护航；同时，物联网与大数据的结合，将帮助企业实现精细化管理和运营，提升客户服务水平。

进入 5G 万物互联时代，智慧燃气作为能源互联网的重要组成部分，对于燃气公司/解决方案商而言，将从“卖气”的角色转变为如何借助数据实现高效运维、帮助用户安全用气，从而创造更大价值。

（二）智慧的电网

电力，一个正在全面向数字化能源互联网发展的行业。相比其他行业，电力对智能化率要求相对较高。5G 能更好地在泛在接入、安全可靠、可管可控等方面助力智能电网典型业务应用。随着智能电表的广泛普及，电表侧的数据回传与控制，也可与 5G 结合，电网企业可以利用 5G 在物联网领域的优势，将现有的电表数据上传链路切换到 5G 标准的 NB-IoT 中，以便进一步实现功耗降低和精准控制。

5G 与电网的结合，预计在未来将会有较大发展空间，一方面是市场需求空间较大，另外一方面是以国家电网为代表的国有企业资本雄厚，本身也有意参与。

案例

南方电网 5G 智能电网项目

经多年探索，南网总调、中国移动和华为三方在 5G+智能电网领域的联合创新已取得重大突破，从顶层设计、国际标准、关键技术、现网试点、终端模组到业务运营方面实现了 6 项行业首创。在政策规划层面，南网总调通信处针对 5G 公网通信应用制订了专门战略规划，梳理了 5G+智能电网典型业务场景，成立了专项工作协调组，启动了一系列具体行动方案，并以集团公司发文形式予以颁布和实施。南方电网与中国移动、华为、5G 行业联盟等组织合作，建立 5G+智能电网产业链生态，加速 5G 与智能电网的深度融合。在示范应用层面，南网总调牵头组织深圳供电局（国家发展改革委 2017—2019 年唯一的 5G+智能电网示范点）建成了国内首个 5G 承载电网控制类业务现场实验床，并完成了 5G 承载配网分布式差动保护、配网自动化三遥、电表集抄、应急通信、输变电设备在线监控等业务的现场验证，相关成果获第二届“绽放杯”5G 应用大赛一等奖。

国家电网下发的《泛在电力物联网 2020 年重点建设任务大纲》，指出下一步重点将开展能源生态、客户服务、生产运行、经营管理、企业中台、智慧物联、基础支撑、技术研究 8 个方向 40 项重点建设任务。重点任务涵盖新一代调度自动化系统、智慧供应链、数据中台、资源业务中台、“国网云”、5G 建设及应用等。中国移动、南方电网、华为联合发布的《5G 助力智能电网应用白皮书》提出，5G 可以更好地满足电网业务的安全性、可靠性和灵活性需求，实现差异化服务保障，进一步提升电网企业对自身业务的自主可控能力，促进未来智能电网取得更大的技术突破。

（三）智慧的水务

随着 5G 等新技术不断融入传统行业的各个环节，智慧水务作为信息技术与水务管理结合的先进模式，全国各地的水务集团正加速推进“5G+智能水务”进程。中国电信、华为等发布的《5G 智慧水务白皮书（2019 版）》显示，5G 正式商用，依托 5G 技术高带宽、低时延、大连接的技术特性，结合 NB-IoT 技术，将为智慧水务的发展带来更优的技术解决方案以及更加丰富的应用场景。例如 5G+智能水表平台、5G+大数据应用、5G+基础信息化等，描绘了未来的智慧水利建设无限想象空间。

案例

武汉水务集团携手华为云打造智慧水务标杆

城市供水是居民最基本的生活要素之一，也是居民美好生活的重要保障。2018 年，武汉水务集团提出由“传统水务”向“智慧水务”迈进的工作重点和奋斗目标，决定借助人工智能、大数据、云计算等高新技术，全面提升水务工作的精细化和现代化管理水平，为武汉居民提供更好的供水服务。上线的客户服务平台便是其打造“智慧水务”的重要举措。与传统业务应用系统相比，武汉水务集团客户服务平台依托华为云与计算的云技术，对报装、营收、热线、报修等分属不同部门的服务职能集中整合，重构业务流程，精简内部环节，极大提升了服务效能。对用户来说，无论是咨询、报修还是办理业务，通过手机 30 分钟内就能获得精准服务。得益于武汉水务集团官网、微信、支付宝及智能客服在云端融合对接，整个服务过程可视、可控、可追溯，让用户省心又安心。

没有信息化就没有现代化，可以说引入智慧水务系统是必然趋势和必然要求。“5G+智能水务”可应用于内涝积水测量、排口偷排检测、水体违法占用、蓝藻的监测、防洪排涝 VR 指挥、闸泵站远程控制等。除此之外，5G 还将带来全新城市水务解决方案，该技术可结合无人机、无人船，实现无人化巡检、高清视频实时回传。根据华为官方的一组数据，5G 无人机应用于都市型河道、河湖巡检，能将巡检效率提升 30 倍，有效降低人工监管的压力。

未来，在 5G 的加持下，城市智慧水务将进入精细化运管新阶段。在数据充足、分析可靠的前提下，实现水的全生命周期管理，使水资源综合利用率达到更高水平。

（四）智慧的灯杆

智慧城市不断向前推进，智慧路灯未来发展空间巨大。中金公司发布的《智慧杆：5G智慧城市新基建时代尚待发掘的金矿》报告认为，5G网络和智慧城市建设对挂载用杆塔需求明确，因此“智慧杆”被认为是新基建时代尚待发掘的金矿。智慧杆如果能够顺利发展，就能够解决智慧城市数据孤岛问题，同时节省电信、公安、交通等部门大量的重复建设费用。

案例

智慧灯杆服务北京世园会

2019年中国北京世界园艺博览会在北京市延庆区举行。园区内，智慧灯杆同样“暗藏玄机”，15m的灯杆上，具备了信号天线、路灯、视频监控、LED屏幕四大功能。智慧灯杆不仅避免了建设空间的浪费，美化了园区环境，而且实现一杆多用，是落实“绿色世园”的重要举措。

世园会移动通信基础设施包括园区内外12个大型基站、74个微型基站、114根智慧灯杆，以及超过20万m^2的展馆室内信号覆盖，有力支撑了移动、联通、电信三家运营商对园区及周边重要道路4G和5G网络的全面覆盖。

智慧灯杆除了具备一般的照明功能外，还搭载智能安防监控、无线网络微天线，市民在智慧灯杆附近可以享受5G无线网络。此外，部分街道的智慧灯杆还增加了环境监测、路侧停车等功能，后期根据需要还可添加LED显示屏系统，为实现智慧交通提供设施保障。

5G时代的到来，让智慧灯杆的作用更加凸显。5G基站有着使用高频通信及大容量高速度的需求，使得5G时代需要大量微基站完成更密集的网络覆盖。灯杆作为城市的基础设施，正符合了5G时代的要求。在智慧城市建设不断推进及5G商业化浪潮的推动下，智慧灯杆将成为5G微基站的天然搭配。

由于城市空间有限，各界已形成共识，5G建设应充分利用路灯、电线杆、交通灯、广告牌等各种市政基础设施，集显示、传感、5G、摄像、监测于一体的智能灯杆产品是发展趋势。工信部和国资委联合发布的《关于2019年推进电信基础设施共建共享的实施意见》提出，鼓励基础电信企业、铁塔公司集约利用现有基站站址和路灯杆、监控杆等公用设施，提前储备 5G 站址资源。此外，各地政府也纷纷出台相关政策规划，支持智慧灯杆的建设投入，实现“多杆合一”。

第四节　5G 智慧城市建设的利好因素

一、5G 加速拓展应用，带动智慧城市建设步伐

根据国家发展改革委对新基建范围的界定，5G 属于信息基础设施，是数字社会发展的基石。2019 年 5G 商用以来，中国 5G 部署不断提速，2020 年政府工作报告强调拓展 5G 应用，意味着在建网的同时，加快应用成为 5G 商用的另一重点任务。在开放合作大背景下，中国强化新基建、拓展 5G 应用，将为全球 5G 发展注入新动力，开启 5G 赋能千行百业新篇章。

工信部印发的《“5G＋工业互联网” 512 工程推进方案》，特别提出推进 5G、工业互联网等信息技术在垂直领域的融合应用以及向服务业渗透，服务智慧城市建设。2020 年 3 月，工信部印发《关于推动 5G 加快发展的通知》，明确提出 5 方面 18 项措施。尤其提出丰富 5G 技术应用场景，将为智慧城市建设提供基础保障。比如在数字化生活方面，提出推动“5G+医疗健康”创新发展，开展 5G 智慧医疗系统建设，搭建 5G 智慧医疗示范网和医疗平台，加快 5G 在疫情预警、院前急救、远程诊疗、智能影像辅助诊断等方面的应用推广；在促进“5G+车联网”协同发展方面，推动将车联网纳入国家新型信息基础设施建设工程，促进 LTE-V2X 规模部署。结合 5G 商用部署，引导重点地区提前规划，加强跨部门协同，推动 5G、LTE-V2X 纳入智慧城市、智能交通建设的重要通信标准和协议。

2020 年初暴发的新冠肺炎疫情，为加速 5G 应用起到短期催化作用。国家抓住疫情带来的产业提速换挡的机会，加速 5G 应用由消费端向产业端拓展，开启我国数字经济高质量发展的新篇章。

融合应用是 5G 发展的重点，也是世界性难题。加快 5G 融合应用步伐，需从丰富应用场景着手，打造重点应用领域，建设应用产业生态系统。业界将 5G 的应用场景概括为“3+4+X 体系”，即三大应用方向，产业数字化、智慧化生活、数字化治理；四大通用应用，4K/8K 超高清视频、VR/AR、无人机/车/船、机器人；X 类行业

应用，包括5G应用到工业、医疗、教育、安防等领域，产生X类创新型行业应用。其中，与智慧城市相关的医疗健康、文体娱乐、公共安全与应急处置等5G应用创新项目不断涌现，反映出上述行业与5G技术结合更为紧密，有望加速智慧城市建设步伐。

二、新基建助推下，5G与前沿科技共同赋能智慧城市建设

根据国家发展改革委对新基建的界定，新型基础设施包括三个方面内容。一是信息基础设施。包括以5G、物联网、工业互联网、卫星互联网为代表的通信网络基础设施，以人工智能、云计算、区块链等为代表的新技术基础设施，以数据中心、智能计算中心为代表的算力基础设施等。二是融合基础设施。主要是指深度应用互联网、大数据、人工智能等技术，支撑传统基础设施转型升级，进而形成的融合基础设施，比如，智能交通基础设施、智慧能源基础设施等。三是创新基础设施。主要是指支撑科学研究、技术开发、产品研制的具有公益属性的基础设施，比如，重大科技基础设施、科教基础设施、产业技术创新基础设施等。

由于5G的愿景可为数字化转型提供技术支撑，因此在新基建整体技术的架构中，5G处于核心层。5G不仅是通信网络，更重要的是融合工业互联网、物联网、车联网等新型行业设施，人工智能、云计算等应用基础设施，以及光纤宽带网络、卫星互联网等新一代信息网络，因此5G在新基建中发挥“领头羊”作用，也是“基础中的基础”。5G已超越通信领域，成为通用型平台技术，作为新基建的“领头羊”，5G同时还与大数据、人工智能、物联网、边缘计算等行业紧密结合，支撑其他新基建发展。比如，5G+工业互联网、5G+人工智能正蓬勃发展，有助于实现全系统、全流程、全产业链、全生命周期的泛在连接，成为推动各行业加速发展的引擎，催生更多新型服务和垂直应用。

中国提出着力发展新基建，把5G发展提升到新的高度。正是在新基建的浪潮之下，产业界纷纷提出将抓住5G带来的机会，通过技术为更多的产业赋能，不仅是智能终端领域，也包括智能交通、智慧城市等相关领域。

三、各地出台政策，力促5G融入智慧城市建设

以5G赋能，方能打造数字之城、智造之城和智慧之城，培育新增长点、形成

新动能。新基建为进入产业化冲刺阶段的 5G 行业带来巨大利好。面对以 5G 为代表的新基建历史机遇，地方政府面向 5G+超高清视频、智慧医疗、车联网、5G 虚拟企业专网等方向开展创新应用，积极出台长远发展规划，加强政府的规划和引导能力，探索 5G 引领下的智慧城市建设。

5G 时代来临，北京、上海、广州、深圳等为代表的主要城市都在大力推广智慧城市建设。《北京市 5G 产业发展白皮书（2019 年）》披露了北京市规划的 5G 应用场景实施方案。其中，在智慧交通领域、智慧医疗领域、数字生态城市、智慧文旅、物联感知系统、智慧社区、智慧安防等领域做了重点布局；上海市 2020 年《政府工作报告》提出加快智慧城市建设，完善“城市大脑”架构，基本建成贯穿数据全生命周期的大数据资源平台。加快物联网、大数据、人工智能、区块链等信息技术推广应用，实施智慧城市场景开放计划。《广州市加快 5G 发展三年行动计划（2019—2021 年）》提出，以 5G 网络建设夯实广州智慧城市基石，以智慧医疗、智慧政务、智慧交通、工业互联网等领域的典型应用示范为切入点，加强 5G 与云计算、大数据、物联网、人工智能等行业应用融合；深圳正全面推动以 5G 为代表的新一代信息通信技术与城市发展深度融合，全力打造国家新型智慧城市标杆市。在此背景下，深圳于 2019 年 8 月成立智慧城市集团，围绕云计算、大数据、物联网、城市大脑等领域，开展国资国企大数据中心建设、城市智慧场景应用挖掘、5G 等新兴技术应用合作研究等相关业务。此外，作为数字城市先行者，浙江省杭州市致力于建设成为世界级 5G 新型基础设施、产业生态和融合应用的标杆城市，打造全国数字经济第一城、5G 第一城。山东省济南市意欲在加快 5G 创新发展、着力打造 5G 先锋城市方面走在全省乃至全国前列。四川省成都市规划到 2022 年建设成为 5G 网络供给全国领先、行业应用深度融合、核心生态高度汇聚、产业聚集效应凸显的中国 5G 创新名城……

可见，全国各地以 5G 网络建设为抓手，培育 5G 产业体系，推动 5G 建设与垂直行业应用融合建设，已融入智慧城市建设的方方面面，涉及“感知、分析、服务、指挥、监察”等多个环节。众多城市都在彰显打造 5G 强市的雄心和决心，也为 5G 应用孵化和 5G 产业落地提供了良好的机会，此举也必将反哺各地加快建设智慧之城。

2020 年初至今，新基建浪潮正从概念走向落地，北京、上海、广州等主要城市纷纷提出整体布局和行动方案。在各地出台的方案中，5G 成必选项，整体而言，5G 网络基础设施建设仍是最优先发力的新基建领域。同时，由 5G 等新技术催生的数字经济正蓬勃发展，智慧城市是数字经济的重要载体，不同城市都意识到城市数字化的重要性，建设智慧城市是推动新基建更好实现应用、发挥信息基础设施价值的重要抓手。未来一个时期，5G 智慧城市的建设需求有望集中释放。展望未来，5G 智慧城市将改变城市的运营管理模式，改变企业生产方式，城市居民将享受到极其便利的生活服务体验，交通、医疗、能源等公共服务将智慧流动。5G 赋能下的智慧城市将帮助中国加快城市化进程，一批高度数字化、智能化的智慧之城正在到来。

第二章　大数据中心：支持数字经济发展的关键

郭　跃　崔永庆

如今，世界经济已经进入数据驱动创新的发展阶段，大数据中心是支撑数字经济发展的关键，在数据经济时代，计算力已经与水、电一样，成为最基本的社会基础设施之一。而大数据中心是集中存放计算、存储以及网络设备的场所，是承受计算力的关键基础设施，是一座城市的“大脑”。

第一节　大数据

一、大数据概述

2008年，“大数据”这个词在维克托·迈尔-舍恩伯格及肯尼思·库克耶编写的《大数据时代》中第一次提出，从此开启了世界对它的研究和向往。IBM曾提出大数据的5V特征：Volume（大量）、Velocity（高速）、Variety（多样）、Value（低价值密度）、Veracity（真实性）。

麦肯锡全球研究所说：“大数据”是一种规模大到在获取、存储、管理、分析方面大大超出了传统数据库软件工具能力范围的数据集合。研究机构高德纳咨询公司说：“大数据”是需要新处理模式才能具有更强的决策力、洞察发现力和流程优化能力来适应海量、高增长率和多样化的信息资产。

总之，如果把大数据比作一种产业，那么这种产业实现盈利的关键，在于提高对数据的“加工能力”，通过“加工”实现数据的“增值”。

二、大数据建设的目标和意义

大数据的意义是由人类日益普及的网络行为所伴生的，受到相关部门、企业采集的，蕴含数据生产者真实意图、喜好的，非传统结构和意义的数据 。

2013 年 5 月 10 日，阿里巴巴集团董事局主席马云在淘宝十周年晚会上做卸任前的演讲，马云说，大家还没搞清 PC 时代的时候，移动互联网来了，还没搞清移动互联网的时候，大数据时代来了。

大数据正在改变着产品和生产过程、企业和产业，甚至竞争本身的性质。把信息技术看作是辅助或服务性的工具已经成为过时的观念，管理者应该认识到信息技术的广泛影响和深刻含义，以及怎样利用信息技术来创造有力而持久的竞争优势。无疑，信息技术正在改变着我们习以为常的经营之道，一场关系到企业生死存亡的技术革命已经到来。

（一）目标

大数据建设的目标是什么？评估大数据的能力和成熟度，重点不在于你提供了多少种存储计算引擎，覆盖了大数据生态圈多少技术组件，或者你的团队的技术能力有多么无敌。而是你为使用平台的用户解决了哪些问题，扫除了哪些障碍，提升了多少工作效率，附加了哪些增值收益。进一步来说，还包括平台内部组件的横向联通能力和业务流程上纵向贯穿打通上下游链路的能力，这些才是数据平台建设的根本目标和衡量平台成熟度水平的评估标准。

不过，所谓知易行难，每隔一段时间，你可能都会发现之前所做的工作和这个目标还是有不小的差距。加上公司业务会发展，技术会变革，大数据平台建设目标也不可能一成不变，目标的确定是一个需要持续思考和实践检验的过程。

（二）意义

1. 变革价值的力量

未来十年，决定中国是不是有大智慧的核心意义标准，就是国民幸福。一体现到民生上，通过大数据让事情变得澄明，通过大数据，看我们在人与人关系上，做得是否比以前更有意义；二体现在生态上，通过大数据，看我们在天与人关系上，做得是否比以前更有意义。

2. 变革经济的力量

生产者是有价值的，消费者是价值的意义所在。有意义的才有价值，消费者不认同的，就卖不出去，就实现不了价值；只有消费者认同的，才卖得出去，才能实现价值。大数据帮助我们从消费者这个源头识别意义，从而帮助生产者实现价值。这就是启动内需的原理。

3. 变革组织的力量

随着具有语义网特征的数据基础设施和数据资源的发展，组织的变革就显得越来越不可避免。大数据将推动网络结构产生无组织的组织力量。最先反映这种结构特点的，是各种各样去中心化的 WEB2.0 应用，如 RSS、维基、博客等。大数据之所以成为时代变革力量，在于它通过追随意义而获得智慧。

三、大数据中心

（一）大数据中心的概念

大数据中心，是指服务于大数据存储、挖掘、分析和应用的数据中心。大数据（big data，mega data），或称巨量资料，指的是需要新处理模式才能具有更强的决策力、洞察力和流程优化能力的海量、高增长率和多样化的信息资产。

2020 年 3 月 4 日，习近平总书记在中共中央政治局常务委员会上强调，要加快 5G 网络、数据中心等新型基础设施建设。2017 年，全球大数据中心已投入 534.7 亿美元，同比增长 18.3%，中国同比增长率达到 32.4%。2018 年，中国大数据中心占全球 8%，而美国达到 44%（图 2-1）。

图 2-1　大数据中心发展情况

从数据中心规模分类来看，2019 年全球超大型、大型数据中心数量占比达到 12.7%，规划在建数据中心 320 个，其中超大型、大型数据中心数量占比达到 36.1%（图 2-2）。

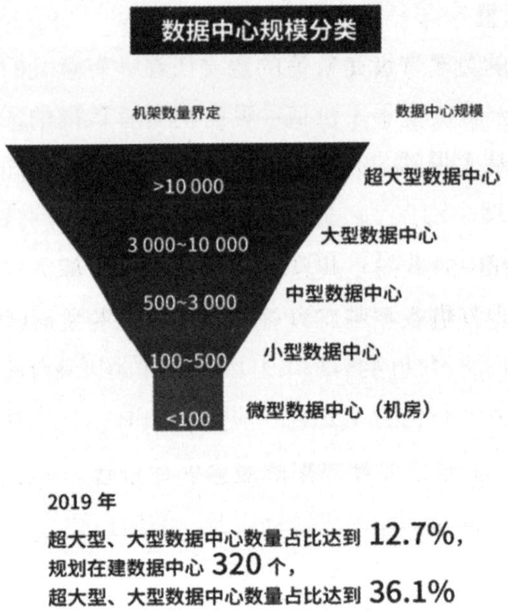

图 2-2　数据中心规模分类

到 2025 年，中国数据中心 IT 投资规模预计将达到 7 070.9 亿元人民币，增长率达到 11.2%，而此前的 2008 年为 3 257 亿元人民币，其规模不到 2025 年的一半。

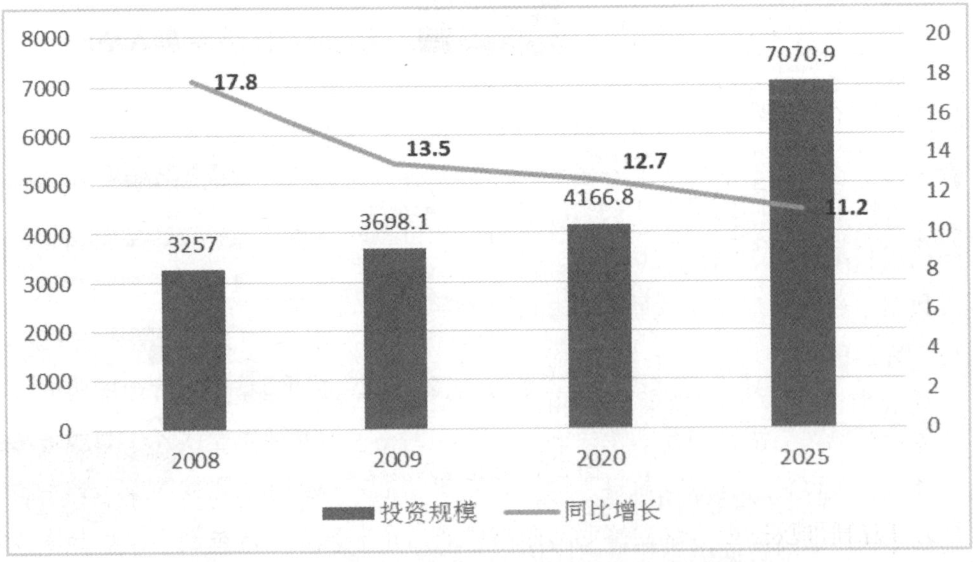

图 2-3　2018—2025 年中国数据中心 IT 投资规模增长预测

（二）大数据中心的作用

2020 年伊始，跟新基建相关的政策就接踵而来。前有 3 月 4 日国家决策层明确要求加快 5G 网络、数据中心等新型基础设施建设进度的要求；后有《关于构建更加完善的要素市场化配置体制机制的意见》（以下简称《意见》）首次将数据写入生产要素；再有国家发展改革委对于“新基建”范围的明确定义。

在新基建中，数据中心看似是一个不起眼的老旧领域，但是却与 5G、特高压、城际轨道交通、新能源、人工智能、工业互联网等新基建多个领域都有着紧密关系，它已经延展出新的内涵——数字经济时代的数字枢纽，肩负着数据流的接收、处理、存储与转发。

1. 数字经济的枢纽

数据中心作为数字经济的枢纽作用在新冠肺炎疫情期间体现得淋漓尽致。突然暴发的疫情，使得远程办公、远程协作大范围地普及，大量业务走向线上化、数字化，随之而来的是线上数据量激增，数据流动性大大加强，这一切都需要强有力的数据中心来支撑，完成对数据的计算、传输以及存储。

事实上，疫情期间业务量激增造成数据中心运维难度大、业务“宕机”的情况屡见不鲜，充分体现了数据中心对数字经济的重要性。疫情带来了大家工作模式上的根本性转变，对数据中心的稳定性、运维能力提出了更高要求；未来，线上化的趋势会更加明显，而且随着 5G 商用的逐步深入，靠近用户侧的边缘数据中心场景将会大量增多，数据中心的价值与作用将会进一步显现。

数据中心的重要作用其实在国家新基建战略中已经得到了体现。作为新基建七大领域之一，大数据中心是国家未来重点建设的方向。与传统数据中心相比，大数据中心的提法更加映射出数字经济对数据中心这个枢纽的新要求。

关于“大数据中心”是“大型”数据中心还是“大数据”的数据中心的确有很多讨论，这两种理解都是偏狭义的理解。从广义上来讲，大数据中心是为 5G、物联网、AI 以及各垂直行业提供强有力和广泛的基础设施保障，之所以称之为“大”，是因为其体量大、数量大和实现形态多样化，契合大型云数据中心和大量分布式边缘数据中心的趋势。

未来，随着万物互联时代的加速到来，将会带来更多连接、数据流动、数据计算与存储，其实也对数据中心未来的进化提出了全新要求。

2. 数据中心的新跃迁——四化

大规模的数据中心日趋庞大，将承载越来越广泛的数据业务需求；另外，在5G商用逐步深入的趋势下，靠近用户侧的边缘数据中心也将呈现快速增长的态势。

这种跃升的驱动力主要源于 5G、云计算、物联网、AI 等数字化技术。更加重要的是，越来越多应用场景往往是多项数字化技术的融合，并且对灵活性有着极高的要求，必然会带来数据中心产品、技术乃至理念的一次质的提升。

数据中心新跃迁将会在中国市场体现得更加提前和明显。众所周知，中国市场在 5G 商用上走在了全球的最前列，关于边缘应用场景的探索也走在市场的最前沿，这些都会直接驱动边缘数据中心的大量建设需求；另外，中国市场的产业数字化和数字产业化也将推动数据中心向新的阶段跃迁，以满足越来越快速和广泛的数字经济应用需求。

3. 冷思考：避免低水平重复建设的覆辙

2019 年，中国数据中心的数量超过 7 万个，占全球数据中心规模的 23%左右，数据中心机架规模达到 227 万架，在用 IDC 数据中心数量 2 213 个。进入 2020 年，中国数据中心对于数量和质量都会有着极高的建设需求。

首先，数据中心将会继续高密度演进，包括电源、电池、空调设备的高密化将会加速制冷、配电、模块化、运维技术等方面的应用。比如在制冷方面，随着数据中心单机架功率密度越来越大，对于制冷的要求也日趋严格，这就驱动了像间接蒸发制冷相关技术的快速发展。

同样，人工智能技术对于数据中心未来发展也有着重要影响。尤其考虑到核心数据中心规模越来越庞大，边缘数据中心数量越来越多，如何实现运维的智能化、少人运维将是重要挑战，基于人工智能技术的 AIOps 未来会成为数据中心运维的关键。

其次，数据中心作为长技术链、产品集约化的领域，未来会在产品上更加突出集约化所带来的好处。数据中心产品尤其是一个需要借助全球化供应链以及各领域不同专业能力的集成产品，今年会是仓储式全模块数据中心的重要一年，间接蒸发冷却空调也将从小规模使用转变为大规模部署，这些变革性的产品都需要大家一起努力，推动先进产品与技术在数据中心中的应用。

最后，生态会更加开放化，联合创新会成为未来数据中心非常重要的合作模式，通过联合创新的方式加速数据中心新技术的落地与应用。

总体而言，中国数字经济的快速发展，正在推动数据中心产业开启它全新的阶段。尤其是像AI、大数据等数字化技术的进一步融入，专业化、智能化、联合创新式的数据中心将会得到用户越来越多的青睐。而数据中心作为数字经济时代的数字枢纽，在数字经济中所扮演的角色与作用也将不可替代。

（三）大数据和数据中心的关系

数据中心可以给大数据提供最基础的架构。在数据中心，大数据技术可以实施，数据可以保存，完成各种各样的科研实验、预测、搜索业务、应用系统等。数据中心传统的网络架构也需要革新，FCoE、XLAN、TRILL、SPB、虚拟化技术等一系列新技术扑面而来，让大数据有了发挥的余地。

大数据赋予了数据中心更多职能。数据中心要体现它的价值，把机房、设备、网络和服务器都建好，这只是修了条路，而修路的意义关键在于跑车，数据中心也一样，它的价值在于帮助使用者采集、组织和管理数据。

总体来说，大数据不仅仅只是业务分析的工具，也可以成为帮助改善数据中心的一款有用的工具。大数据与数据中心的发展相辅相成，互相影响，互相制约，谁也离不开谁。只有将两者有机地结合起来，才能给企业带来实质性的收益。要知道流量是一个互联网企业的生命，而数据也是数据中心的生命，拥有数据，数据中心的生命才能延续，然而数据中心要活的精彩，还需要将这些数据充分利用起来，大数据技术就是最好的帮手。未来将是数据爆发的时代，到了大数据和数据中心该大显身手的时候了。

四、当前建设现状

十三届全国人大常委会第十四次会议2019年10月26日下午在北京人民大会堂闭幕。会后，十三届全国人大常委会举办专题讲座第十四讲，题目为《大数据：发展现状与未来趋势》。

中国科学院院士、中国人民解放军军事科学院副院长梅宏认为，当前大数据应用尚处于初级阶段，根据大数据分析预测未来、指导实践的深层次应用将成为发展重点。

他指出，我国核心技术薄弱，建议以开源为基础构建自主可控的大数据产业生态。

大数据中心，可以说是海量信息时代的诺亚方舟。新兴产业的未来发展将大量依赖于数据资源，因此从国家政务到各大行业，建立数据中心将有助于促进行业转型和实现企业上云。

（一）建设步伐

在当今的技术浪潮中，互联网数据中心是最重要的趋势。根据市场研究机构 Synergy Research 的调查数据，全球顶级云计算服务提供商要想在市场竞争中获得成功，每家公司在基础设施方面的支出至少达到每季度 10 亿美元的投资水平。而全球数据总量每 18 个月翻番，数据中心建设会跟不上大数据爆发的步伐。

1. 大数据中心

观察中国 IDC（互联网数据中心）市场，2017 年，在用数据中心达 1 844 个，较上年增长 12.4%，其中超大型数据中心 36 个，较上年增长 125%，大型数据中心 166 个，较上年增长 52%。与此同时，中国超大型数据中心数量占全球比由 2017 年的 8%提升至 2019 年的 10%。中国 IDC 数量增长速度明显快于全球。

近几年数据中心已经成为国家经济发展的重要命脉，正因为其重要的地位，无论是政府、企业、网络运营商、互联网、金融等行业都大力发展建设数据中心，通过信息化改革，促进发展自身业务。

我国数据中心数量众多，从 2010 年的 51 万个增加到现在的近 100 万个，不过大型的数据中心并不是很多。拥有超过 3 000 个机柜的大型数据中心 2010 年有 164 个，发展到现在超过 300 个，这些大型数据中心有近 1/3 都集中在北上广三地。经济发达的地方也是数据中心较为集中的地方。

我国大型数据中心建设现状，有如下几个特点：

（1）数据中心建设扎堆情况严重。大型数据中心基本都集中于北上广三地，每个城市的数据中心超过 50 个，每个运营商都有自己的数据中心基地，不少第三方数据中心也喜欢在这三地建设数据中心，另外像浙江、福建、江苏经济比较好的省区，也是数据中心建设较多的省份，建设数据中心的数量与当地经济发展情况密切相关。

（2）每个省份基本都有运营商建设的数据中心，运营商的数据中心遍布全国，第三方数据中心难见踪影，数据中心市场仍然是运营商独大，给第三方数据中心服务商的发展空间不大。

（3）在内蒙古、甘肃、云南等经济欠发达地区，新建了几个超级数据中心，这些数据中心全面投入运营，将有效改善当地的信息网络水平。随着北上广市场逐渐饱和，新建数据中心逐渐向其他省份倾斜，未来这种情况会更加明显，现在北京已经表明不再批准新建数据中心用地，这基本关上了新建数据中心的大门。

（4）我国大陆面积约 960 万 km^2，跨越亚寒带到热带多个维度地区，各个地方的温度和地形变化很大，但这些都不能阻止数据中心在这些地区的落地生根，这些数据中心为生活在那里的人们带来了极大的便利，同时带动了当地经济的发展。

我国数据中心仍处于高速的建设发展时期，各政府部门对战略性新兴产业的大力扶持，以及对云计算、物联网、宽带和下一代网络发展的高度重视，都给建设数据中心带来极大利好因素，尤其在二三线城市还有很大的发展空间。可以确定的是未来大型数据中心的数量会越来越多，在经济不够发达的地区也会建设越来越多的数据中心，全国数据中心数量分布上会更加均衡。

按照数据开发应用深入程度的不同，可将众多的大数据应用分为三个层次。

第一层，描述性分析应用，是指从大数据中总结、抽取相关的信息和知识，帮助人们分析发生了什么，并呈现事物的发展历程。

如美国的 DOMO 公司从其企业客户的各个信息系统中抽取、整合数据，再以统计图表等可视化形式，将数据蕴含的信息推送给不同岗位的业务人员和管理者，帮助其更好地了解企业现状，进而做出判断和决策。

第二层，预测性分析应用，是指从大数据中分析事物之间的关联关系、发展模式等，并据此对事物发展的趋势进行预测。

如微软公司纽约研究院研究员 David Rothschild 通过收集和分析赌博市场、好莱坞证券交易所、社交媒体用户发布的帖子等大量公开数据，建立预测模型，对多届奥斯卡奖项的归属进行预测。2014 年和 2015 年，均准确预测了奥斯卡共 24 个奖项中的 21 个，准确率达 87.5%。

第三层，指导性分析应用，是指在前两个层次的基础上，分析不同决策将导致的后果，并对决策进行指导和优化。

如无人驾驶汽车分析高精度地图数据和海量的激光雷达、摄像头等传感器的实时感知数据，对车辆不同驾驶行为的后果进行预判，并据此指导车辆的自动驾驶。

2. 自动驾驶有效应用面临挑战

当前，在大数据应用的实践中，描述性、预测性分析应用多，决策指导性等更深层次分析应用偏少。

一般而言，人们做出决策的流程通常包括：认知现状、预测未来和选择策略这三个基本步骤。这些步骤也对应了上述大数据分析应用的三个不同类型。

不同类型的应用意味着人类和计算机在决策流程中不同的分工和协作。例如：第一层次的描述性分析中，计算机仅负责将与现状相关的信息和知识展现给人类专家，而对未来态势的判断及对最优策略的选择仍然由人类专家完成。应用层次越深，计算机承担的任务越多、越复杂，效率提升也越大，价值也越大。

然而，随着研究应用的不断深入，人们逐渐意识到前期在大数据分析应用中大放异彩的深度神经网络尚存在基础理论不完善、模型不具可解释性、鲁棒性较差等问题。

因此，虽然应用层次最深的决策指导性应用，当前已在人机博弈等非关键性领域取得较好应用效果，但是，在自动驾驶、政府决策、军事指挥、医疗健康等应用价值更高，且与人类生命、财产、发展和安全紧密关联的领域，要真正获得有效应用，仍面临一系列待解决的重大基础理论和核心技术挑战。

梅宏指出，在此之前，人们还不敢，也不能放手将更多的任务交由计算机大数据分析系统来完成。这也意味着，虽然已有很多成功的大数据应用案例，但还远未达到我们的预期，大数据应用仍处于初级阶段。

未来，随着应用领域的拓展、技术的提升、数据共享开放机制的完善，以及产业生态的成熟，具有更大潜在价值的预测性和指导性应用将是发展的重点。

3. 工业互联网政府热、企业冷

作为人口大国和制造大国，我国数据产能巨大，大数据资源极为丰富。然而，我们也必须清醒地认识到我国在大数据方面仍存在一系列亟待补上的短板。其中较为突出的是核心技术薄弱，基础理论与核心技术的落后导致我国信息技术长期存在“空心化”和“低端化”问题，大数据时代需避免此问题在新一轮发展中再次出现。

近年来，我国在大数据应用领域取得较大进展，但是基础理论、核心器件和算法、软件等层面，较之美国等技术发达国家仍明显落后。

在大数据管理、处理系统与工具方面，我国主要依赖国外开源社区的开源软件，然而，由于我国对国际开源社区的影响力较弱，导致对大数据技术生态缺乏自主可控能力，成为制约我国大数据产业发展和国际化运营的重大隐患。

梅宏建议采用“参与融入、蓄势引领”的开源推进策略，一方面鼓励我国企业积极“参与融入”国际成熟的开源社区，争取话语权；另一方面，也要在建设基于中文的开源社区方面加大投入，汇聚国内软硬件资源和开源人才，打造自主可控开源生态，在学习实践中逐渐成长壮大，伺机实现引领发展。

此外，融合应用有待深化。梅宏指出我国大数据与实体经济融合不够深入，主要问题表现在：基础设施配置不到位，数据采集难度大；缺乏有效引导与支撑，实体经济数字化转型缓慢；缺乏自主可控的数据互联共享平台等。

当前，工业互联网成为互联网发展的新领域，然而仍存在不少问题：政府热、企业冷，政府时有“项目式”“运动式”推进，而企业由于没看到直接、快捷的好处，接受度低；设备设施的数字化率和联网率偏低；大多数大企业仍然倾向打造难以与外部系统交互数据的封闭系统，而众多中小企业数字化转型的动力和能力严重不足；国外厂商的设备在我国具有垄断地位，这些企业纷纷推出相应的工业互联网平台，抢占工业领域的大数据基础服务市场。

梅宏建议大力发展行业大数据应用。以制造业为例，麦肯锡研究报告称：制造企业在利用大数据技术后，其生产成本能够降低 10%～15%。

而大数据技术对制造业的影响远非成本这一个方面。利用源于产品生命周期中市场、设计、制造、服务、再利用等各个环节数据，制造业企业可以更加精细、个性化地了解客户需求；建立更加精益化、柔性化、智能化的生产系统；创造包括销售产品、服务、价值等多样的商业模式；并实现从应激式到预防式的工业系统运转管理模式的转变。

第二节　城市大脑

一、概述

（一）定义与发展历史

什么是“城市大脑”？通俗地说，就是利用人工智能、大数据、物联网等先进技术，为城市交通治理、环境保护、城市精细化管理、区域经济管理等构建一个后台系统，打通不同平台，推动城市数字化管理。

城市大脑的概念不是一成不变的，在发展的过程中不断成熟，不同的人给出了不同的解释。

2015 年 2 月，刘锋博士团队根据互联网的类脑特征与智慧城市结合，发表文章《基于互联网大脑的智慧城市建设》，第一次提出“城市大脑”的概念和定义，内容如下：“城市大脑是城市建设伴随着 21 世纪互联网架构的类脑化过程，逐步形成自己中枢神经（云计算）、城市感觉神经（物联网）、城市运动神经（工业 4.0，工业互联网）、城市神经末梢发育（边缘计算）、城市智慧的产生与应用（大数据与人工智能）、城市神经纤维（5G、光纤、卫星等通信技术）。在上述城市类脑神经的支撑下，形成城市建设的两大核心：第一是城市神经元网络（城市大社交网络），实现城市中人与人、人与物、物与物的信息交互。第二是城市大脑的云反射弧，实现城市服务的快速智能反应。云机器智能和云群体智慧是城市智慧涌现的核心动力。这样基于互联网大脑模型的类脑城市架构称为城市大脑”。

2016 年的杭州云栖大会上，阿里巴巴集团技术委员会主席王坚在介绍城市大脑时表示：“城市大脑的内核采用阿里云人工智能 ET 技术（Evolutionary Technology），可以对城市进行全局实时分析，自动调配公共资源，修正城市运行中的缺陷，成为治理城市的超级人工智能。”

2018 年 4 月，阿里云人工智能首席科学家闵万里在接受新浪科技专访时提到“城市大脑要搭建的是整个城市的人工智能中枢，而非是建设城市的手或者脚，不要打着大脑的名义去卖硬件，去铺设更多的摄像头，去卖前端的安防设备这些东西。”

2018 年 7 月，王坚院士在 TechCrunch 2018 国际创新峰会上提到：“很多人在听城市大脑的时候第一反应就觉得是模仿人的大脑，这一点有失偏颇，'Brain'这个词不是人类专属的词，因此，City Brain 就是一个城市的大脑，和人类大脑没有任何关系"。

2018 年 12 月，杭州市地方标准《DB3301/T 0273—2018 城市数据大脑建设管理规范》给出的城市大脑定义：运用大数据、云计算、人工智能等技术构建的城市数字化运行的基础设施，是数字政府、数字社会和数字经济的载体，汇集政府、企业和社会等数据，进行融合计算，感知城市生命体征，实现对城市全域的精准分析、整体研判、协同指挥、科学治理。

2019 年 6 月，《浙江省"城市大脑"建设应用行动方案》中这样定义"城市大脑"："基于云计算、大数据、物联网、人工智能等新一代信息技术构建的，支撑经济、社会、政府数字化转型的开放式智能运营平台，是数字浙江建设的重要基础设施和综合应用工具。"含义发生了一定的变化。

2019 年 9 月，杭州市副市长陈卫强在《人民日报》上发表文章，里面提到："什么是城市大脑？当今中国已有不少电子商务的平台，但鲜见城市生活、公共服务的平台。杭州建设城市大脑，就是要为城市生活打造一个数字化的界面，让人们通过这种界面去触摸城市的脉搏，去感受城市的温度，去享受城市的服务。同时，也让城市管理者拥有决策科学化、民主化的最佳工具。构建城市大脑离不开这几个关键词：互联、在线、智能和开放。"

（二）杭州城市大脑

日夜运转的城市大脑，正在为杭州城市治理现代化提速。小到便捷泊车，大到智慧交通解决方案，在智能生活的背后，不可忽视的是研发、运作城市大脑的一群数字尖兵、数字工匠，他们的每个不眠夜，都在推动现代城市的不断更迭。

杭州城市大脑总架构师、阿里巴巴技术委员会主席王坚做关于城市大脑建设主题的分享，指出杭州城市大脑的独特魅力所在。

首先是"起点"很不一样。比如"文旅系统·多游一小时"项目，口号是"多游一小时，增收 100 亿元"。"我相信在很多城市，一定会把'增收 100 亿元'放在前面，然后再谈别的事情。而把'多游一小时'放在前面，就是城市大脑的初心。回到初心，是城市大脑要实现的一件非常重要的事情。"其次是"分母"不一样。"大家会发现，每件事情最后都会落到老百姓受用这个点上，比如舒心就医，它的'分母’就是来看病的老百姓。”那么注重的就是老百姓受益多少，这是一个很重要的出发点。

其次，“数字尖兵”的由来。“实际上城市大脑什么都没做，所有东西都是各个部门做出来的。城市大脑从来不解决交通问题，是交警解决了交通问题，但是城市大脑提供了一个工具，让你来解决交通问题。”城市大脑对今天的人来说，就是一台车间里的车床。虽然大家都有一模一样的车床，但做出来的东西不一样，做得优秀的就是劳动模范。

再次，城市大脑倒逼了技术的发展。“城市是什么？城市既不是中心化，也不是去中心化，而城市大脑之所以能把这么多部门协同起来，是因为闯出了一条路子，做到了中枢化。”无论是从创新，还是理念机制的角度，抑或是城市大脑对人工的重新定义来看，城市大脑都是依靠大家的实践努力做出来的。

杭州城市大脑项目目前已经有了突破性发展。

1. 新天地城市大脑示范区——下城区数据资源管理局

秉持构建“政府赋能、企业联动、百姓受益”的城市大脑综合场景应用模式目标，下城区在城市大脑下城平台新天地示范区场景建设中，根据区域内旅游、外贸和餐饮等多种业态实际，探索出政府主导、街道牵头、企业配合的政企合作模式，全面落地“欢乐旅游、舒心就医、便捷泊车、智慧电梯、阳光厨房”等应用场景。依托新天地场景应用指挥中心建设，围绕吃、住、行、游、购、娱，通过整合停车、监控、城市部件、消费等数据，建立1Call指挥体系，实现智能预警、一键处置等功能，实现政府管理和群众服务的有机结合，提高了公共资源利用效率，提升了群众的游购时间，构建了吃得放心、住得安心、行得顺心、游得舒心、娱得开心、购得称心的场景应用示范区。

2. 一键护航——萧山区人民政府

“一键护航”应用通过全量实时轨迹和信号协同控制等模型算法，在不闯红灯、基本不影响其他车辆通行权的情况下，根据车辆实时位置，自动控灯并提前精准地清空排队车辆，使特种车辆安全、快速、顺利地通过每一个路口，打通了全自动绿色通道，保障人民和生命财产安全。

“一键护航”启动的先决条件是需触达最高等级 ECHO 级，经交警指挥中心快速联动，瞬时执行“一键护航”并完成护航任务。

目前，萧山区 150 平方千米范围内（包括救护站 17 个、救护车 26 辆）已实现一键护航场景的全覆盖，测试演练 1 524 多次，实战救援运行 278 次，实战救援平均提速 50%，平均节省时间 50%，平均控灯率达 90%以上。“一键护航”应用正在逐步拓展至“110”、“119”、抢险救灾等所有特种车辆，即将实现全域覆盖。

3. 东站枢纽场景——江干区数据资源管理局

江干区以人车通畅为目标，全力推进城市大脑东站示范区建设，已建成并上线数字旅游专线、停车资源优化、交通组织优化、垃圾计量清运、智慧电梯 5 个场景应用，实现了五大效果。

一是便民惠民有成果，数字旅游专线为前往西湖景区的游客平均节省 40 分钟，“先离场后付费”等非现金收费占比近 70%，节省排队等待时间 10 分钟；

二是资源配置更优化，地下停车场泊位指数从 2.5 提升到 3.3，东西方向交通更顺畅；

三是部门协同更高效，实现 10 余个部门数据协同和管理协同；

四是流程再造有突破，优化停车、交通运转流程，倒逼推进桶长制垃圾分类；

五是政企合作减成本，政企合作推进智慧电梯 17 台，节省政府投资 11.9 万余元。

4. 非浙 A 急事通——杭州市公安局交通警察局

杭州是开放、包容、自信的城市，外埠人员来杭办事的需求越来越刚性和迫切，实施 5 年的错峰限行措施，也造成了畅通与便民的矛盾。

杭州交警推出“非浙 A 急事通”便民举措，是杭城对实行 5 年的限行措施的首次优化。这背后，是地铁道路建设的投入，是城市交通拥堵的改善，是交通管理水平的提升，更是城市大脑的建设应用；感知设备的数据采集分析，为所有外来车辆急事入杭通行提供可能，预计每日为 1.5 万外埠车辆来杭办事提供了便利。

5. 城市大脑数字驾驶舱——杭州城市大脑公司

杭州城市大脑数字驾驶舱基于城市所产生的数据资源，实现数据即时、在线、准确，是城市管理者的日常工作平台。数字驾驶舱主要包含自动化运维（机器监控、预警报警）和日常运营运行（日常运行、领导关注、数字化辅助报告与决策、管理经验沉淀等）模块。

在治理机制上，城市管理者通过数字驾驶舱的数字指标发现问题，根据实际情况进行业务主责部门的确定、业务边界的划分、业务工作的协同。当问题处理完毕后，驾驶舱中数字指标恢复正常，完成一整套事件处理闭环。

6. 人口动态“分析仪”——杭州市公安局

2019 年 9 月上线运行的人口动态分析仪，以杭州市公安局“城市大脑警务操作系统”为载体，从人员行为、时空规律等维度着手，设计动态、静态监测，数清城市人口底数，掌握全市人口的活跃度，实时全面分析实有人口的真实情况和变化；反映全市常住人口、流动人口、境外人员的分布、流动频率；可以根据实时分布、输入输出态地、年龄组成、文化结构、职业类型反映全市存量、新增人口特征。

7. 应急系统防汛防台场景——杭州市应急管理局

应急系统防汛防台场景，基于杭州市洪涝台旱灾害及相关防御工程设施险情的防范与处置工作的要求，汇聚了气象、林水、城管、规划与自然资源等部门的雨情、水情、台风、地质灾害、防灾减灾实时数据，实现了全市防汛防台相关静态、动态数据上图。

依托自动监测预警模型，应急系统防汛防台场景打造了杭州全市防汛防台立体一张图，实现重点区域雨量、水库水位、河道水位实时智能化监测预警，并提供防汛防台和地质灾害监测预警数据、分析结论数据，供多部门常态下实时共享，非常态下辅助决策、应急救援。

8. 舒心就医“最多付一次”——杭州市卫生健康委员会

原来到医院就诊，挂号、检查、化验、配药每次都要付费。在城市大脑的协同下，在杭州市参加医保且信用良好的市民，可直接检查、化验、取药、治疗或住院，就诊结束后 48 小时内或者在离院前，通过自助机、手机等方式一次性支付，甚至可以对在不同医院、不同科室看病产生的所有应付费项目进行合并支付，真正做到一次看病只付一次费。

目前，杭州市 252 家医疗机构已经为 2 258 万就医人群提供了“最多付一次”服务。城市大脑“舒心就医”应用还提高了医疗资源利用率，杭州 11 家市属医院的收费窗口从 127 个减少到 57 个，仅保留老年人等特殊人群服务窗口。

同时，卫健医保部门共同推进医疗机构电子病历。依托杭州市卫健委全民健康档案系统，杭州市医保局对 11 家市属医院、市区 1 013 家街道社区卫生服务机构，不再强制校验医保证历本。

9. 云栖小镇便捷泊车系统——西湖区云栖小镇管委会

城市停车面临“找不到车位、出口等待付费和路边被违停”三大问题，云栖小镇便捷泊车系统通过“全接入全调度、先离场后付费和有车位无违停”，三步解决三大问题。

小镇范围内22个停车场6 495个车位全部接入城市大脑，车位数据即时在线、实时调度，提升停车资源利用率；停车道杆被摘下，进出停车场不用排队，车主离场后收到付费短信，随时随地支付停车费，大大节约了通行时间；路边违停，马上就能收到违停提醒短信，同时还有推荐停车场可以导航到达。

10. 文旅系统·多游一小时——杭州市文化广电旅游局

针对游客反映最多的排队、等候等问题，在城市大脑中枢的算力支持下，文旅专班通过系统互通和数据协同，以“让游客多游一小时”为重点，让游客把更多的时间用在体验上、用在消费上，切实提升市民、游客的获得感和幸福感。

重点推出了“10秒找空房”“20秒景点入园”“30秒酒店入住”“数字旅游专线”“长三角PASS旅游年卡”等五大服务场景。截至2019年10月，城市大脑文旅系统累计服务中外游客300多万人次，成为城市大脑惠民便民的重要应用场景。

（三）建设的目标与意义

1. 目标

“城市大脑”的目标是实现城市级的超级人工智能，核心是利用实时全面的城市数据资源，从全局上优化城市公共资源，实现城市治理模式、城市服务模式以及城市产业发展的突破。

它能将散布在城市各个角落的数据连接起来，通过对大量数据的分析和整合，对城市进行全域的即时分析、指挥、调动、管理，从而实现对城市的精准分析、整体研判、协同指挥。

2. 意义

具体来讲，“城市大脑”主要有以下10个方面的意义：

（1）“划”而不“规”城市管理欠账

城市大脑通过城市地理、气象信息等自然和经济、社会、文化、人口和其他人文和社会信息挖掘，为城市规划提供强大的决策支持，以加强科学性和前瞻性的城市管理服务。

城市大脑的出现将有助于深入分析城市现状问题、了解城市变化情况、准确判断城市发展，剖析城市发展动力机制，进一步通过开展城镇化动态监测与评估，探索城镇化发展的客观规律。在大的城市发展趋势中分析区域协同、生态、社区、交通等综合性问题，思考城市的空间布局和设施配置。

（2）城市小病多监督管理难精细化

城市大脑连接散落在城市各个单元的数据资源，打通城市神经网络，让数据帮助城市来做思考、决策和运营，实现城市管理和社会治理。

城市大脑为实现精细化管理、解决城市管理难题，开辟出了一条独特的路径。将数据转换为科学合理的业务模型，形成城市基础运行能力、城市实时“健康”状态的大视图，形成“全时段、全区域、自动化、多途径”的事件预警网络和协同治理体系，为城市综合治理提供决策依据，让城市管理工作更加有效。

（3）红绿灯与摄像头最遥远的距离

说起来难以置信，从红绿灯到交通摄像头，它们在同一根杆上，但从来没有通过数据被连接过，摄像头看到的东西永远不会变成红绿灯的行动。这既浪费了城市的数据资源，也加大了城市运营发展的成本。

城市大脑让这一现象得以终结，从摄像头得到了即时交通流量，通过对这些流量数据的分析，可以优化路口的时间分配，提高交通效率。城市大脑在接管了杭州128个信号灯路口后，120救护车到达现场时间确实缩短一半，车辆在各区域的通行时间也有明显的降低，高架道路出行时间平均节省4.6min，确实对整个城市交通的流畅度提升起到了非常重要的作用。

（4）产业集群协作水平低潜能待释放

城市大脑协助政府部门更加直观地了解和掌握区域内产业的活跃现状与活力变化趋势，挖掘本地区活跃度高的行业并分析成因，为政府产业升级的后续决策提供参考和依据。

城市大脑为区域产业集群和产业活力分析画像，利用已经建成的基础数据、分析、展示平台，辅助政府决策，使产业集群效应不断释放，激活产业活力。

（5）群众办事“跑断腿、磨破嘴”

城市大脑的建设，为创新政务服务管理体系、大力推进“互联网+政务服务”

提供新思路。

苏州吴中区联手九次方大数据建设的城市大脑，并不是简单地把办公平台搬到网上，而是结合互联网思维及共享理念，在“让群众少跑腿”的基础上，进一步优化政务服务。真正做到了避免重复提交办事材料，就近能办、同城通办、异地可办，多渠道“一网”通办，形成了方便快捷、公平普惠、优质高效的政务服务信息体系，是真正意义上的被动服务向主动服务、单一服务向综合服务的转变。

（6）经济下行压力大，结构待优化

城市大脑通过对经济社会数据资源的组织管理，推进经济社会各领域大数据研究、开发和应用，进一步推动城市产业转型升级和经济结构优化。

城市大脑将激活宏观经济运行大数据的深层次价值释放，建立了区域经济监测、预警、决策体系，变宏观区域经济事后监测为事前和事中监测及风险预警，为正确制定和有效实施经济调控措施提供科学依据。

（7）公共安全存隐患，亟待清理整治

城市大脑作为一个载体，让预测、预警、预防能够在公共安全领域发挥重要作用。

城市大脑依托人工智能和大数据可视分析技术，赋予公安业务场景决策能力，对公安行业的深度变革起到不可估量的作用。开展“从无到有”的数据挖掘，“从点到面”的研判分析形成案件线索，有效地部署警力，建立快速反应安全防控机制，重拳打击犯罪，维护人民群众切身利益，营造平安环境。

城市大脑还借助物联感知技术，对城市低洼地段积水进行实时监测，当暴雨、台风等恶劣天气来临时，起到及时预警、提前采取措施的作用。

（8）“老赖”企业频失信，监管存死角

城市大脑对企业失信风险进行评估，实现了对城市辖区企业的高效监管，让企业失信风险和隐患化解在萌芽状态。

城市大脑基于企业失信风险评估以整合政府各部门产生的企业经营信息，为垂直部门的信用评价进行补充，从宏观到微观最大限度地对企业风险做出预警，使各部门及时发现可能被忽略的失信企业，从而弥补各部门在自己业务的局限下对企业经营信息掌握不全面带来的监管死角，增强政府各部门的事中事后监管能力，避免风险产生。

(9) 旅游市场乱象丛生，备受社会各界诟病

城市大脑在撬动旅游业态改革以及旅游产品创新，协助旅游整治监管工作的有效开展方面功不可没。

城市大脑为旅游目的地城市发展规划、精准营销、旅游管理、产品线路及旅游服务提供数据支撑，对旅游市场进行细分，更加有效地确定目标市场和制定旅游发展规划，实现精准营销、业态创新和旅游产业转型升级。同时，城市大脑可通过分析旅游热点情况和游客喜好，及时发布相关攻略，为游客提供更加舒适的旅游体验，满足游客多层次、多样化需求。

(10) 偷排乱排猫腻多，生态环保问题突出

城市大脑的核心优势就在于利用各种信息通信技术，感知、分析、整合各类环保数据，对各种需求做出智能的响应，使得决策更加切合环境发展的需要。

城市大脑对环境数据进行关联、融合，从而找出新的洞察，为决策提供科学依据，协助环保机构监督环境变化及政府执法。以大气污染防治为例，单一的大气污染数据无法看出问题的实质，但是通过模型将气象数据、空气质量实测数据、卫星数据、交通数据等融合在一起时，会发现更多不一样的结果，便于环保部门及时采取措施。

（四）现状

目前，城市大脑对城市最突出的贡献在于治理城市“交通病”，城市大脑将所有人、车、道路数据都接入系统，通过人工智能分析技术，把庞大的数据转化为科学合理的业务模型，就此形成城市交通实时大视图，以此来完成城市交通系统的调度和管理。举例来说，城市可以每 15min 根据摄像头看到的交通情况更新红绿灯的策略。从效果来说，城市大脑使得高峰期间平均行车速度提升了 15%，120 救护车到达现场时间缩短了一半。除此之外，城市大脑在城市的空间布局和设施配置、事件预警网络和协同治理体系建立、政务服务管理体系的创新、快速反应安全防控机制的完善以及大气污染防治等方面表现不俗。

1. 城市大脑市场规模达 7 000 亿元，保持稳中向好发展趋势

从城市大脑行业来讲，首先中央印发的城市大脑行业发展“十三五”规划纲要明确要求，到 2020 年城市大脑行业加增加 30%，各地方出台了地方政策，提高行业渗透率，2020 年城市大脑行业成为政策红利的市场，国务院政府工作报告指出，城

市大脑行业将会有利于提高民众生活质量。其次城市大脑行业持续需求火热资本利好城市大脑领域行业发展长期向好，下游行业交易规模增长为城市大脑行业提供新的发展动力，2020 年居民人均可支配收入 28 228 元，同比增长 6.5%，居民消费水平的提高为城市大脑行业市场需求提供经济基础。然后传统城市大脑行业服务过程，没有专业的监管，影响行业的发展，互联网与城市大脑的结合，减少中间环节，为用户提供高性价比服务，“90 后”“00 后”人群逐步成为城市大脑行业的消费主力。最后科技赋能人工智能大数据、云计算、VR、5G 等，逐步从一二线城市过渡到三四线城市，实现城市大脑行业科技体验的普及化行业，引入 ERPOA 等系统，优化信息化管理施工环节，提高了行业效率。

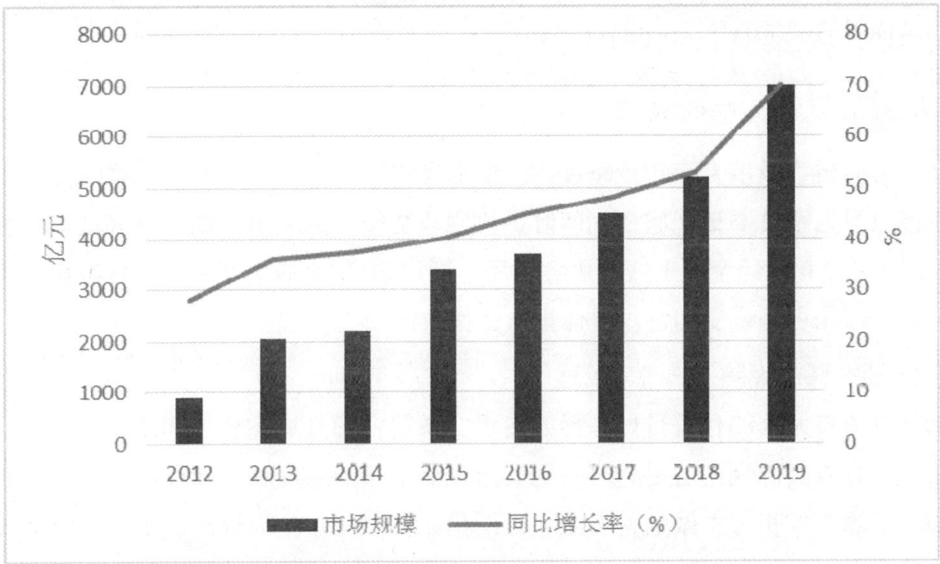

图 2-4　江浙沪地区城市大脑行业市场规模及增长率

2. 城市大脑在国内多地已经落地，用脑力提升“城市免疫力”

2020 年 6 月 9 日，在 2020 阿里云峰会现场，城市大脑 3.0 正式发布。据介绍，新升级发布的城市大脑更强调数据智能，通过感知能力的强化，致力于全城市要素数据的智能化深度融合。

经过两年迭代，城市大脑 3.0 强化了感知能力，将通过城市空间基因库链接农田、建筑、公共交通等全部城市要素。通过人工智能技术，城市大脑可以实现交通、医疗、应急、民生养老、公共服务等全部城市场景的智能化决策。

目前，城市大脑已经在北京、上海、天津、郑州、海口、石家庄、澳门、吉隆坡等城市落地应用，其中尤为人熟知的就是杭州城市大脑。以沿海城市常见的台风灾害天气为例，台风到来之前，城市大脑 3.0 就可用天气数据计算台风通过城市的路径；根据城市 3D 模型推演，预判城市道路的积水点，标记高危建筑，提前通知交通部门预防；AI 外呼系统则可以通知市民做好防护工作。

“今年突如其来的疫情让各级政府意识到数字化的迫切性和重要性。城市的新基建也将加速，原本需要 3～5 年的数字化转型，接下来可能 1 年就完成了。”阿里云总裁张建锋介绍说。几年前，浙江老百姓办事要跑政府部门或者办事大厅；后来政府推出了“一窗通办”，一个窗口可以办理所有事情。如今，浙江办事只需要一部手机，就能享受 7×24h 服务。“政务服务一步步发展，离不开系统的改造以及政务流程的再造。这是数字化发挥的巨大作用。”

（五）城市大脑的应用

福湾科技“城市大脑”具体目标：组织成体系、发现智能化、管理可闭环。

按照习近平总书记“联合、即时、协同、智能”的要求，浦东新区城市运行综合管理中心 2.0 已经全面上线，服务市民。而这个“2.0 版本平台”的标准化、规范化、可推广化更是备受期待，具体推广工作有：

1. 浦东城市大脑——日常管理

浦东城市大脑的建设目标：努力走出一条符合超大城市特点和规律的社会治理新路子，为人民群众创造更有序、更安全、更干净的生产和生活环境。以“细心、耐心、卓越心”和努力做到科学化、智能化、精细化，全面提高浦东社会治理体系和治理能力现代化水平。

2. 浦东城市大脑——工地监管（建交委）

浦东现有的 1 356 个工地的监控视频已经全部接入“城市大脑”。习近平总书记在这里考察时，张江集电港 B 区的一个在建工地上，就发现有一名工人没有佩戴安全帽，当即迅速整改。浦东城市管理智能化提升工作组负责人徐惠丽介绍说，没有戴安全帽，质监站和工地的负责人是负有监管责任的，如果该工地被多次发现这类问题，建交委就会采取行政处罚措施。

3. 浦东城市大脑——神经元系统（城运中心）

“城市大脑”的突破还在于扫除盲区。目前浦东区域内的城管执法人员、网格监督员、村居干部都配备了视频集群通信系统设备，就像交警处理事故时佩戴的记录仪，既能实时传输视频，还能群组一起解决问题。

具体应用案例有：

案例一：从 2018 年以来，浦东为 2 000 多户高龄独居老人免费安装“居家安防三件套”——烟感检测、燃气探测和一键报警。当老人忘记关火或者在家里需要帮助时，都可以在第一时间获得社工、楼组长或志愿者的上门帮助。

案例二：地处城乡接合地带的周浦镇也根据自己辖区内的特点，更新了大脑的模块。如，由于辖区内电动自行车数量较多，因此相关盗窃案件也是居高不下，一度成为当地老百姓十分头疼的问题。为彻底解决辖区内偷盗案件高发问题，周浦镇为辖区内的电动自行车都安装上了防盗芯片。一旦发生电动车被盗，居民们只要报警，工作人员就可以在周浦镇城市运行综合管理智慧平台上顺利调出该车辆的运行轨迹，从而准确定位到车辆位置。自从安装上防盗芯片后，周浦镇端掉了 5 个盗车窝点，相关警情下降了 72%。

案例三：老人再也不怕走失了。周浦镇城市运行综合管理中心常务副主任吴蓓表示，在城市大脑中有电子围栏的概念，一旦失忆老人走出围栏，“大脑”会立刻有反应，并将老人出走的信息反馈给家属，以便及时寻找。

第三节 大数据背景下制造企业运营数据分析平台建设

随着互联网、物联网、云计算等科技项目的飞速发展，大数据引领了新一轮的科学技术发展热潮，同时，也给企业运营分析工作带来了新的挑战。在大数据的背景下，基于大数据前沿技术构建企业运营数据分析平台受到越来越多的企业的重视，在具体的数据分析工作中，也起到了越来越重要且不可替代的作用。

运营数据分析平台建设，首先要满足 ERP 系统上线以来日益增长的数据分析需求，快速掌握业务状况，发现业务问题与偏差，促进管理改进，利用准确、及时的信息制定业务决策。其次，迎接大数据时代企业面对的诸多内外部挑战，从不断加速产生的大量数据中攫取有价值信息，发现和创造新的商业机会；优化企业业务流程，控制风险、提高效益。本次项目摒弃传统的数据分析平台建设模式，将运营数据分析与大数据平台建设相结合，打破不同应用系统、信息来源的界限，对海量数据进行有效组织、存储，加以分析并转化为有价值信息。

运营数据分析平台长期目标是建设一套卓越的企业经营管理决策支持系统，深化数据应用，为满足公司现阶段的管理要求及未来业务发展的需求，提升公司整体信息化水平，进一步促进企业未来的快速发展。

平台建设将以展现整体业务现状和服务决策层为主要目标，以ERP系统的数据为核心，结合系统外部已获取的产品运维数据，实现相关业务数据展现和数据透明化。在技术实现上，采取先进的大数据应用技术作为企业整体数据管理的基础结构，借助云计算数据处理与应用模式的广泛运用，为公司处理日益增长的海量数据，实现高效、可扩展的低成本解决方案。深化和拓展公司商业智能和知识服务能力，提高经营决策效率，实现从“业务驱动”到“数据驱动”的转变。

一、建设目标

（1）利用系统逐步加强业务数据的真实体现，深入分析，提高业务洞察力，帮助决策。

（2）增加信息透明度，提升决策及管理数据的真实性，实效性，一致性，为决策层提供可视化管理与决策信息。

（3）结合公司战略目标，经营指标及上级控制指标，实现公司财务、销售、生产、采购、库存等关键指标的报表分析与展现。通过数据分析发现从销售到生产执行过程中的问题，层层追溯和挖掘找出原因。

（4）提高决策层对于业务数据的关注度，推动提升公司信息化应用（基础数据及业务操作规范性、业务数据真实性、完整性）。

（5）规划和建设以Hadoop为核心的大数据平台，采取分布式的基础架构，开发大数据应用管理工具。

（6）以大数据平台作为ERP系统数据分析的基础，建立分析模型，并实现数据可视化展示。

（7）利用大数据技术对应用系统外部的产品运维及服务数据等进行有效集成和分析，实现数据可视化展示。

（8）建立完善的运营数据后台管理系统，实现对分析展示系统的用户访问、业务操作及系统运行状态监控等进行有效管控。

（9）确保运营数据分析平台服务器的负载均衡，构建大数据集群监控系统并进行图形化展示。

二、关键技术

（一）总体架构

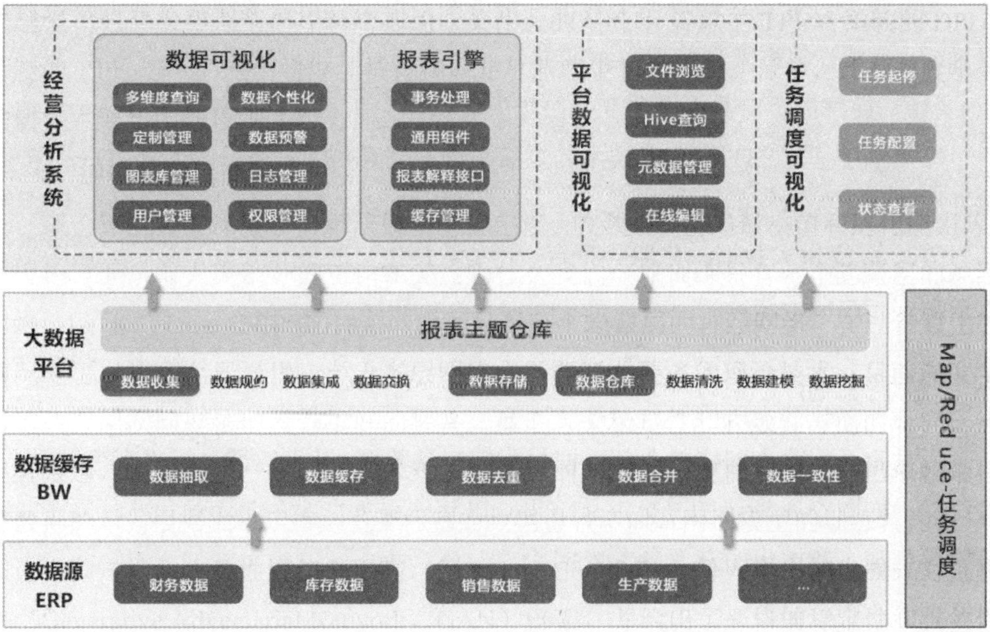

图 2-5　总体框架

（二）关键技术

运营数据分析平台要求满足数据处理采集、存储、计算、应用，能够同时满足 PB 级的结构化和非结构化数据的快速处理需求。其技术如下：

（1）平台整体架构采用虚拟化云计算及分布式计算架构设计，主要分基础设施层、支撑软件层、安全保障体系、服务保障体系组成。

（2）实现基于 Hadoop 的大数据开发和运行环境。

（3）实现基于大数据的 HDFS 分布式文件系统存储；针对小文件优化的分布式文件系统。

（4）充分考虑公司未来的数据增长，满足海量数据存储需求。

（5）实现基于 Hive 数据仓库及数据集市建设分析。

（6）实现基于 HBase 的快速响应数据存储支撑。

（7）实现基于 Oozie 的数据分析 Job 配置管理。

（8）提供面向非结构化数据的 NoSql 数据库服务功能。

（9）提供行业业务数据的大数据分析引擎；根据公司业务需求及数据特点，提供 Spark 分析计算框架，确保数据的并行计算和实时分析以及系统的响应效率。

（10）提供机器冷数据（非业务数据）的数据分析引擎和算法工具。

（11）提供基于 HTML5 等技术的系统页面设计和展示；基于 Echart、D3、Jquery 等开源软件实现丰富的图表展现。

（12）能提供大数据云化服务平台，封装数据接口服务和大数据分析云服务以及大数据读写存储云服务。

三、运营分析

通过整合企业内部核心业务数据与外部产品数据，基于运营分析平台汇总分析，最终输出如图 2-6 所示的分析汇总结果，以整体视角呈现企业运营状况，为企业决策提供直观、数据化的有力参考依据。

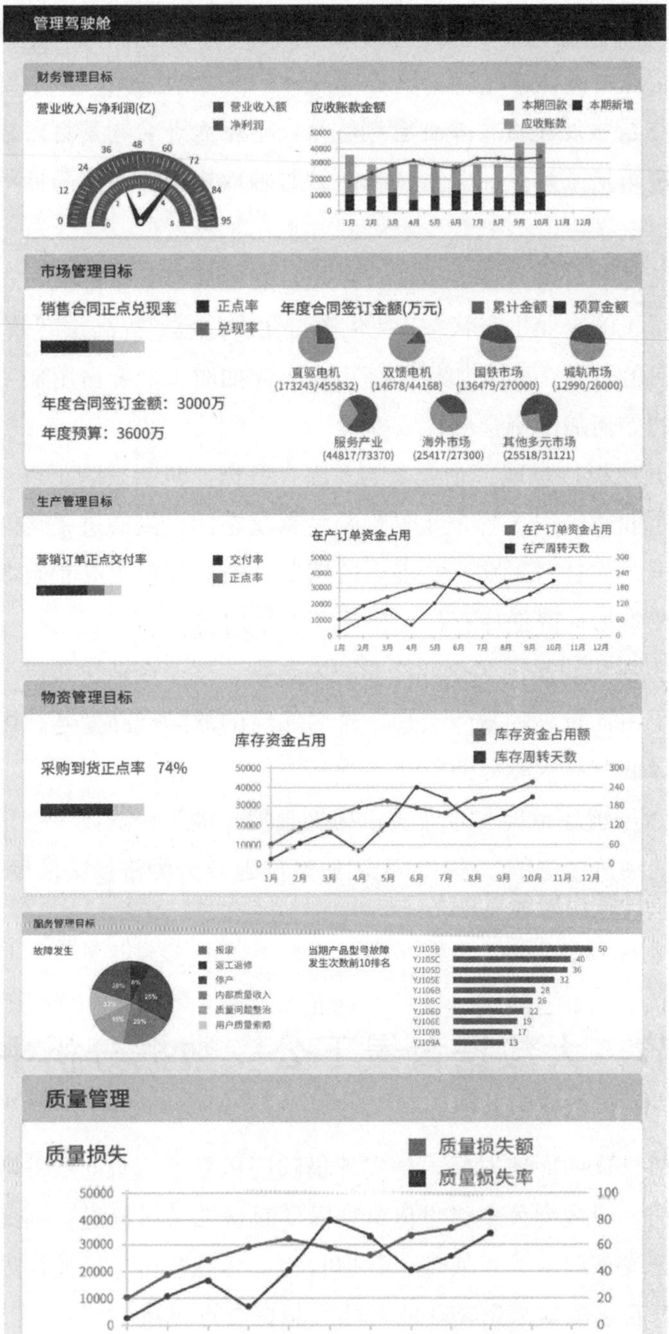
管理驾驶舱
财务管理目标
营业收入与净利润(亿)
营业收入额
净利润
应收账款金额
本期回款
本期新增
应收账款
市场管理目标
销售合同正点兑现率
正点率
兑现率
年度合同签订金额(万元)
累计金额
预算金额
直驱电机 (173243/455832)
双馈电机 (14678/44168)
国铁市场 (136479/270000)
城轨市场 (12990/26000)
服务产业 (44817/73370)
海外市场 (25417/27300)
其他多元市场 (25518/31121)
年度合同签订金额：3000万
年度预算：3600万
生产管理目标
营销订单正点交付率
交付率
正点率
在产订单资金占用
在产订单资金占用
在产周转天数
物资管理目标
采购到货正点率　74%
库存资金占用
库存资金占用额
库存周转天数
服务管理目标
故障发生
报废
返工返修
停产
内部质量收入
质量问题整治
用户质量索赔
当期产品型号故障发生次数前10排名
YJ105B 50
YJ105C 40
YJ105D 36
YJ105E 32
YJ106B 28
YJ106C 26
YJ106D 22
YJ106E 19
YJ109B 17
YJ109A 13
质量管理
质量损失
质量损失额
质量损失率

图 2-6　运营分析

图 2-6 第一层板块呈现了企业营收及利润数据，包括企业应收及回款，助于企业决策层了解企业财务状态。

图 2-6 第二层板块呈现了企业营销数据，包括企业合同签订、市场各板块销售等，助于企业决策层了解企业营销状态，针对各板块销售占比高低不同制定相应的营销策略。

图 2-6 第三层板块呈现了企业生产数据，包括生产订单的交付、资金占用等，助于企业决策层了解企业生产状态，提供改进生产过程、提高生产效率的决策依据，如针对交付晚点的订单，研究如何提高正点率；如对于资金占用额度大的订单、资金周转天数多的如何加快资金周转效率等。

图 2-6 第四层板块呈现了企业采购及库存数据，包括采购正点、库存资金积压等情况，助于企业决策层了解企业采购及库存状态，提供改进采购过程、降低库存积压的决策依据，如针对采购到货晚点的情况，研究如何提高正点率；如对于库存积压较大生产要素如何降低库存、加快库存资金周转等。

图 2-6 第五层板块呈现了企业产品故障数据，助于企业决策层了解企业产品的故障状态，对于占比较高的故障类别、排名靠前的故障产品型号，可以研究制定改进生产工艺，降低产品故障率的方法。

图 2-6 第六层板块呈现了企业质量损失数据，助于企业决策层了解企业因产品质量问题导致的经济损失的状态，对于因质量问题导致经济损失额度较高异常月份，可以形成重点关注。

第四节　大数据背景下公安数据分析平台建设

随着公安信息化的高速发展，公安各级部门积累了海量的业务数据。如何快速挖掘其内在价值，已成为公安信息化迫切需要解决的关键问题。因此，需要运用科技手段，提高公安部门的信息侦查、数据收集、智能分析、经侦调度、精准预测分析能力，构建符合公安实战所需要的智能大数据支撑体系。

一、建设目标

面向公安实战需求开展数据的深度整合和综合利用，构建一套基于大数据的统一数据采集、存储、分析、挖掘、应用的综合平台，实现以下目标。

（1）数据资源大整合，构建齐全、鲜活的数据集市

抽取、清洗、转换、汇集跨地区、跨警种的各类数据，组建由公安内部、外部数据、互联网数据等组成的基础数据库；面向信息检索、数据分析和专题应用需求重新构建的专题数据库；形成数据齐全、归类清晰的数据集市。

（2）构建高效处理、安全存储的大数据平台

采用云计算架构，构建大数据平台。通过云计算、分布式存储、分布式计算、内存计算等技术手段提高数据处理能力，提高对非结构化数据，大容量数据的存储及处理能力，满足各类应用数据处理要求。

（3）构建标准化、多样化、高效的数据共享平台

按照统一标准，分类别封装通用的数据访问、数据互操作、应用功能类、数据交换、信息布控等接口，通过服务总线形式提供，并由共享门户展现，满足基层数据共享需求。

（4）深化数据应用，构建切合实战的数据应用平台

根据一线实战需求的共性，开发部分通用的数据应用，如云搜索、信息比对、信息布控、背景审查等。借助大数据高效数据处理能力，开发对数据的深度应用，如智能碰撞、关系人挖掘、情报线索分析等。

二、建设内容

建设方案分为数据资源、数据服务、数据应用三个层面，整体架构如下（图 2-7）：

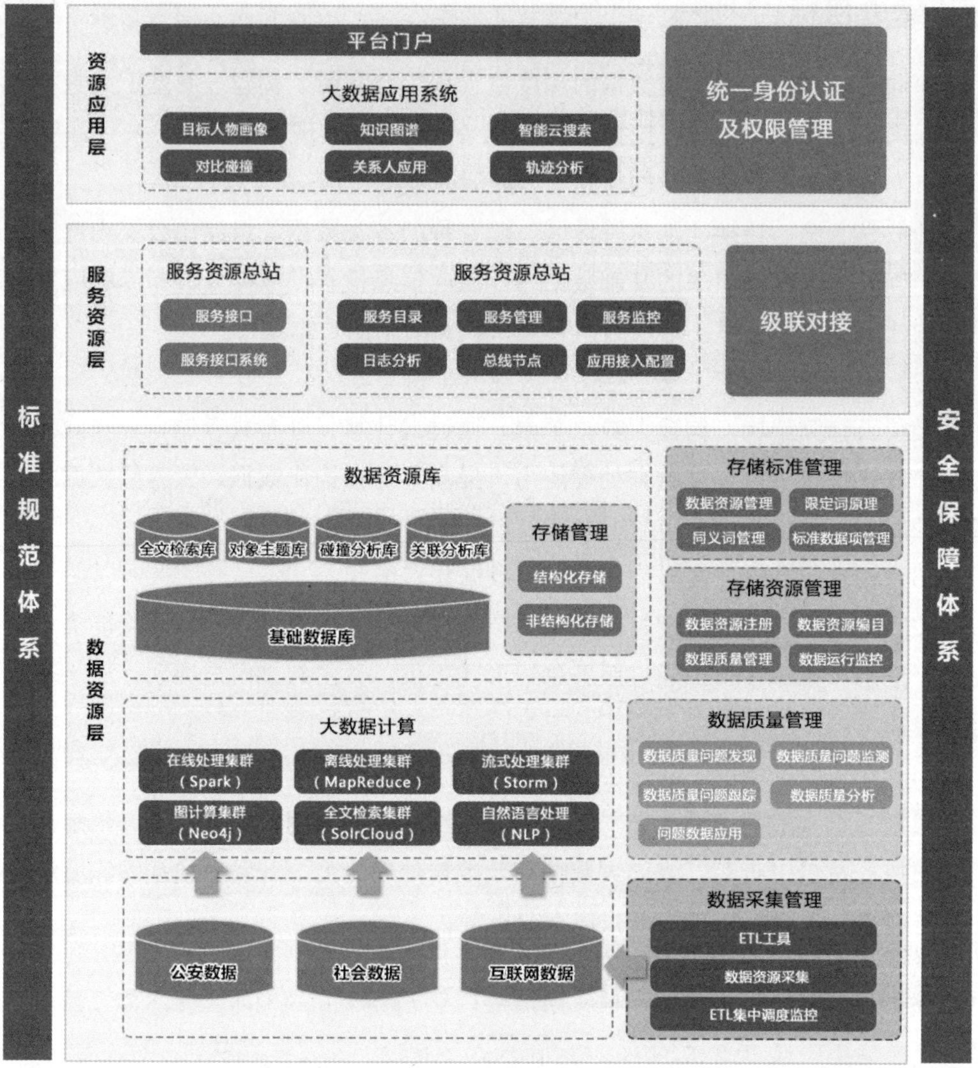

图 2-7　架构图

（一）数据资源层

1. 数据采集

（1）数据源

数据源主要包括公安内部和外部数据。其中，公安内部数据以警务综合信息应用平台和业务系统为主要数据来源，实现不同警种业务数据的标准整合；公安外部数据通过部门间共享服务平台获取的社会单位数据为主要数据来源，包含互联网数据和其他多媒体数据的获取，实现外部单位各类数据的标准化整合。

（2）采集模块

建设统一的数据采集模块，实现基于标准表单、文本数据及相关视频、图像、语音等多媒体数据的批量导入、逐条录入和维护管理等系统功能，并进行自动分类，导入采集资源库。

在采集入库的过程中，按照背景信息、动态信息、关系信息、特征信息的要素进行分类，建立规范化的数据描述方法和清洗转换规则，实现社会数据资源的规范化建库。主体建立包含背景信息库、动态信息库、关系信息库、特征信息库等数据采集资源库。

2. 数据预处理

通过数据预处理工作，可以使残缺的数据完整，并将错误的数据纠正，多余的数据去除，进而将所需的数据挑选出来，并且进行数据集成。

实现对抽取的数据资源进行加工的能力，例如空值校验转化、字符串操作、字符串替换、新增字段、添加 JSON 字段、表码映射等。

基于特征要素模型，实现对文本内容的全文解析，并能够将文本中涉及对象特征，诸如身份证、手机号码、电子邮箱、QQ 号码、车牌等特征要素转化为结构化数据进行存储。

3. 数据存储

（1）对象建库

对于所各类纷繁复杂的公安数据资源，主要形成基础数据库、全文检索库、对象主题库、碰撞分析库、关联分析库来进行存储管理。

（2）结构化存储

对于所采集汇聚的数据资源，主要以结构化数据维护且总量有限，采用 Oracle 关系型数据库来进行存储管理。

（3）非结构化存储

HDFS（分布式文件系统）是 Hadoop 架构的支撑性平台，作为 HBase\HIVE 等大数据库的分布式运行系统，为其提供存储扩展能力、容错能力、吞吐能力等。HDFS 本身也适合存储单个文件体积较大的内容，如视频文件、音频文件、历史数据归档打包文件等。

在本项目的基础库设计中，对于非结构化数据，主要是以文本、视频、图片为主，拟采用用HDFS作为外部采集文本、视频、图像的存储容器，并利用HBase为各个文件实体构建索引及相关描述信息，为资源的进一步检索及调用奠定基础。

在对数据的关联整合过程中的关键词标签数据和索引信息，其存储管理模式可根据具体数据量情况选择确定。

4. 数据管理

（1）数据标准管理

主要是依据上级部门提供的标准（具体标准的内容有：数据元、限定词、数据项），创建本地的数据标准规范，具体内容包括有：数据元管理、同义词管理、限定词管理、标准数据项管理。

（2）数据资源管理

数据资源管理用于数据资源的统一管理，以实现数据资产的有效管理，提升数据资产管理及运营能力，辅助建立数据资源资产化管理机制、数据资源运行维护管理机制、数据质量提升机制。

数据资源管理系统主要包括数据资源注册、数据资源编目、数据质量管理和数据运行监控。

（3）数据质量管理

数据质量管理提供数据质量问题发现、数据质量问题监测及跟踪、数据质量分析、问题数据应用等功能，帮助用户了解数据质量情况，发现数据质量问题，持续监测数据质量，分析数据质量趋势和对比情况，跟踪问题数据修复情况，从而辅助用户建立数据质量提升机制。

不同来源的数据在基础数据资源库进行清洗、整合，通过数据资源注册功能，实现各类数据源及数据资源统一注册管理，提供丰富的元数据信息。

5. 数据分析

（1）大数据计算

基础数据集群中存放的往往是低价值密度的数据，经过多种大数据计算方法加工处理后，可提取出高价值密度的数据，适用于对海量数据进行数据挖掘、建模，以支撑精准营销、决策分析、信息安全等应用场景。

主要应用的大数据计算方法包含在线处理集群（Spark）、离线处理集群

（MapReduce）、流式处理集群（Storm）、图计算集群（Neo4j）、全文检索集群（SolrCloud）、自然语言处理（NLP）等。

（2）数据挖掘

数据分析挖掘是从大量的、有噪声的、不完全的、模糊和随机的数据中，提取出隐含的、不可预知的、具有潜在利用价值的信息和知识的过程。数据挖掘是整个知识发现流程中的一个具体步骤，也是知识发现过程中最重要的核心步骤。主要数据挖掘方法包含：分类分析、回归分析、聚类分析、关联分析等。

（二）数据服务层

实现对本地应用的统一接入，减少应用系统对底层数据库的直接访问，提高数据安全性，解决部门以及协作区域间信息服务资源的简便对等开放、共享标准规范、本地信息资源集中管理、面向应用服务的统一接入、高可用服务支撑能力、安全审计等一系列问题。

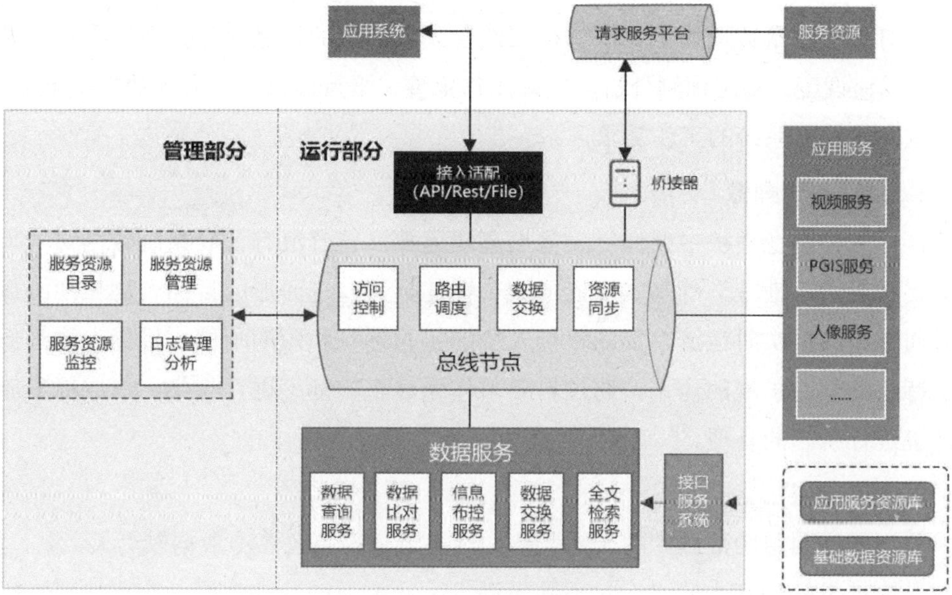

图 2-8　数据接入流程

1. 接口层建设

自主比对接口：通过数据源信息和比对条件，进行数据源比对，返回比对结果。

全文搜索接口：该接口实现省厅资源服务平台云搜索模块中的人员全文搜索功能，搜索条件支持关键字搜索，返回内容包括人员基本信息和匹配命中信息，其中人员基本信息包含姓名、身份证号、民族、户籍地区划等信息。

2. 服务总线模块

云服务总线系统，是基于数据整合和信息共享的集成中间件。它采用分布式的总线结构，支持像 Hbase 之类的云数据库，还支持大数据查询工具 Impala，实现对构建在 Hadoop 之上的分布式数据库，直接用 REST 方式来快速查询出数据。

3. 标准化平台

建立公安实体标准库，通过多种途径获取权威的数据元、限定词、公安部部标国标代码，结合系统代码使用情况，建设一套符合公安的标准实体库，供用户查询和下载。

（三）数据应用层

针对公安海量数据的全方位解析，结合公安部门的信息侦查、数据收集、智能分析、经侦调度、精准预测分析等实际工作需要，平台提供一系列大数据智能应用，全方位满足公安系统的工作需求。

1. 目标人物画像

目标人物画像模块主要通过大数据离线运算，整合所有公安系统数据对“人、案、物、组织、地址”等基本要素形成个性化标签，进而形成目标人物长期画像；同时通过大数据实时运算，形成目标人物的实时标签和短期画像。目标人物画像需要支持自动学习扩展的体系，通过自学习体系对新的标签进行收集，形成标签库，对标签进行统一的管理。

2. 知识图谱

知识图谱利用图数据库的天然优势，直接将公安系统各项数据以“人、案、物、组织、地址”等为基本要素，对不同来源、不同类型的基础数据，应用按要素提取关键字段，建立要素内的关联关系，形成关联库，将诸如姓名、身份证、手机、地址、家庭电话、联系人、亲属关系、行为轨迹、涉案信息、违法犯罪信息等设计成图谱的节点，定义好图谱所需的所有节点和节点属性后，定义两两节点间的关系。

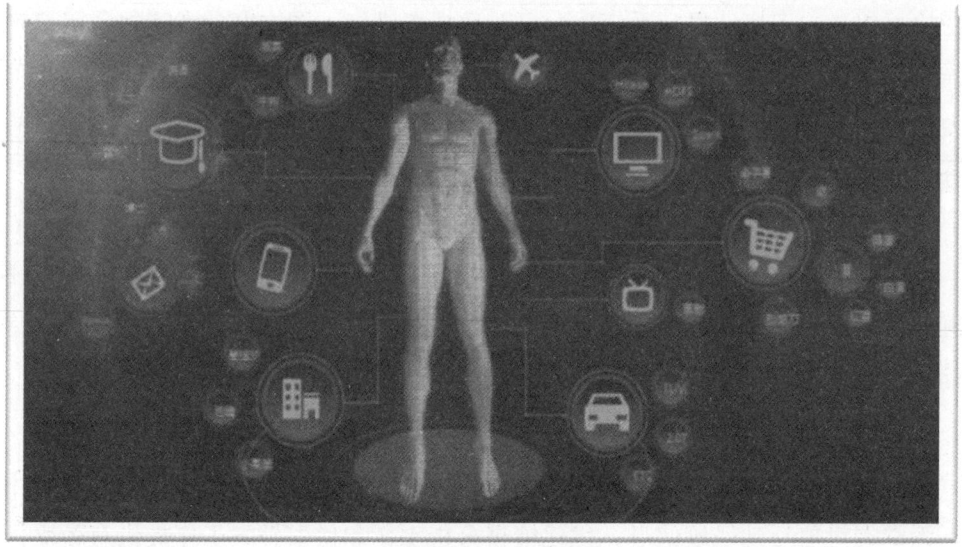

图 2-9　目标人物画像

根据业务需求进行知识图谱构建，构建完成后，用户可以直接在关联图谱平台上，输入某个节点值查询节点的关联信息，查看其关联范围内的涉及的人、财物、案件信息，查看该节点是否与其他节点关联成案件联动，看节点与历史的节点间是否有过关联等，有利于案件的侦破及突发事件快速反应。

3. 智能云搜索

充分利用云计算技术，提供一站式智能搜索，智能解析搜索意图，提高搜索精度。并以智能检索模式展示给用户，从而实现数据的可视化。

（1）关键词检索

提供使用简单的检索入口（符合用户搜索习惯的查询界面，类似谷歌或百度的界面操作），用户输入关键词后进行跨库全文检索，可分库统计结果数，并可点击结果记录查看详情。

（2）高级检索

支持通配符检索、轨迹检索、多类人员检索、时间段检索、年龄段检索等多种专业检索方式。

（3）检索资源自定义分类

检索时可选择数据资源的范围，支持数据资源的多维度配置管理和选择，便于过滤掉不相关的干扰结果。系统后台可对数据表进行不同维度分类管理，用户可根据需要建立按五要素分类、按资源库分类、按业务分类等，在检索页面上用户可以方便地选择某一类或几类，甚至其中的一个或多个数据表，检索结果按照选择的维度分类分数据源分表进行展示。

（4）主题库监控

利用全文高速比对引擎，根据不同的业务需求，将公安敏感信息数据建立比对主题库。在用户的查询命中结果中，系统自动与被监控主题库进行自动比对，将比中信息进行标注。

4. 比对碰撞

针对公安的海量数据实现自定义碰撞，最大限度地发掘信息资源的关联应用效益，为掌握对象活动轨迹信息、优化情报分析工作和侦察破案工作提供有效支撑，从而进一步提升公安数据的应用水平。能够更好地面向实战、服务基层，提高基层民警在实战中的信息化应用意识、应用技能和应用水平，从而进一步提高公安机关的整体素质和战斗力。

自主比对系统通过界面拖拽的方式，实现了数据的任意碰撞。用户可以非常容易地进行自定义规则进行碰撞，支持两两数据源的碰撞，还支持多数据源的碰撞。自主比对系统不仅支持单点的碰撞比对，还支持分布式的碰撞比对。比如：省厅里的某些数据在本地数据源里面没有碰撞出来，可以分布到各个地市的数据源里进行碰撞，然后将碰撞的结果分别返回并进行合、汇总，然后统一展示。

5. 关系人应用

整个系统以公安业务基础数据以及各类人员活动轨迹为依托进行各类关系的计算和关系服务提供，提升公安民警的工作效率。

该系统主要功能是为用户提供基础关系查询：用户输入查询条件后，在关系显示区显示出该搜索条件的关系圈，并且可以在此关系圈的基础上进行关系挖掘操作功能；用户可以上传一批身份证，对这一批身份证进行批量的关系碰撞功能；用户可以根据已查询的关系信息进行不同关系分类的二次关系挖掘；用户可以根据已查询出来的关系链接进行关系轨迹跟踪，进行下一步的关系确认。

6. 轨迹分析

对个人轨迹信息进行可视化展示，并分析周围出现人群的前科情况以及与目标人员之间存在的关系。

第五节　基于邻里中心大数据平台的疫情防控

新冠肺炎疫情发生以来，全国各地都采取了积极的防控措施。作为疫情联防联控的第一线，社区疫情防控承担了外防输入、内防扩散的最重要的任务。在多地小区封闭式管理实施的措施中，为了建立严格有效的防线，通常对小区人员出入采取了实名登记、测量体温、出示小区通行证等多项手段。

本次疫情是对我国治理体系和能力的一次大考，既考查着我们国家政治、经济等各方面工作的应急能力和处置水平，也检验着我国大数据、人工智能、云计算等新技术的应用程度和社会成效。如何看待此次疫情防控中的大数据应用，客观看待贡献，发现存在不足？解答这些问题，有助于澄清认识、凝聚共识、共克时艰，还有助于改善工作、谋划未来。

一、总体任务

全拓数据作为国家信息中心数字研究院常任理事单位，充分利用公司多年的大数据经验，依据全拓邻里大数据平台积极参与社区的疫情防疫工作，用大数据让社区疫情防控“耳聪目明”。

街道社区是成功打赢防控新型冠状病毒疫情阻击战的前沿阵地，是实现“早发现、早报告、早隔离、早治疗”目标的“侦察兵”，切实让数据“多”起来、“实”起来、“动”起来、“跑”起来，进一步提升防控的科技含量和效率，为疫情防控和处置工作打下基础，构建“民有所呼、党政必应”“党有所呼、全民响应”防控格局。

图 2-10　拱墅区领导视察全拓数据社区防疫工作

二、平台建设

（一）平台架构

邻里中心大数据平台是完全遵循云计算、大数据、物联网等规范标准进行设计，具备完整的基础设施服务、数据服务、支撑服务、应用服务等。

1. 总体架构

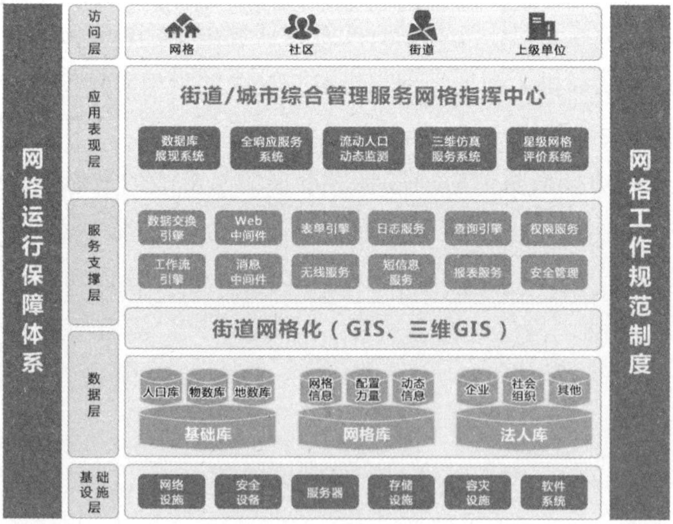

图 2-11　总体架构图

2. 技术架构

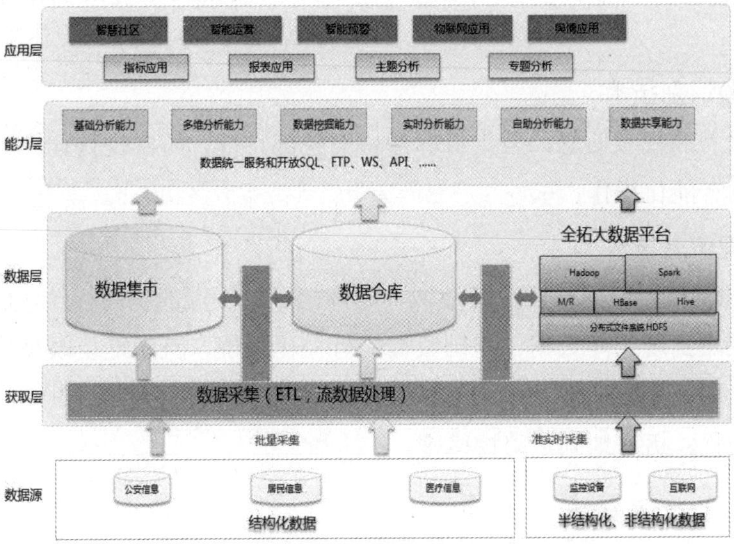

图 2-12　技术架构图

（二）关键技术

邻里中心大数据平台满足海量数据处理采集、存储、计算、应用，能够同时满足 PB 级的结构化和非结构化数据的快速处理需求。

1. 大数据融合技术支持多种数据源类型

包括主流关系型数据库、非关系型数据库，支持多种不同格式的数据库之间的数据转换，并能够自动解决常见异构数据库数据迁移中遇到的格式不兼容、数据类型异常等问题。

2. 大数据存储管理技术

承接数据融合后的大数据统一存储及应用等管理维度功能。解决了非结构化数据和结构化数据的统一管理难题，更从元数据的角度灵活地解决非结构化数据只存不管和结构化数据。

3. 大数据计算分析技术

实现了实时计算和批处理计算框架、计算模型建立及机器学习算法等，是一套可靠、安全易用的一站式大数据分析平台。可以轻松实现大数据计算分析，快速搭建属于自己的大数据分析平台，大大缩短开发时间，节省更多的时间用来对数据进行分析，适合于需要动态灵活获取大数据计算能力进行批量计算、实时计算的场景。

4. 人脸识别技术

根据输入的视频信息，采集目标对象的脸部特征，可实现快读比对、回放、搜索等一系列智能化操作。

5. 地理信息技术

基于 GIS 技术应用，实现跨地域、跨部门、跨领域的协同标绘。GIS 技术应用辅助决策模块实现空间数据、基础数据的可视化表现，直观地反映疫情突发事件周边的地形地貌、监控对象、人员流动等分布，便于社区领导在事件中掌握事态趋势，优化资源配置，更好地制定防控措施。

（三）支撑系统

邻里中心大数据平台以大数据管理系统为核心，多业务子系统并存，采用面向服务的架构体系从而最大限度上满足疫情业务需要。

1. 大数据管理系统

运用行业领先的异构数据存储系统，具备可靠、安全、低成本、可弹性扩展的数据同步平台，为各种数据源提供的全量/增量数据定时进出通道。全面兼容海量协议以及语法标准，使用标准 SQL 高效轻松地集成数据。

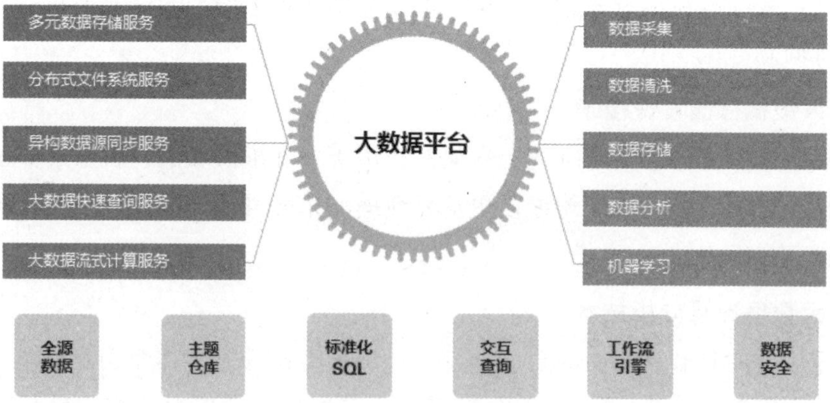

图 2-13　大数据平台

2. 智能化标签系统

全面整合社区居民数据，基于海量用户特征的挖掘技术，通过可视化、智能化方式，为企业用户数据全维度打标签，形成并管理一方 360° 用户画像的数据平台。在保证一方数据安全的前提下，支持数据服务及各种应用产品的数据需求。

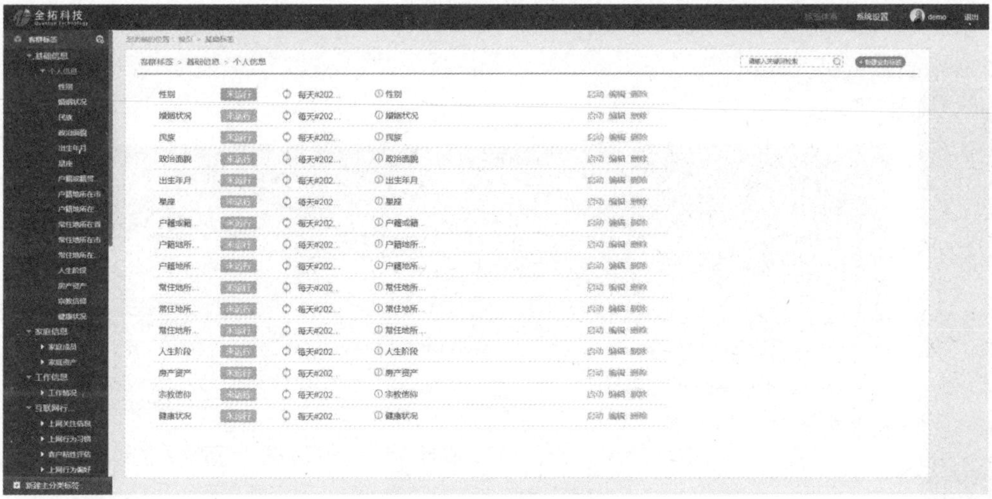

图 2-14　标签系统

3. 舆情监控系统

通过抓取邻里中心平台数据、社区居民基础信息数据、互联网数据，获得邻里中心以及附近周围居民群众关注的各种舆情信息。帮助政府了解实时民意，辅助政府工作，维护社会稳定。

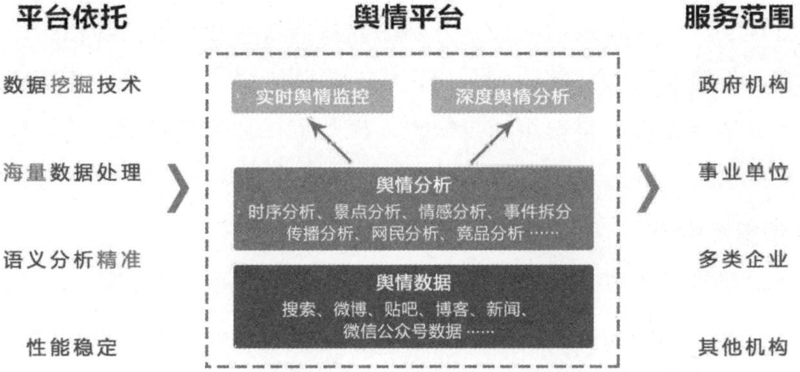

图 2-15　舆情架构

4. 知识图谱

知识图谱是提炼知识的结构关系的系统，核心三要素包括实体（Entity）、属性（Atrtribute）和关系（Relationship），目标在于描述真实世界中存在的各种实体和概念，以及实体、概念之间的关联关系，通过关系的计算推理可以精准地给出问题的答案，主要用于人群关联分析、智能问答等领域。

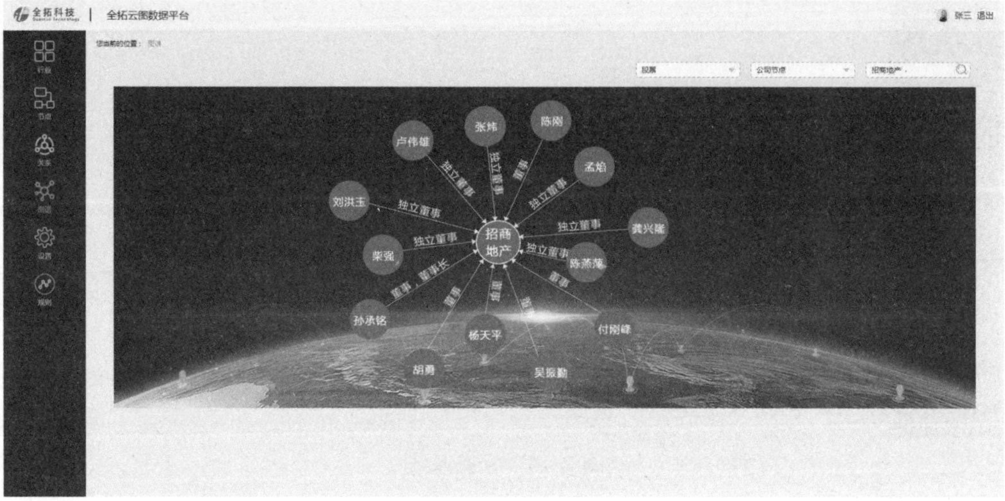

图 2-16　知识图谱

三、重点成果

邻里中心大数据平台连接居民、医院、疾控中心、各监控卡点、网格管理员和疫情作战指挥中心，提供方便快捷的疫情信息上报、疫情态势分析和防控政策推送等信息化管理手段，实现疫情防控各方基于大数据平台开展疫情防控工作，互通疫情防控数据，促进从政府各部门到医疗机构、再到居民之间顺畅的疫情信息传递效率，有助于疫情早发现、早决策、早处置，提升全社会整体对疫情的防控能力，最终战胜当前疫情。

1. 疫情指挥中心

以微信消息推送的方式发布疫情防控指挥中心的各项公告和通知，同时由官方授权部门及时向公众发布疫情防控动态信息、咨询电话等，公众可以通过该栏目查看全国及本地疫情实时情况。

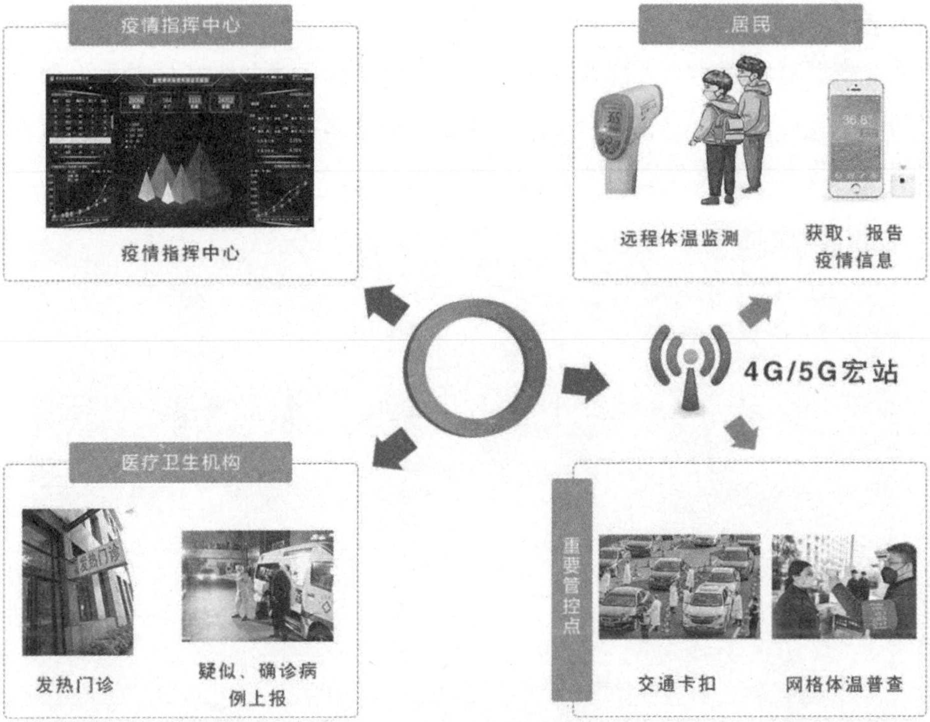

图 2-17　疫情防控总体布局

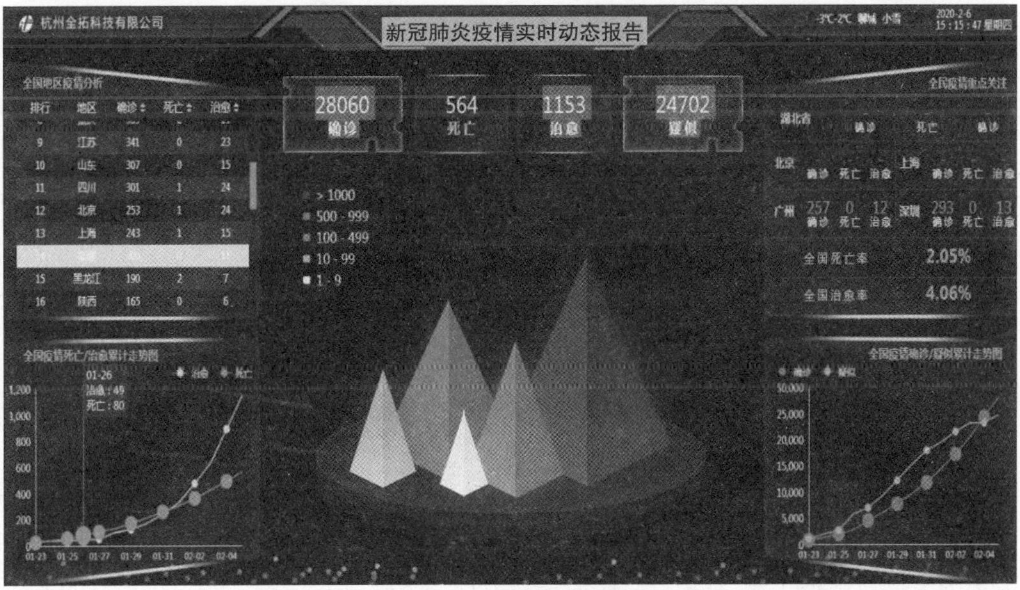

图 2-18　可视化大屏

2. 高危人群分析

针对新型冠状病毒“人群普遍易感，有基础疾病的老年人病情较重”的客观情况，利用现有基层医疗卫生数据，对社区新型冠状病毒肺炎疫情建立了疫情可视化模型和高风险人群数据分析模型。

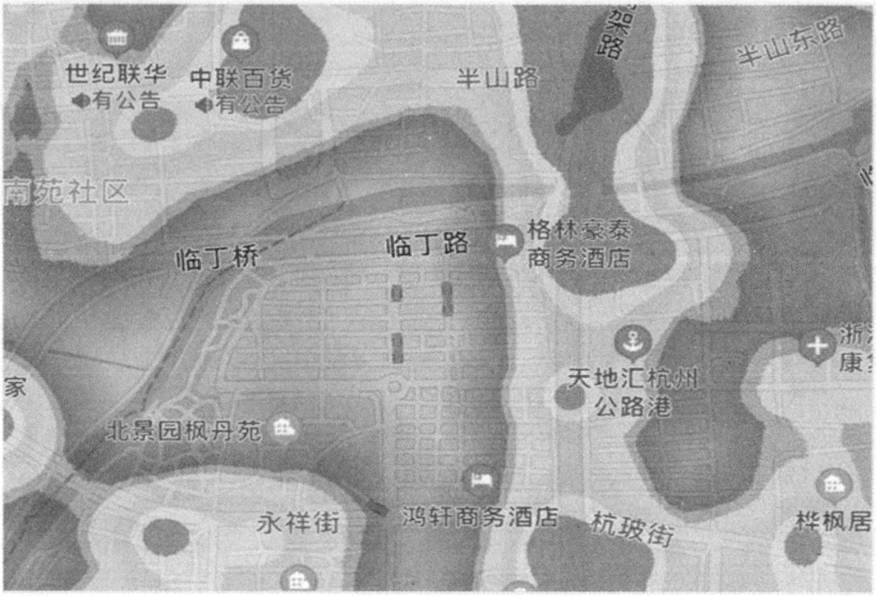

图 2-19　高危人群热力图

提醒患有糖尿病、高血压、心血管疾病、终末期肾病、肺源性心脏病、自身免疫病、慢性阻塞性肺疾病、恶性肿瘤等疾病的高风险人群，每 2～4 周要去附近医疗机构就诊取药。这是增加新型冠状病毒肺炎感染的危险因素之一，建议基层单位加强防控措施的宣传和实施，防止疫情进一步扩大。尤其要提醒慢性阻塞性肺疾病、肺源性心脏病患者，因为其慢性基础病就是肺部疾病，所以他们的呼吸道的抵抗力更差，在呼吸道传染病方面风险也更大。因此除了强调一般的防护措施，还要提醒此类患者规范使用日常的呼吸疾病用药，有病情变化需要及时就诊，以免延误病情。

3. 疫情区人群精准锁定

通过人脸识别技术精准获取返程居民的人脸信息，并与公安系统对接获取居民的基本信息，如果是来自重点疫情区的居民就要进行预警提示，更有利于社区的管理工作，可精准管理来自病源地的人员，确保跟踪到位，助力政府各部门全面精准滚动排摸，切实找准并切断传染源，遏制疫情扩散蔓延势头。相应人群可以尽早隔离，真正实现“早发现、早报告、早隔离、早诊断、早治疗”的工作目标，牢牢掌握打赢疫情阻击战的主动权。

4. 确诊人群关系网

基于居民基本信息、行车记录、公交出行、超市购物、社区医院等数据维度，采用深度学习、图计算等挖掘出人物关系网，从而找出与确诊人员相关的疑似病例，更加精准，发现潜在的危险，尽早隔离相关人群。

5. 社区居民舆情指数

获取居民在微博、微信、小区论坛等媒体的互联网评论数据，采用自然语言处理技术分析居民的情感系数以及对疫情的关注度，及早发现谣言并进行辟谣。树立正确的舆论导向，教育引导群众不拜年、不聚会，不信谣、不传谣，提高自我防范意识。

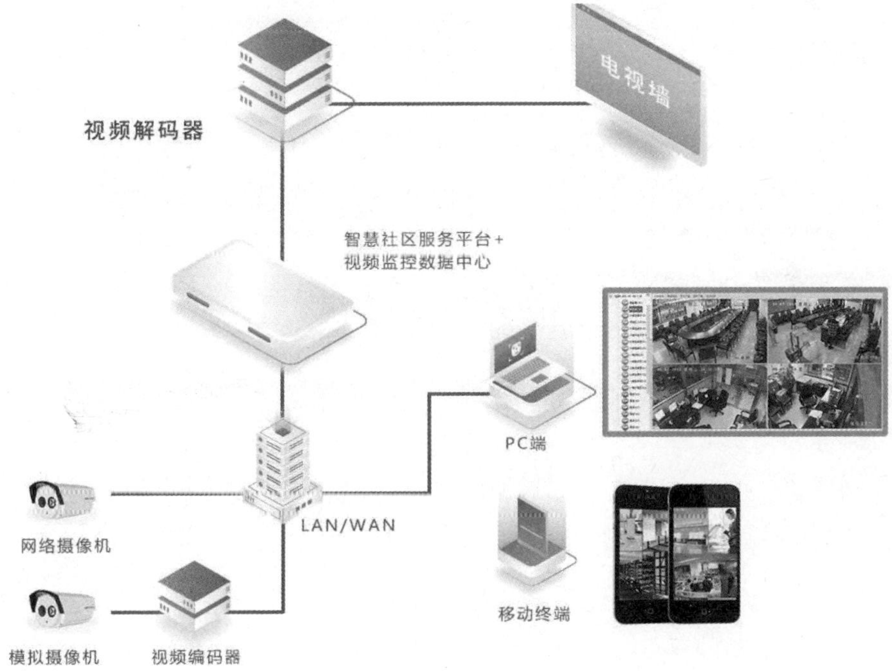

图 2-20　视频监控

在“吃野味”这件事上，总有人念念不忘
1 疫情爆发前，野味养殖相关搜索依然“暗流涌动”
疫情爆发
2013 2014 2015 2016 2017 2018 2019 2020
疫情爆发前，“特种养殖”、“果子狸养殖”“竹鼠养殖”的搜索热度走势
特种养殖：特种养殖即是养殖新、奇、特的野生动物，常见特种养殖品种包括中华鲟、野兔、野猪、竹鼠、梅花鹿、蚯蚓蝎子、蟾蜍等野味
2 哪怕禽流感爆发，也没能阻止野鸡成盘中餐
2013年3月
H7N9禽流感爆发
2013 2014 2015 2016 2017 2018 2019 2020
疫情爆发前，“野鸡的做法”搜索热度走势
3 明知蝙蝠携带病毒，但“夜明砂”仍是热搜药引
2014年4月
埃博拉病毒来源
2013 2014 2015 2016 2017 2018 2019 2020
疫情爆发前，“夜明砂”搜索热度走势
夜明砂：夜明砂，中药名，取自蝙蝠科动物的粪便
疫情进展及防疫知识关注度最高
10% 其他
7% 相关政策
8% 辟谣内容
8% 延展信息
疫情最新进展 24%
病毒基本信息 17%
防疫相关知识 20%
各类别搜索关键词
疫情最新进展
疫情地图
疫情最新消息
疫苗研究进展
……
防疫相关知识
口罩不必一次一次换
如何区分流感和肺炎
收快递会感染病毒吗
……
病毒基本信息
新型冠状病毒
新型肺炎百科
新型肺炎来源
……
延展信息
火神山雷神山医院
非典是怎么控制住的
不因返程出现大传染
……
辟谣内容
洗热水澡预防新型肺炎
飞机酒消毒药水
纸巾会传播冠状病毒
……
相关政策
武汉封城
全国铁路免费退票
新型肺炎免费治疗
……
其他
2020开学时间
上班调整通知
在家办公规定
……

图 2-21 疫情舆情分析

第三章 人工智能：连接智能新时代

边小勇

人工智能已经走过了 60 多年的历史，回首图灵机、“深蓝”国际象棋大战、AlphaGo 围棋大战等那些激动人心的人工智能事件和对现在以及未来人工智能的展望，我们充满好奇和美好的憧憬，让我们携手走进人工智能世界，共同见证、创造人工智能理论及其应用。

第一节 人工智能——伟大的起点：从图灵机说起

人工智能（Artificial Intelligence，AI）是计算机科学的一个分支，它的主要研究目标是用计算机程序来表示人类智能。这个词最早是在 1956 年的达特茅斯会议上正式提出的。在此之前，图灵和早期的计算机科学家一般用“机器智能”这个词。机器能取代人工进行快速、自动计算吗？图灵机就是当时全新的计算模型。

一、图灵机

可计算理论可以追溯到 1900 年，当时著名的大数学家大卫·希尔伯特（David Hilbert，1862—1943 年）在世纪之交的数学家大会上给国际数学界提出了著名的“23 个数学问题”。其中第 10 个问题是这样的：“存不存在一种有限的、机械的步骤能够判断‘丢番图方程’（Diophantine Equation）是否存在解？”这里就提出来了有限的、机械的证明步骤的问题，即今天所说的“算法”。1936 年，英国科学家阿兰·图灵（Alan Turing，1912—1954 年）发表了《论可计算数及其在判定问题上的应用》，被以上这个问题深深地吸引并进行了探索，提出了一种十分简单但运算能力极强的理想计算装置，并描述了一种抽象的可实现通用计算的机器，这就是著名的“图灵机”

（Turing Machine）。

图 3-1　阿兰·图灵

图灵机模型如图 3-2 所示，由无限长纸带、读写头和控制器组成。读写头和控制器可以沿纸带方向左右移动，但每一次只能移动一格，读写头可以在每个方格上进行读写。控制器处于有限状态集（$q_1, q_2, ..., q_m$）中的某个状态，初始时处于状态 q_1，控制器能够根据指定的规则和读入的符号从一个状态转换到另一个状态。停机状态是一个特殊状态，图灵机计算过程正常结束后处于该状态。

图灵机可以用一个五元组（$K, \Sigma, q_i, \delta, q_j$）直观地描述，5 个元素的含义如下：

- K 是有限个状态的集合$\{q_1, q_2, \cdots, q_m\}$；
- Σ 是符号的集合$\{S_0, S_1, S_2, \cdots, S_n\}$，通常，可以认为这个符号字母表仅有 S_0, S_1 两个字符，其中 S_0 可以看作是 0，S_1 看作是 1，它们只是形式化的两个符号；
- q_i 表示控制器当前状态；
- δ 是控制器规则表，形如：根据控制器当前状态和当前读写头读入的符号，产生读写头新位置写入的符号，读写头动作指示（L 表示左移、R 表示右移、N 表示保持不动）和控制器转换后的新状态；
- q_j 表示控制器转换后的状态。

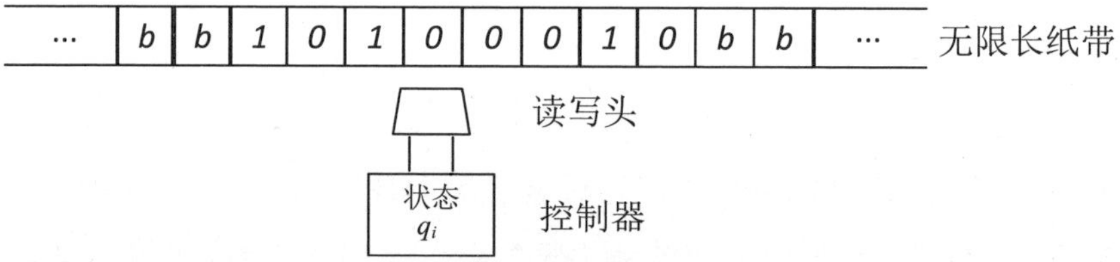

图 3-2　图灵机

图灵机从给定纸带的某个起点出发，它的动作完全由其初始状态及内部五元组来决定。一个机器计算的结果是从机器停止时纸带上的信息得到的。例如，设 b 表示空格，q_1 表示机器的初始状态，q_4 表示机器的结束状态。如果纸带上的输入信息为 10100010，读写头对准最右边第一个为 0 的方格，状态为初始状态 q_1。按照以下规则表：

$q_1 01Lq_2$

$q_1 10Lq_3$

$q_1 bbNq_4$

$q_2 00Lq_2$

$q_2 11Lq_2$

$q_2 bbNq_4$

$q_3 01Lq_2$

$q_3 10Lq_3$

$q_3 bbNq_4$

执行指令，首先最右边第一个方格 0 的状态为 q_1，按规则 $q_1 01Lq_2$，0 替换为 1 后，读写头向左移动一格，状态更新为 q_2，余下计算依此类推，最后得到计算结果：10100011，即对给定的数加 1。也就是计算函数：$S(x)=x+1$。图灵机还可以计算机器零函数 $N(x)=0$，投影函数 $U_i^{(n)}(x_1,x_2,...,x_n)=x_i,(1\leqslant i\leqslant n)$，以及这 3 个函数的任意组合。这 3 个函数都属于初始递归函数，而任意原始递归函数都是从这 3 个初始递归函数经有限次的复合、递归和极小化操作得到。因此，每一个原始递归函数都是图灵机可计算的。

图灵机建立了指令、程序，以及通用机器执行程序的理论模型，奠定了现代计算机原理，这是图灵一生最大的贡献。此外，图灵机在可计算性的判定等方面做出了贡献。尽管图灵机具有可模拟现代计算机的计算能力，并且蕴含了现代存储程序的思想。但是在实际计算机的研制中，还需要有具体的实现方法和技术。在图灵机提出后不到 10 年，世界上第一台电子计算机就诞生了。由于阿兰·图灵对计算机科学的杰出贡献，美国计算机协会（ACM）决定设立图灵奖，从 1966 年开始颁发给在计算机科学领域做出突出贡献的科学家。

二、图灵测试

1950 年，图灵在他的论文《计算机器与智能》（*Computing Machinery and Intelligence*）当中，开篇就提出了这样一个问题：机器有智能吗？这个问题启发了人们的无穷想象，一个人工智能的新时代即将开始。如果一台机器能够与人类对话，而不被辨别出其机器的身份，那么这台机器便具备智能，这就是著名的图灵测试。

图灵还对人工智能的发展给出了有益的建议：制造相对简单、具有小孩智慧的 AI 系统，再让其不断去学习，即“通用人工智能”比起研制模拟成人思维的计算机，也就是“强人工智能”要有意义的多，这种思路正是今天用机器学习来解决人工智能问题的核心指导思想。图灵奠定了现代计算机科学的基础和人工智能的雏形，被称作“计算机之父”和“人工智能之父”。

第二节　人工智能发展的重要里程碑

人工智能发展的重要里程碑具体表现为以下 3 个方面。

一、世界上第一台电子计算机

1946 年 2 月，世界上第一台计算机恩尼亚克（Electronic Numerical Integrator And Computer，ENIAC）在美国宾夕法尼亚大学诞生了。ENIAC 以电子管作为元器件，所以又被称为电子管计算机，它长 30.48m，占地约 170m^2，重达 30t，它能够重复编程，速度是机电式计算机的 1 000 倍，人工计算的 20 万倍。被美国国防部用来进行弹道计算。

二、IBM 超级电脑“深蓝”对决国际象棋大师卡斯帕罗夫

“深蓝”是美国 IBM 公司生产的一台超级国际象棋电脑，重 1.2t，有 32 个微处理器，每秒可以计算 2 亿步棋。1996 年 2 月 10 日，超级电脑“深蓝”首次挑战国际象棋世界冠军卡斯帕罗夫，但以 2 : 4 落败，比赛在 2 月 17 日结束。其后研究小组将“深蓝”加以改良，1997 年 5 月再度挑战卡斯帕罗夫，比赛在 5 月 11 日结束，最终“深蓝”以 3.5 : 2.5（2 胜 1 负 3 平）击败卡斯帕罗夫，成为首个在标准比赛时限内击败国际象棋世界冠军的电脑系统。IBM 在比赛后宣布“深蓝”退役。

三、阿尔法围棋（AlphaGo）人机大战

阿尔法围棋（AlphaGo）是谷歌的 DeepMind 团队开发的人工智能围棋程序。2015 年 10 月，谷歌的人工智能阿尔法围棋（AlphaGo）以 5 : 0 的战绩完胜欧洲围棋冠军、

职业围棋二段樊麾，这是人类历史上，围棋人工智能首次在公平比赛中战胜围棋职业棋手。2016 年 3 月，谷歌向围棋世界冠军、韩国棋手李世石发起五番棋挑战，阿尔法围棋以总比分 4 : 1 战胜李世石。后来，谷歌又推出阿尔法围棋升级版，并邀请世界排名第一的围棋世界冠军、中国棋手柯洁于 2017 年 5 月与之进行三番棋大战，阿尔法围棋以总比分 3 : 0 战胜世界排名第一的柯洁。

第三节　人工智能与机器学习

机器学习是人工智能的一个分支，最初被定义为“在不直接针对问题编程的情况下，赋予计算机学习能力的一个研究领域”，是基于现有的数据产生预测模型的“算法”学科。主要任务是评估“学习算法”的好坏以及开发新的“学习算法”。

机器学习在近 30 多年已发展为一门多领域交叉学科，涉及概率论、统计学、逼近论、凸分析、计算复杂性理论等多门学科。传统上机器学习十大算法包括如下内容。

（1）线性回归（Linear Regression），设计一个直线方程与数据拟合来表示数据到方程的最小误差，并使用此线来预测未来的值。

（2）逻辑回归（Logistic Regression），设计一个非线性的 S 型函数，建立从自变量到输出变量的概率分布，其值域为(0, 1)，适合用于分类任务。

（3）线性判别分析（LDA），是一种常用的多类分类预测建模方法，它会计算每个类的均值和所有类的方差，建立类内散度矩阵和类间散度矩阵，并基于最大化类间散度矩阵与类内散度矩阵的比值来求解投影方向 w，产生数据的低维表示，由于投影过程中使用了类别信息，所以 LDA 也被视为经典的监督降维技术。

（4）决策树（Decision Tree），通过基于树表示的决策规则来学习预测目标变量的值。其中，树是由具有相应属性的节点组成的。在每个节点上，根据可用的特征询问有关数据划分的问题，左右分支代表可能的答案，最终节点（即叶节点）对应于一个预测值。每个特征的重要性是通过自顶向下方法确定的。节点越高，其属性就越重要。

（5）朴素贝叶斯分类（Naive Bayes），基于贝叶斯定理和特征之间相互独立这个假设来计算一组预测变量的后验概率。在特征相关性较小时，朴素贝叶斯性能简单、有效。

（6）支持向量机（Support Vector Machine，SVM），定义不同类别数据之间的分隔超平面，并通过训练模型求出最优超参数，这个最优超平面具有最大的边界，可以对数据点进行分类，从而使最近的数据点与这两个类之间的距离最大化。

（7）*K*-近邻算法（*K*-Nearest Neighbors，*K*NN），在整个训练集中搜索 *K* 个最相似的数据点，并为所有 *K* 个数据点分配一个公共输出变量，对测试集进行分类。常用的相似性的距离度量有欧几里得距离（Euclidean distance）、曼哈顿距离（Manhattan distance）或明氏距离（Minkowski distance）。其中，欧几里得距离使用最为频繁。

（8）*K*-均值（*K*-means），根据预定义的 *K* 个初始聚类中心，将其与每个数据点进行相似性计算，将新的数据点添加到具有最近距离的聚类中心，并更新每个聚类中心。这个过程一直持续到聚类中心不再变化为止。

（9）随机森林（Random Forest），是一种以决策树为基分类器的集成算法，通过组合多棵独立的决策树后根据投票或取均值的方式得到最终预测结果的机器学习方法，往往比单棵树具有更高的准确率和更强的稳定性。随机森林相比于决策树拥有出色的性能，主要取决于随机抽取样本、特征和集成算法。与之近似的方法是自适应增强 AdaBoost。

（10）人工神经网络（Artificial Neural Networks，ANN），本质上是一组带有权值的边和节点组成的相互连接的层，称为神经元。组成 ANN 的结构是一个输入层、两个隐藏层和一个输出层，中间还可以插入多个隐藏层。其工作原理与人类大脑类似，一组神经元被赋予一个随机权重，以确定神经元如何处理输入数据。通过对输入数据训练人工神经网络来学习输入和输出之间的关系。

如前所述，机器学习是从数据通往智能的技术与途径，机器学习是数据科学的核心，是现代人工智能的本质，它可以从数据中挖掘出有价值、有规律的信息，其通用的框架为数据、模型、优化和求解。但机器学习还不是深度学习，前者适用于小样本下通过适度的训练，追求精度和效率。而深度学习更像一个黑盒子，适合在大数据集上进行蛮力训练，产生高级而通用的结果。

第四节 人工智能与深度学习

深度学习是近10年机器学习领域发展最快的一个分支，由于其重要性，Geoffrey Hinton、Yann Lecun 和 Yoshua Bengio 三位教授因此同获2018年图灵奖。人工智能理论基础的进展在深度学习方面表现在：深度学习主导了第三次人工智能热潮，驱动了很多的实际应用落地。随着计算机核心算力的稳步提高，将大数据提交给超强的集群计算机进行蛮力计算，深度神经网络将从中学习大量潜在的模式和目标知识。

一、深度学习发展历程

深度学习（Deep Learning）是机器学习中使用深度神经网络的子领域，最近10年来深度学习取得了快速发展。深度学习的概念源于人工神经网络（ANN）的研究，它的概念由 Hinton 等人于2006年提出，深度学习模型通常由多层的非线性运算单元组合而成，其将较低层的输出作为更高一层的输入，通过这种方式自动地从大量训练数据中学习抽象的特征表示，以发现数据的分布式特征。与浅层网络相比，传统的多隐藏层网络模型有更好的特征表达能力，但由于计算能力不足、训练数据缺乏、梯度弥散等原因，一直无法取得突破性进展。直到2006年，Hinton 等人提出了一种训练深层神经网络的基本原则：先用非监督学习对网络逐层进行贪婪的预训练，再用监督学习对整个网络进行微调（Fine-tuning）。这种预训练的方式为深度神经网络提供了较理想的初始参数，降低了深度神经网络的优化难度。2019中国人工智能产业年会发布《2019 人工智能发展报告》，明确了深度学习的四个主要脉络，最上层是卷积网络，中间层是无监督学习脉络，再下面一层是序列深度模型发展脉络，最底层是增强学习发展脉络。这四条脉络全面展示了“深度学习技术”的发展近况。其中，第一个发展脉络以计算机视觉和卷积网络为主，主要发展历程如下。

（1）1943年神经网络出现雏形，1958年研究认知的心理学家 Frank 发明了感知机，当时掀起一股热潮。后来 Marvin Minsky 和 Seymour Papert 发现感知机的缺陷——不能处理异或回路等非线性问题，计算能力不足以处理大型神经网络，导致整个神经网络的研究停滞。

（2）1979 年，Fukushima 提出 Neocognitron（神经认知机），给出了卷积和池化的思想。

（3）1986 年，Hinton 正式地提出反向传播训练多层感知机（Multi Larger Perceptron，MLP），解决了感知机不能处理非线性学习的问题。

（4）1998 年，以 Yann LeCun 为首的研究人员实现了一个 7 层的卷积神经网络 LeNet-5，识别手写数字。后来支持向量机（Support Vector Machine，SVM）兴起，这些神经网络的方法并没有很受重视。

（5）2012 年，Hinton 组的 AlexNet 网络在 ImageNet 数据集上以巨大优势夺冠，引发了深度学习的热潮。其实 AlexNet 是一个设计精巧的卷积神经网络（Convolutional Neural Network，CNN），加上 ReLU、Dropout 等技巧，并且网络规模更大。这条思路被后人发展，出现了 VGG、GoogLeNet 等新模型。

（6）2016 年，青年计算机视觉科学家何恺明在层次之间加入跳跃连接，提出残差网络 ResNet，极大增加了网络深度，效果有很大提升。

（7）2017 年，黄高将这个思路继续发扬光大，在 CVPR 最佳论文 *Densely Connected Convolutional Networks* 提出了 DenseNet 模型。同年，Hinton 认为反向传播和传统神经网络有缺陷，提出动态路由胶囊网络 CapsNet，该模型增强了可解释性。随后出现了胶囊网络的多个改进版本，但目前在 CIFAR 等数据集上效果不佳，这个思路还需要继续验证和发展。

此后几年，各种深度学习模型被相继提出，包括堆栈式自动编码器（Stacked AutoEncoder，SAE）、受限玻尔兹曼机（Restricted Boltzmann Machine，RBM）、深度信念网络（Deep Belief Network，DBN）、循环神经网络（Recurrent Neural Network，RNN）等。随着训练数据的增长和计算能力的提升，这些深度神经网络在深度、宽度、规模和功能模块等方面不断扩展，形成了极为丰富的网络分支。整个深度神经网络发展脉络如图 3-3 所示。

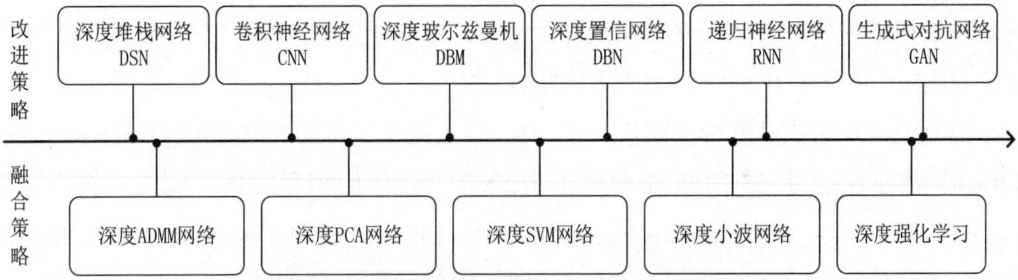

图 3-3　深度神经网络最近若干年的发展脉络

不论往哪个分支发展，组成深度神经网络最为核心的内容是训练（Training）和推理（Inference）。深度神经网络的基本编程思想仍然是学习，学习过程被称为训练网络。即通过学习确定网络的权重值，使得正确分类的得分最高（图片所对应的正确分类在训练数据集中标出），而使其他不正确分类的得分尽可能低。理想的正确分类得分与目前的权重所计算出的得分之间的差距被称为损失函数（Loss）。一旦训练完成，程序可以使用由训练确定的权值进行分类识别，这里使用网络完成分类识别的操作被称为推理。例如，使用一个深度神经网络对一组输入图片进行训练，并得到最小损失的网络模型后，通过全连接层产生到不同类别的概率分数，最后基于软最大化层对测试图片进行分类预测。

二、卷积神经网络

卷积神经网络（CNN）开始在各领域中得到广泛应用。Krizhevsky 等人在 2012 年提出了一种称为 AlexNet 的深度卷积神经网络，并在 ImageNet 大尺度视觉识别挑战竞赛（ILSVRC）中，大幅度降低了图像识别的 top-5 错误率。此后，卷积神经网络得到快速发展，图 3-4 给出了 CNN 结构演化的脉络。起点是神经认知机模型，已经出现了卷积结构，但是第一个 CNN 模型诞生于 1989 年，1998 年诞生了 LeNet。随着 ReLU 和 dropout 的提出，以及 GPU 和大数据带来的历史机遇，CNN 在 2012 年迎来了历史突破。2012 年之后，CNN 的演化路径可以总结为以下 4 条。

（1）增加网络的层数。在 2014 年，视觉几何组（Visual Geometry Group，VGG）的 Simonyan 等人提出了 VGG-Net 模型，进一步降低了图像识别的错误率。He 等人提出了一种扩展深度卷积神经网络的高效方法。

（2）增加卷积模块的功能。Lin 等人利用多层感知卷积层替代传统的卷积操作，提出了一种称为 Network in Network（NIN）的深度卷积网络模型。Szegedy 等人在现有网络模型中加入一种新颖的 Inception 结构，提出了 NIN 的改进版本 GoogleNet，并在 2014 年取得了 ILSVRC 物体检测的冠军。

（3）增加网络层数和卷积模块功能。He 等人提出了深度残差网络（Deep Residual Network，DRN），并在 2015 年取得了 ILSVRC 物体检测和物体识别的双料冠军。Szegedy 等人进一步将 Inception 结构与 DRN 相结合，提出了基于 Inception 结构的深度残差网络（Inception Residual Network，IRN）。此后，He 等人提出了恒等映射的深度残差网络（Identity Mapping Residual Network，IMRN），进一步提升了物体检测和物体识别的准确率。

（4）增加新的网络模块。向卷积神经网络中加入循环神经网络（Recurrent Neural Network，RNN）、注意力机制（Attention Mechanism，AM）等结构。

CNN 主要的经典结构包括：LeNet、AlexNet、ZFNet、VGG、NIN、GoogleNet、ResNet、SENet 等。

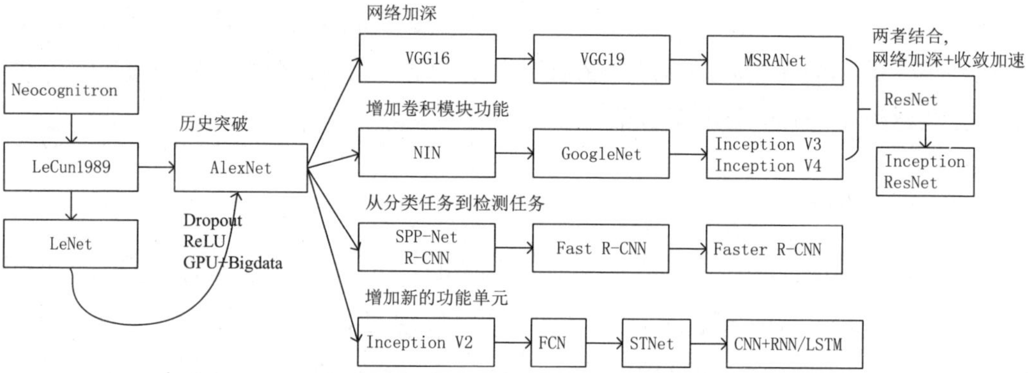

图 3-4　CNN 结构的演化脉络（《2019 人工智能发展报告》）

三、深度强化学习

深度强化学习（Deep Reinforcement Learning，DRL）是将深度学习的感知推理和强化学习的决策能力进行优势互补后形成的一种类脑智能方法。众所周知，在人工智能领域，感知、认知和决策的能力都是衡量智能的指标。深度学习（深度神经网络）是使得感知能力得到进一步提升与巨大突破的核心技术。同时，强化学习的学习机制表明它要解决的问题是智能体（运行深度强化学习算法并可以与周围环境交互的实体）在环境中如何执行动作以获得最大的累计奖励，是使得决策能力持续获取收益的关键技术。深度强化学习的基本原理如图 3-5 所示。

智能体是强化学习的动作实体。对于围棋，状态是当前的棋局；对于自动驾驶的汽车，环境是当前的路况。在每个时刻，智能体和环境有自己的状态，如围棋当前对弈状态，棋局上的走子情况。智能体需要观察环境当前状态确定一个动作，并执行该动作。之后它和环境进入下一个状态，同时系统给它一个反馈值，对动作进行奖励或惩罚，以迫使智能体执行期望的动作，达到预期的目标。如围棋对弈赢得本次比赛，用回报函数对此进行建模。

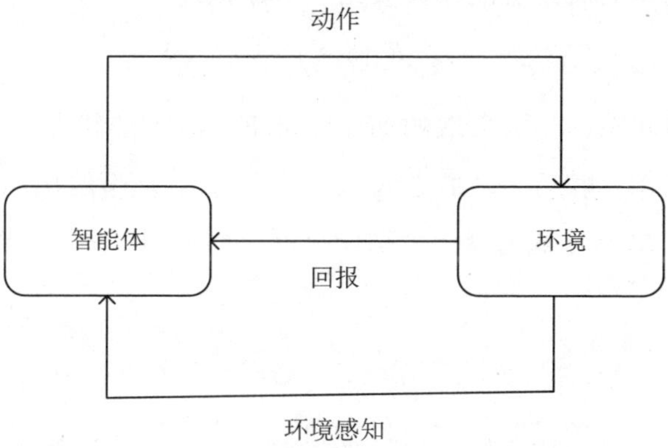

图 3-5　深度强化学习的基本原理

从 2013 年深度 Q 网络（Deep Q Network，DQN）被提出到目前为止，深度强化学习领域出现了大量的算法及实际应用。以谷歌的 DeepMind 团队为首，深度强化学习已在视频、游戏、围棋、象棋、机器人、自动驾驶、智能医疗、智慧城市等领域取得了突破性的进展。而且，深度强化学习也取得了一些卓有成效的应用，例如，阿尔法围棋程序 AlphaGo、网上购物推送。下面介绍强化学习过程和深度强化学习方法。

（1）强化学习过程

强化学习的本质可以抽象成马尔科夫决策过程（Markov Decision Process，MDP），它与机器学习中的监督学习不一样，强化学习不给定输入所对应的类标，而是可以执行动作，从而改变自己和环境的状态，并且得到惩罚或奖励。MDP 可以表示成一个五元组

$$\{S, A, P_a, R_a, \gamma\} \tag{3-1}$$

其中 S 和 A 分别为状态和动作的集合。假设 t 时刻状态为 s_t，智能体执行动作 a，下一时刻进入状态 s_{t+1}。这种状态转移与马尔科夫模型类似，不同的是下一时刻的状态由当前状态及当前采取的动作决定，是一个随机变量，这一状态转移的概率为：

$$p_a(s,s') = p\left(s_{t+1} = s' \mid s_t = s, a_t = a\right) \tag{3-2}$$

这是当前状态为 s 时执行动作 a，下一时刻进入状态 s'的条件概率。下一时刻的状态与更早时刻的状态和动作无关，状态转换具有马尔科夫性。有一种特殊的状态称为终止状态，到达该状态后不会再进入其他后续状态。对于围棋，终止状态是一局的结束。执行动作之后，智能体会收到一个回报：

$$R_a\left(s,s'\right) \tag{3-3}$$

该回报与当前状态、当前采取的动作以及下一时刻的状态有关。在每个时刻 t，智能体选择一个动作 a_t 执行，之后进入下一状态 s_{t+1}，环境给出回报值。智能体从某一初始状态开始，每个时刻选择一个动作执行，然后进入下一个状态，得到一个回报，如此反复：

$$s_0 \xrightarrow{a_0} s_1 \xrightarrow{a_1} s_2 \xrightarrow{a_2} s_3 \ldots \tag{3-4}$$

其核心是执行动作的策略，它可以抽象成一个函数 π，定义了每种状态时要选择执行的动作。即：

$$\pi\left(s\right) = a \tag{3-5}$$

这个函数定义了在状态 s 下执行动作 a，这是确定性策略，在每种状态下智能体要执行的动作是唯一的。此外，也有随机性策略，意味着智能体在每一种状态下可以执行的动作有多种，策略函数给出的是在状态 s 下执行动作 a 的概率为 p：

$$\pi\left(a,s\right) = p \tag{3-6}$$

即按概率从各种动作中随机选择一种执行。策略只与当前所处的状态有关，与时间点无关，在不同时刻对于同一状态所执行的策略是相同的。

（2）深度强化学习方法

深度强化学习的主要方法为：①基于价值函数的深度强化学习；②基于策略梯度的深度强化学习；③基于搜索与监督的深度强化学习；④分层深度强化学习；⑤多任务迁移深度强化学习；⑥多智能体深度强化学习；⑦基于记忆与推理的深度强

化学习。基于价值函数的深度强化学习的典型代表是深度 Q 网络（DQN），这种方法用深度卷积神经网络拟合价值函数，一般是 Q 函数，这个网络称为 Q 网络。网络的输入为原始场景数据，如游戏的画面图像，输出为在这种状态下执行各种动作时所能得到的 Q 函数的极大值。

从感知到决策，深度强化学习在人工智能围棋程序 AlphaGo 开发、机器人控制、计算机视觉、自然语言处理、参数优化和博弈论领域存在广泛的应用前景，它的发展将进一步推动高级人工智能的革新。

四、深度神经网络的进一步研究方向

深度学习具有灵活建模的能力和强大的表示能力，这些内在的潜力随着现今越来越强大的算力和人工神经网络芯片（英伟达的 GPU、谷歌的 TPU、微软的 DPU、百度的 XPU 等）的应用将继续被挖掘，并可能产生新的突破。目前，针对深度学习的研究主要集中在以下 3 个方面。

1. 理论算法层面

理论算法有关深度学习算法模型的稳定性、收敛性、全局最小值和泛化能力等。在理论方面，前人大部分的工作在关注为什么我们可以训练只有一个隐藏层的神经网络，Li 和 Liang（NIPS2018）证明了只有一个隐藏层的神经网络，在过参数化的情况下可以找到全局最优。至于多层网络，需要开发更多的理论技术。目前深度学习这些深层次问题依旧没有很好的解答。最近有关稳定性和收敛性方面的研究已经多有报道，也形成了一定的共识：对于微调后的网络的稳定性和收敛性仍依赖带标签数据的量，根据大数定律，当带标签的数据量较多时，网络模型的训练较为充分，理论上稳定性和收敛性置信度更高，例如 Ian Goodfellow 等人提出的生成式对抗网络（Generative Adversarial Network，GAN）框架，并给出了严格的稳定性和收敛性的数学证明。对于深度神经网络何时收敛，如何取得较好的局部极小点，每一层变换取得了哪些对识别有益的不变性，又损失了哪些信息，Mallat 利用小波对深层网络结构进行了量化分析。微软研究院证明了为什么常用的算法比如随机梯度下降（Stochastic Gradient Descent，SGD），可以在多项式时间内找到深度神经网络训练的全局最优解（假设输入数据不退化和网络过参数化）。这里关于 SGD 收敛性的证明，停留在前馈网络，是否可以扩展到其他更复杂的深度神经网络呢？目前提到的多层神经网络收敛性都是针对训练数据找全局最优。如何推广到测试数据集呢？Allen-Zhu（NIPS2018）证明了过度参数化的三层神经网络的训练集最优解可以推广到测试集。具体而言，如果数据是由一个未知的三层神经网络产生的，那么使用过参数化的三层神经网络和 SGD 进行训练，只需要多项式规模的数据样本，就可以学出能在测试集上完成如分类、拟合问题的未知网络。就深度学习模型的复杂度和泛化能力方面，Neyshabur 在 2015 年的工作和 Novak 在 2018 年的实验证明了：大型网络不仅表现出良好的测试性能，并且随着网络规模的增加，泛化能力也在提升。在 2016 年，Canziani 统计了一些竞赛中的模型和实验，也得到了相同的结论。澳大利亚悉尼大学陶大程教授团队得出的结论是：网络的输出对于输入的依赖性越小，其泛化能力就越强。在信息论中强数据处理不等式的保证下，只要网络的每一层的映射是不可逆的（也就是信息衰减），神经网络所学习到的特征和最后一层参数的互信息就会随着层数的增加而逐渐减少，因此网络越深，模型的泛化能力也就变得越强。与此同时，网络层级越深，表达能力是否越强？这里，神经网络还需要保证训练误差足够小。目前深度学习的泛化能力在理论上有很多问题还没有解答。针对小数据情况下的无监督表示学习问题，变换不变性和变换等变性概念，及其内在关系的理论，最近齐国君老师做了许多前沿研究并取得了富有价值的成果。

2. 应用深化方面

深度神经网络+英伟达 GPU 掀起了业界的人工智能浪潮。到目前为止，一批依托国内外知名科技公司的优秀的深度学习模型与训练本领在图像分类、目标检测、图像分割、视频分类和动作定位、图像生成、场景文字识别等视觉任务上得到深入应用。当前较为成功的应用有谷歌的 DeepMind 团队研发的 AlphaGo 及其升级版 Master 秒杀围棋界顶尖职业棋手，背后的支撑技术为深度强化学习；百度深度学习研究院研发的机器人“小度”通过不断地学习大量新的知识，学会更多的技能以及更加自然的人机交互，曾在《最强大脑》的“人机对战环节”以 0.01%的精度准确识别出了双胞胎姐妹，战胜了世界记忆大师；亚马逊开发的无人超市值守的 AmazonGo，进一步将人工智能及其背后的核心技术推向高潮。

3. 基于生物神经启发的深度学习改进

早在 1981 年，David Hubel 和 Torsten Wiesel 就发现了人的视觉系统的信息处理是分级的：从视网膜出发，经过低级的 V1 区边缘特征提取，到 V2 区识别基本形状或目标的局部，再到高层的目标识别，以及到更高层的前额叶皮层进行分类判断等，人们意识到高层特征是低层特征的组合，从低层到高层越来越抽象，越来越能表达语义或者意图。人工智能在强调对脑结构和神经形态模仿的同时，还需要了解人类神经元和神经回路的功能与机制，强调脑结构与功能启发并重。类脑计算在基础理论算法、芯片硬件产品、编程编译工具和系统应用的相互协同促进等方面取得了大量基础性研究成果。例如，基于生物神经元而利用脉冲进行计算的脉冲神经网络（Spiking Neural Network，SNN），对 SNN 的学习算法一直是近年来主要的研究问题。

图 3-6 给出了人工智能与深度学习之间的关系。当前，深度学习技术主要是数据驱动的，具有很强的特征表达能力。深度神经网络模型之所以成功，在于：①有逐层的处理；②有特征的内部变换；③有足够的模型复杂度，且有计算设备 GPU 支持。

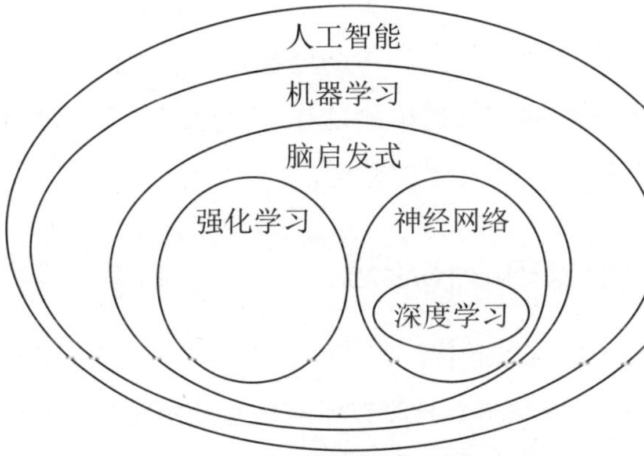

图 3-6　人工智能与深度学习的关系

对一个特定任务来说，增加训练数据的规模，深度学习模型的表现就可以得到提高。但是这种思路面临很多挑战。最为突出的问题：是“大数据”还是“大任务”范式？是否所有的模型都要通过大数据训练才能产生好的结果呢？回答是不一定。2019 年，加州大学洛杉矶分校朱松纯教授在北京智源大会上做了《走向通用人工智能：从大数据到大任务》的主题演讲，提出了任务是智能中心的观点，“大数据+深度学习”范式需要事先获取大量监督数据，然后蛮力训练，最后系统记住特征，这对于未知示例不可泛化并且解释性差。目前以大数据驱动的人工智能在自动驾驶、视频监控等领域都存在这样的问题，也就是深度学习不是人工智能之解；而以任务为中心的智能是大家经过漫长的时间之后才体会到的，即“小数据、大任务”范式只需从少量样本中学习得到某个任务的价值函数，并对此进行解释。这就是“乌鸦”模式的智能（乌鸦很聪明，用车轮碾核桃）。其次，训练数据规模再大，也有难以覆盖的情况。例如，由数据驱动的聊天机器人，类似于“鹦鹉”模式的智能，在碰到特例时将变得不清楚（说话的语境和语义），这就是它的核心问题所在。

在新一代深度学习模型方面，南京大学人工智能学院院长周志华教授提出了深度森林。但深度学习不容易获取知识，这是个巨大的挑战。

第五节　人工智能与区块链

区块链是近几年来出现的最激动人心、最有前途的金融科技方面的新技术。具体而言，区块链是一个分布式数据库，是推动去中心化的有效工具。一方面，区块链有助于人工智能获取更全面的数据和帮助理解人工智能的决策。反过来，人工智能帮助区块链降低能耗和辅助区块链检测欺诈。全世界的开发者都在忙于学习区块链技术，并运用它来解决自己感兴趣的问题。

一、区块链技术——去中心化思想

2018 年，随着比特币的涨跌起伏，区块链技术大火，势头一度超过了 AlphaGo 阶段的人工智能。那么什么是区块链？这种技术前景究竟如何？我们在这里做些探讨。

区块链是分布式数据存储、点对点传输、共识机制、加密算法等计算机技术的新型应用模式。所谓共识机制是区块链系统中实现不同节点之间建立信任、获取权益的数学算法。区块链的本质实际上是机器之间自动形成的群体契约。区块链技术是从中心化转为去中心化，不需要一个集中的并且可信的单点来做决策和下发指令，仅通过不可信的、平等的多个单点就可以形成共同契约，并且这个契约是参与者可信的、不可篡改的。

现在科幻电影、城市公共服务等诸多应用场景在呼唤去中心化的区块链技术出现。考虑以下场景：

场景 1，《黑客帝国》等科幻电影中对未来的畅想，大多是整个世界存在一个超级智能的母体，这个母体是一个超级智能的中心点，所有的决策都由它来下达。而实际上，这种单点超级智能形态，会存在巨大效能瓶颈，也是不可达成的。所以科幻电影中也往往会给母体安排一个超现实的超级能量来源，要比核能更高效。例如，外太空的超级能量陨石之类的，捣毁了能量源也就捣毁了母体，这也是母体模式不合理的体现。

场景 2，历史数据会爆炸。因为机器经验需要由大量的历史数据来得出，所以数据收集无处不在，数据的增长会是几何级数的。使用当前集中式的存储和集中式的通信模式，在未来无论如何都无法通过一个巨型单点支撑如此大的体量，存储和通信能力都是瓶颈，而且效率会非常低下。

场景 3，在城市公共服务领域，城市智慧化进程部署了大量的物联网设备用于服务城市中的各个领域。然而，这些物联网设备产生的海量数据，不仅给云计算中心带来了沉重负担，也占用了大量网络资源。此外，例如监控视频的实时分析，涉及实时性和隐私性要求时，云计算平台往往无法做出任何保证。

场景 4，在军事领域，很自然会假想战时所有的通信基站甚至军事卫星都会被摧毁，所以会更强调点对点通信和自组织网络。例如，遍布于战场的由无数个微型传感设备组成的传感器网络，如何在能源有限的情况下，自动形成高效自组织网络，从而具备宏观的信息传递和组织控制能力。

以上列举的这些应用场景的出路在哪里？当前，物联网的深度应用也受到中心化模式的困扰，中心式的信息交换和控制，成为物联网真正发挥效用的瓶颈。因此需要考虑存储和通信的去中心化，而区块链正是推动去中心化的有效工具。只有去中心化，让海量分布式的节点更灵活地交换信息，才能够大大降低综合管控成本，避免任意环节的瓶颈出现。因此，分布式人工智能和边缘计算模型备受关注。图 3-7 描述了区块链技术架构图。主要模块包括：

（1）区块链操作系统，包括计算资源（CPU、GPU、ASIC 等）、存储资源（硬盘）和网络资源（带宽）。

（2）基础组件，实现区块链系统中信息的记录、验证和传播。

（3）账本，负责区块链系统的信息存储，包括收集交易数据、生成数据区块、对本地数据进行合法性校验，以及将校验通过的区块加到链上。

（4）共识，负责协调保障全网各个节点数据记录的一致性。

（5）智能合约，负责将区块链系统的业务逻辑以代码的形式实现、编译并部署，完成既定规则的条件触发和自动执行，最大限度地减少人工干预。

（6）上层应用，作为最终呈现给用户的部分，主要作用是调用智能合约层的接口，适配区块链的各类应用场景，为用户提供各种服务和应用。

（7）运维管理，主要负责区块链系统的日常运维工作，包括日志、监控、管理和扩展等。在统一的架构之下，各主流平台根据自身需求和定位不同，其区块链体系中存储模块、数据模型、数据结构、编程语言、沙盒环境等也都存在很大的差异。

由于区块链具有数据确权属性以及价值网络特征，目前产品应用中很多工作都可以交由底层的区块链平台处理。

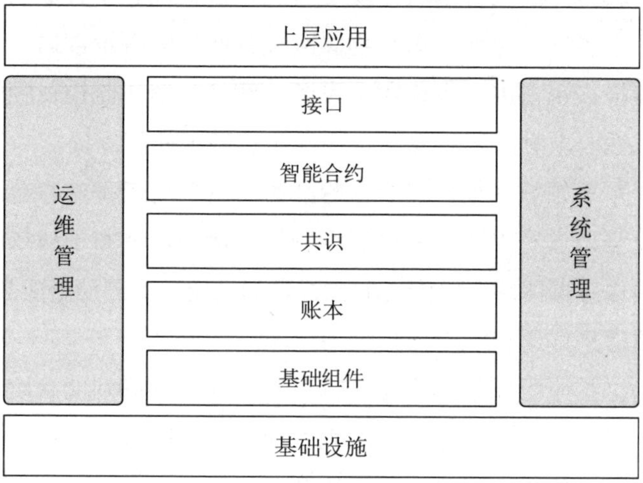

图 3-7　区块链技术架构图

在开发区块链应用的过程中，前期工作必须非常谨慎，应当合理选择去中心化的公有链、高效的联盟链或者安全的私有链作为底层架构，以确保在设计阶段核心算法无致命错误问题。因此，合理封装底层区块链技术，并提供一站式区块链开发平台将是应用层发展的必然趋势。同时，跨链协议技术的成熟可以让应用层选择系统架构时增加一定的灵活性。

二、区块链技术与其他技术的关系

区块链与人工智能、物联网及边缘计算等技术是独立发展的吗？它们之间又有怎样的内在联系？

一个有趣而令人震撼的结论是：人工智能、物联网及边缘计算和区块链，将成为驱动未来机器社会形成的三大基石。它们之间的关系如图 3-8 所示。人工智能解决智能个体的问题，物联网及边缘计算解决信息交换和边缘计算的问题，区块链解决群体共识和社会契约的问题。

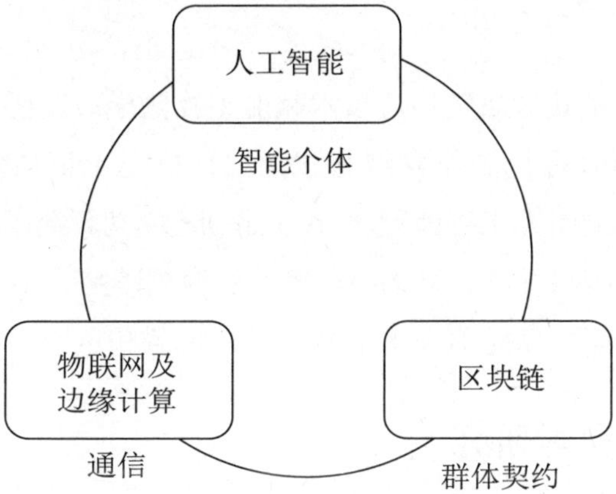

图 3-8　人工智能与区块链的关系

（1）人工智能目前更多是代表智能的个体，能够智能地完成单点决策，并且自身具有持续的学习和迭代能力。当前机器学习和深度学习领域的算法研究热火朝天，但是普遍认为未来 3～5 年过后，科技公司巨头的算法会公开或有保护地公开。因此，算法、技术不是秘密，数据才是核心，拥有数据以及如何使用算法才是关键。而作为人工智能所需要的一部分数据是实时数据，用来做实时决策。

（2）物联网所倡导的万物互联，主要解决单点个体的通信能力问题。万物互联让所有个体可以相互连接，个体与群体之间形成了可协同的底层基础。最近兴起的边缘计算框架，可以将计算、网络、存储等能力扩展到物联网设备附近的网络边缘侧，而以深度学习为代表的人工智能技术让每个边缘计算的节点都具有计算和决策的能力，这使得某些复杂的智能应用可以在本地边缘端进行处理，满足了敏捷连接、实时业务、数据优化、应用智能、安全与隐私保护等方面的需求。

（3）区块链的一个优势在于能够快速进行群体决策，将高效地协同智能个体（可简化为人工智能）进行智能合作。这一方面需要区块链自身技术不断演进和完善，另一方面也需要物联网能够提供更高效的信息交换机制。区块链的去中心化，需要众多具备通信能力、拥有资源的分布式节点参与。很显然，这个基础设施通常由物联网来提供。

第六节　人工智能与基因科学

人工智能技术，尤其是深度学习技术赋能生物医学、基因科学的研究，极大促进了基因科学的发展，基因科学发展将成为 21 世纪不可估量的机遇或灾难。继 AlphaGo 之后，谷歌最新人工智能程序 AlphaFold 成功预测了蛋白质的三维结构，其意义重大，将对健康、寿命、生态和环境产生深刻影响。AI 将帮助人类破译涉及生命密码的问题。然而，像先前技术革命一样，机遇和风险共存。

一、AI 推动基因科学研究

基因是生命的蓝图，是 DNA 上有遗传效应的片断，人类的生、老、病、死等都与基因有关。基因科学研究的是人类自己，它改变的也是人类自身。蛋白质是生理功能的执行者、生命现象的直接体现者。预测蛋白质结构，有助于了解蛋白质的作用，了解蛋白质如何行使其生物功能，认识蛋白质与蛋白质或其他分子之间的相互作用。尤其是深入了解蛋白质折叠与错误折叠的关系，对于阐明人类诸多疾病，如糖尿病、帕金森症和阿尔茨海默病等的致病机制以及寻找治疗方法将大有裨益。

以下为 AI 介入基因科学研究的报道。

（1）2017 年底，谷歌向世界宣布了一款名为 DeepVariant 的人工智能程序，旨在运用最先进的人工智能技术，建立更精确的人类基因组谱图，让每个成年人都知晓生命的出路。

（2）2018 年 12 月，在第 13 届全球蛋白质结构预测竞赛中，谷歌的 DeepMind 团队凭借其最新开发的人工智能程序 AlphaFold 击败其他 97 种算法夺得冠军，赢得 43 个参赛蛋白质中的 25 个单项最佳模型，成功预测了蛋白质的三维结构，蛋白质预测模型登上 *Nature*，如图 3-9 所示。其准确率高达 92.4，误差基本不超过一个原子的大小，远远高于其他预测方法，让人工智能、生命科学等相关领域的专家深受鼓舞。可以说，人工智能程序又一次树立起了“里程碑”，而且这一次是在更加复杂、专业的生命科学研究方面。

图 3-9　AlphaFold 预测的蛋白质结构

（3）在 2019 年春季中国国际医疗器械博览会（CMEF）大会上，AI 在传统的医疗、产品和器械面前大显身手。AI 利用它强大的数据分析、深度学习、诊断、预测、规范分析能力再一次向世人充分地展示出其广阔的应用前景，AI 将在人类社会的各个领域变得不可替代。在生命科学以及医疗方面，人工智能也将帮助人类更健康、更好地生活，造福人类。

人工智能的兴起及发展给基因科学研究注入了新的动力，将表现为：

- 人工智能、基因检测和深度检查结合，科学家通过 AI 加速寻找基因和疾病的对应关系，推动形成相应的治疗或检测技术。AI 将让这种深度检查价格持续下降。今后人类做一次检测，或许和用体温计量一次体温一样便捷。
- 出现人工智能医生，用基因治疗的方法，将重塑体内一切组织和器官的活性，通过基因疗法删除病人不好的基因，添加那个缺少的基因，并能够开发出对应药物，真正对症下药，精准靶点治疗，药到病除。
- 人工智能开始大规模改造人类体内的“生命软件”，即人体内被称为基因的 2.3 万个“小程序”，通过重新编程，帮助人类远离疾病和衰老，活到 100 岁恐怕也只是个中年人，甚至有可能返老还童。并可以将人类变得完美无缺，因为生命缺陷都将直接通过 AI 修改基因去除。

库兹韦尔认为，到了 2045 年，人工智能的创造力将达到巅峰，超过今天所有人类智能总和的10亿倍。

因此，AI的介入已成为生命科学研究发展的必然，使疑难疾病的识别和施治更有效。目前AI已经在医疗健康领域有不少的应用成功案例，例如新药研发、辅助疾病诊断、健康管理、医学影像、临床决策支持、医院管理、便携设备、康复医疗和生物医学研究等。与此同时，AI的介入可能加剧基因研究领域的伦理争议。

二、AI介入的危机

未来，人工智能介入基因科学的浪潮或许会来势汹汹，其进化速度或许远超人类，而其终极目标将是不可预测的。图3-10是一个公开的高科技“杀手”机器人，着实让人“大开眼界”。

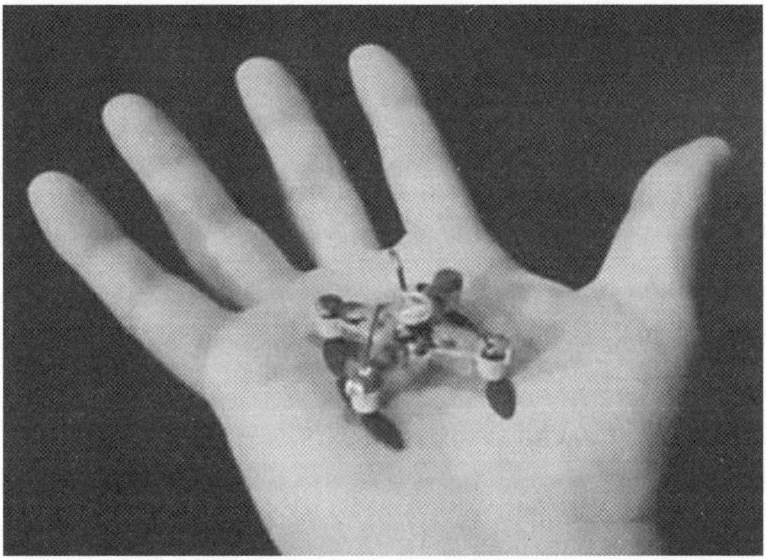

图3-10　高科技“杀手”机器人

这个高科技“杀手”机器人体型小，却五脏俱全，尤其是它全身的黑科技：广角摄像头、传感器、面部识别等。只要将目标图像信息输入到它身上，它就可以精准找到打击对象，识别率高达99.99%。

如果你把敌人挑出来，定义每一个人的面部信息，杀手机器人就能发起针对性的打击。如果开发出人工智能杀手，再运用上基因武器，就会把战争冲突升级至前所未有的规模，而且人类将很难控制住局面。

所有这些都说明基因科学不再是科幻小说。天才科学家霍金（图 3-11）曾经告诫人类：人工智能是人类真正的终结者，彻底开发人工智能可能导致人类灭亡！他曾这样说道："人工智能的真正风险不是它的恶意，而是它的能力。一个超智能的人工智能在完成目标方面非常出色，如果这些目标与我们的目标不一致，我们就会陷入困境。因此，人工智能的成功有可能是人类文明史上最大的事件。但人工智能也有可能是人类文明史的终结！"

图 3-11 斯蒂芬·霍金

霍金生前在他写下的最后文字《大问小答》（*Brief Answers to the Big Questions*）这本书中，表达了他对人工智能介入基因科学的担心：一群超级人类将通过基因工程，甩开其他人类，最终接管地球。

"这种超级人类一出现，未改进的人类就再也不是他们的对手，严重的问题由此产生。原版人类将逐渐灭绝，或变得无足轻重。

一个自我设计的种族将崛起，加速自我改良。而人类若能重新设计自身，就有望向外扩张，殖民其他星球与恒星。"

霍金的这个预言或将成真：以前几次技术革命，顶多是人的手、脚等身体器官的延伸和替代，而人工智能则是对人类自身的替代，基因科学则连人类自身都要改变，它对人类家庭乃至整个社会的冲击，将是前所未有的。在人工智能掌握基因科学这一工具后，一旦它背离人类的意愿，其后果是可怕的。

第七节 人工智能走向应用

人工智能打败了人类象棋冠军、围棋冠军和蛋白质结构预测冠军，我们也领教过基于大数据和深度学习训练出来的聊天机器人，你可能跟 Ta 聊过。下一步是不是可以看到机器人行走到大街上，在宾馆大楼上下电梯，或者进入家庭、银行和医院呢？这些或许是不久的未来可以期待的。

一、了不起的行动派——智能机器人

人工智能的研究，简单来说，就是要通过智能的机器，延伸和增强人类在改造自然、治理社会的各项任务中的能力和效率，最终实现一个人与机器和谐共融的社会。这里说的智能机器，可以是一个虚拟的或者物理的机器人。到目前为止，最为知名的有美国波士顿动力学公司设计的波士顿动力狗（机器人），如图 3-12（a）所示，这些机器人身材设计得都很酷，还有一颗逆天的大脑。在演示中，这些机器人不容易摔倒，即使摔倒了还可以自己爬起来，在室外或丛林可以健步如飞。

图 3-12（b）为 2015 年韩国科技大学队设计的参赛机器人，并在比赛中赢得第一名。这次机器人比赛是由美国国防部高级研究署（DARPA）发起的，整个比赛分三个赛场，全是冒烟的“救灾”场面。机器人自己开着一辆车子过来，自己下车，开门，去拿工具，关阀门，在墙上开洞，最后过一个砖头做的障碍区，上楼梯，给人的第一感觉还是很震撼的。其实，这个看似十分了不起的机器人还远没有达到如此智能。据后来报道，机器人所有的动作基本上是人在遥控的，感知、认知、动作都有人在指挥。因此，这个机器人是没有自己的感知、认知、思维推理、规划能力的。这里有两个问题值得深思：①如果不是事先反复演练，机器人碰到未曾见过的场景，它能否驾轻就熟呢？还有场景出现大的变化又怎么办？②未来的场景应该是人机共融，机器人如何与人协作完成任务？图 3-12（c）是我国香港汉森机器人技术公司开发的机器人索菲亚，它具有超强的语音聊天功能。还记得被赋予公民身份的机器人索菲亚说的那句预言吗？——“我会毁灭人类！”一开始，估计很多人不会相信。

（a）波士顿动力机器人

（b）机器人现场开门进去“救援”

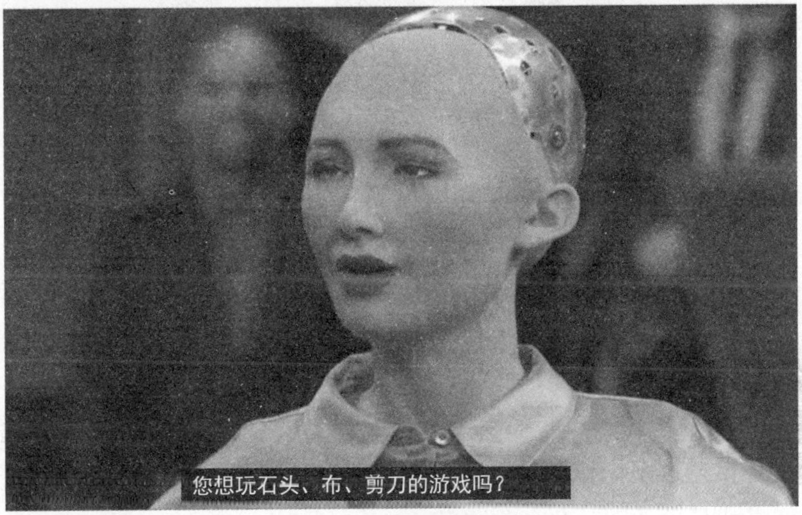

（c）机器人索菲亚

图 3-12 实物机器人

正如加州大学洛杉矶分校朱松纯教授所指出的那样：“现在的机器人，关键问题是缺乏物理的常识和社会常识，这是人工智能研究最大的障碍。”也就是说，在新的场景下如何获得知识，这是解决人工智能研究的一个核心，也是今天智能机器人研究团队需要重点攻关的算法问题和难点。

此外，国内外研究机构和高校纷纷研制并推出服务机器人、仿人机器人、巡检机器人等。图 3-13 所示为四轮驱动巡检机器人，没有机器手臂而是通过固定在车身上的云台转动来拍照、测温、检漏（油、水等）和算法识别。

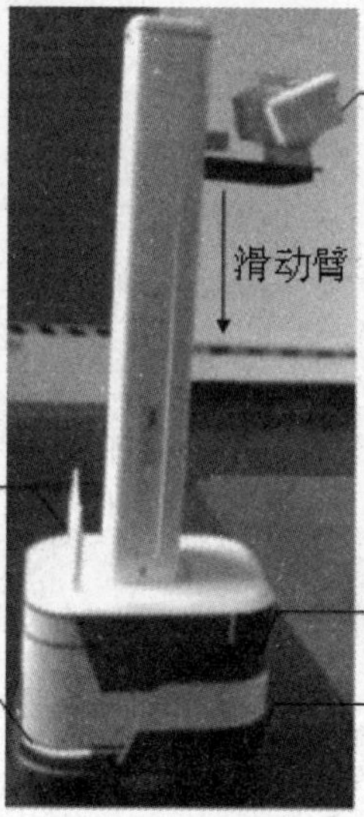

图 3-13　四轮驱动巡检机器人

二、人工智能围棋程序 AlphaGo

谷歌的 DeepMind 团队开发的人工智能围棋程序 AlphaGo 是深度学习成功应用的范例，其核心在于使用了蒙特卡洛树搜索算法，使得计算机能够通过自对弈的方式不断地提升棋艺水平，借助价值网络来评估大量候选点，判断当前局势来辅助策略网络企图寻找最佳的下一步并选择落点。

AlphaGo 的操作原理流程如图 3-14 所示。AlphaGo 总体上包含线下学习（图 3-14 上半部分）和在线对弈（图 3-14 下半部分）两个过程。其中，线下学习过程分为三个阶段：

（1）第一阶段：利用 16 万多幅专业棋手对局的棋谱来训练两个网络。一个是基于全局特征和卷积神经网络（CNN）训练出来的策略网络（Policy Network）。其主要作用是给定当前盘面状态作为输入，输出下一步棋在棋盘其他空地上的落子概率。另一个是利用局部特征和线性模型训练出来的快速走棋策略（Rollout Policy)。策略网络速度较慢，但精度较高；快速走棋策略反之。

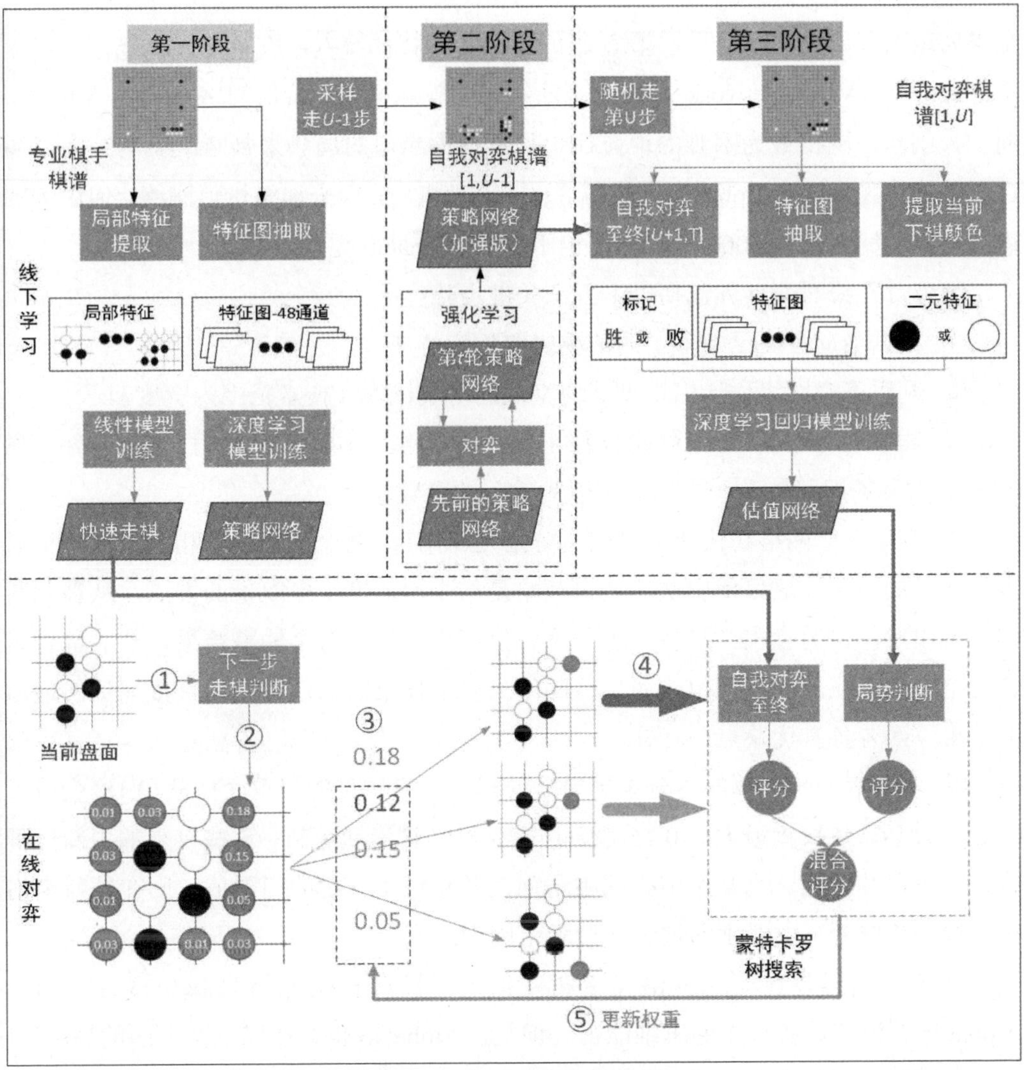

图 3-14　AlphaGo 的原理图

（2）第二阶段：利用第 *t* 轮的策略网络与先前训练好的策略网络互相对弈，利用增强式学习来修正第 *t* 轮的策略网络的参数，最终得到增强的策略网络。这部分实际上应该存在理论上的瓶颈（提升能力有限）。

（3）第三阶段：先利用普通的策略网络来生成棋局的前 *U*-1 步（*U* 是一个属于[1, 450]的随机变量），然后利用随机采样来决定第 *U* 步的位置（这是为了增加棋的多样性，防止过拟合）。随后，利用增强的策略网络来完成后面的自我对弈过程，直至棋局结束分出胜负。此后，第 U 步的盘面作为特征输入，胜负作为标签，学习一个价值网络（Value Network），用于判断结果的输赢概率。价值网络其实是 AlphaGo 的一大创新，围棋最为困难的地方在于很难根据当前的局势来判断最后的结果。通过大量的自我对弈，AlphaGo 产生了 3 000 万盘棋局，用来训练价值网络。但由于围棋的搜索空间太大，3 000 万盘棋局也不能帮 AlphaGo 完全攻克这个问题。

另外，在线对弈过程包括以下五个关键步骤：

① 根据当前盘面已经落子的情况提取相应特征。

② 利用策略网络估计出棋盘其他空地的落子概率（搜索范围为宽度）。

③ 根据落子概率来计算此处往下发展的权重，初始值为落子概率本身（如 0.18）。实际情况可能是一个以概率值为输入的函数。

④ 利用价值网络和快速走棋网络分别判断局势，两个局势得分相加为此处最后走棋获胜的得分。这里使用快速走棋策略是一个用速度来换取量的方法，从被判断的位置出发，快速行棋至最后，每一次行棋结束后都会有个输赢结果，然后综合统计这个节点对应的赢棋概率。而价值网络只要根据当前的状态便可直接评估出最后的结果。两者各有优缺点、互补。

⑤ 利用第四步计算的得分来更新之前那个走棋位置的权重（如从 0.18 变成了 0.12）。此后，从权重最大的 0.15 那条边开始继续搜索和更新。这些权重的更新过程应该是可以并行的。当某个节点的被访问次数超过了一定的门限值，则在蒙特卡洛树上进一步展开下一级别的搜索（搜索范围为深度）。

其核心思想是在蒙特卡洛搜索树中嵌入了深度神经网络来减少搜索空间。AlphaGo 并没有具备真正的思维能力。但是，AlphaGo 也存在以下两方面的缺陷：

（1）策略网络存在隐患，搜索空间要加大。基于历史棋局、自我对弈的强化学习对可能下棋的点做出概率判断，从而缩小落子范围。通俗地说，如果是非常复杂的变化，那么 AlphaGo 需要搜索空间会急剧加大，但由于现阶段算力有限和每步落子时间的限制，导致放弃搜索精度，可能会存在将某些重大隐患但概率较小的落子范围忽略。

（2）价值网络也有概率隐患，万劫不复。AlphaGo 的价值网络极大地提高了之前单纯依靠蒙特卡洛树来做局势判断的精度，但离准确判断围棋局势还有不小的差距。神经网络还不能完全避免在某些时候出现一些怪异（甚至错误）的判断，更何况其训练样本还远远不足。这也是为什么有了价值网络还仍然需要依靠快速走棋来判断局势。AlphaGo 会尽量避免打劫，原因是打劫会导致后续算法变得异常复杂，使得结果充满不确定性。没有了价值网络的 AlphaGo 其实水平也就是职业 3~5 段。

三、深度学习应用——目标检测

目标检测的任务是找出图像中所有感兴趣的目标（物体），确定它们的位置和大小，是机器视觉领域的核心问题之一。由于各类物体有不同的外观、形状、姿态，加上成像时光照、遮挡等因素的干扰，目标检测一直是机器视觉领域最具有挑战性的问题。

深度学习早期目标检测方法均离不开对图像候选框的提取、识别，最后是对有效候选框的提纯和定位。这类方法例如 R-CNN、Fast R-CNN、Faster R-CNN 等，时间开销非常大、缺少实时性。而新一代目标检测方法摒弃了其中不必要的穷举式搜索，替换为一些更为有效的策略，例如 Mask R-CNN、YOLOv5，速度上比 Faster R-CNN 大大提升，而检测精度保持相当的水平。各自优缺点比较如表 3-1 所示。

表 3-1 目标检测方法比较

方 法	特 点	优 点	局限性
R-CNN	提出在图像中创建多个边界框，检查这些边框中是否含有目标物体，且使用 selective search 从图片中提取边框，SVM 打分	相对于大范围区域上选取图片，提高了精度	会消耗大量时间（84h）和磁盘空间，检测慢且使用了不同的分类损失，加上每个边界框对应不同的 CNN 模型，不能整体上调参
SPP-NET	SPP-Net 是在特征图上给出建议区域，且没有经过 Crop（裁剪）和 Warp（缩放）操作	极大地提高了效率和准确率	仍然使用了不同的分类损失，边框回归调参还是很局部
Fast R-CNN	使用软最大化层和边框回归，且组合两个损失，使整体的调参回归扩展到候选框以外所有部分	速度较 R-CNN 有了很大的提升，定位更加准确	时间大量用于区域建议（Region Proposal）上
Faster R-CNN	用区域建议网络（RPN）算法微调了 Fast R-CNN	相对于 Faster R-CNN，速度有了进一步的提升	准确率仍有不足
Mask R-CNN	在 Faster R-CNN 基础上，增加了一个 Mask 预测分支，并且改进 ROIPooling 层，提出了 ROIAlign	准确率较 Faster R-CNN 大大提升	计算量较大，速度缓慢

续表

方　法	特　点	优　点	局限性
YOLOv5	YOLOv5 使用 Pytorch 框架，与 YOLOv4 一样都使用了 CSPDarknet53（跨阶段局部网络）作为主干网络，并且使用了 PANET（路径聚合网络）和 SPP（空间金字塔池化）作为网络的“颈部”，而且都使用 YOLOv3 的“头部”	模型参数少，灵活性好，目标检测速度在 20ms 内	性能上不如 YOLOv4

表 3-2 所示为模拟某电厂巡检机器人的部分目标检测结果。

表 3-2　某电厂巡检机器人自动目标检测

	LED 数字检测	钟表刻度检测	地面积水检测
检测结果			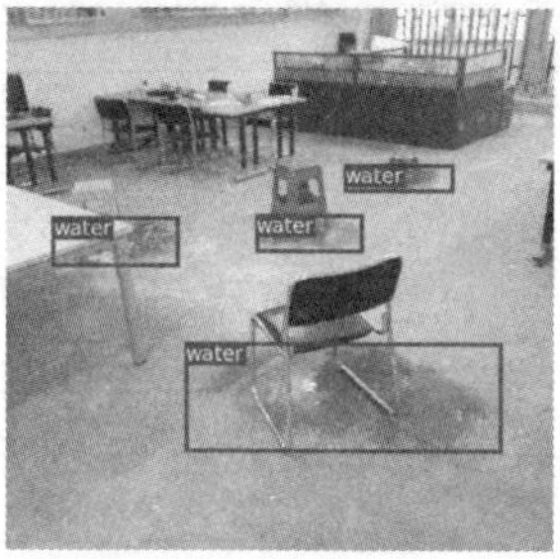
检测结果			
检测结果			

第八节　人工智能的未来

经典人工智能方法在未来会得到关注吗？经典方法和深度学习的关系将如何发展？新的突破点又在哪里？各种先进技术的融合互补是否成了主流发展趋势？

一、AI 的未来之一——数据和知识的相遇

《美国人工智能研究未来 20 年》白皮书指出：人工智能研究的未来趋势是社区化，在业界有很多大型的研究团队在快速组建。美国正在构建国家 AI 基础设施，为不同的学术研究团队提供试验台。大多数研究项目需要巨额资金用于基础设施软件和机器开发，所以必须共享资源，允许协作。除了仍然要强调知识和深度学习的结合以外，Bart Selman 认为自我意识学习是未来人工智能发展的重点。

何为自我意识学习？这是一个尚未解决的问题。人类能以不同的方式学习，例如我们去学校学习新技能，这相比于深度学习而言是非常不同的类型的学习。人类只要学习少数几个例子就可以掌握新技能。自我意识学习就是指，AI 会反省自己的学习方式，然后调整它的学习行为。例如，AI 会反思：我不太明白学习的画图的知识，我想问一些问题，我想做一些画图的练习来提高。这个过程中使用的学习例子很少，不需要数以百万计的例子。这种学习方式是人类独有的，而当前的人工智能并没有掌握。这正是加州大学洛杉矶分校朱松纯教授要强调的人工智能研究观点。

Bart Selman 认为自我意识学习，可以是深度学习，但要和知识、推理结合起来，还需要很多基础研究的突破。在机器翻译领域，深度学习做得非常好，可以达到 90%以上的准确率。但最后 10%的提升可能需要相当不同的方法，包括蛮力计算在内，因此需要很多新的想法。在自动驾驶系统中，机器做出的决策必须是非常准确的，不能有丝毫马虎，这样才能确保乘客的安全。

可以预见，人工智能接下来的发展会更快速，未来需要解决可解释性问题、常识问题、持续学习问题，以及包括 AI 取代人类工作后出现的各种社会问题。John Hopcroft 认为人们可能会聚焦于如何利用工程技术的最新成果解决特定问题。但我

们也需要基础研究，甚至是人工智能领域外的基础研究。在过去的25年里，基于人类大脑发育的研究也是很重要的。现在人们知道在儿童生命的头两年，大脑会学习如何学习。在未来，真正的进步可能来源于生物学。

John Hopcroft 还认为，未来10年，我们将更加注重专业能力。但到未来20年，我们会集中发展常识、知识、真正的语言理解等领域。真正的语言理解，即机器会像人一样阅读。一旦这个问题解决了，人类就能实现下一次人工智能发展的飞跃。机器一旦掌握如何理解语言，就相当于实现了通用人工智能。这与加州大学洛杉矶分校朱松纯教授所指出的训练出一只具有通用人工智能的“乌鸦”那样如出一辙。

二、AI 未来之二——神经科学启发的类脑计算

人们希望能模仿人脑的工作方式来处理信息，构建神经网络模型，成为模拟脑的关键。类脑计算是通用人工智能的基石，其研究近年来受到各个国家的重视，例如欧盟在2013年将“人脑计划”纳入其未来旗舰技术项目；2013年4月，美国总统奥巴马宣布启动名为“通过推动创新型神经技术开展大脑研究（Brain Research through Advancing Innovative Neurotechnologies）”计划，简称为脑科学研究计划（BRAIN）；中国在2017年提出“一体两翼”的脑科学与类脑科学研究。可以看到脑科学研究、类脑计算将是继深度学习之后的又一大人工智能的突破点。目前许多国家成立专门的脑科学研究中心，例如哥伦比亚大学的基础脑科学研究中心，新加坡科技研究局（A*STAR）实验室，“中国脑计划”清华大学类脑计算研究中心等。

类脑计算需要多学科深度融合，包括理论、芯片、软件和系统协同发展，其目标是发展支撑通用人工智能研究的类脑计算和系统。目前类脑计算的主要研究方向分为3个方面：首先是基础的生物脑中的神经元、突触及记忆、注意等机制的建模；其次，是基于生物机制建模的神经网络学习算法以及在模式识别等机器学习任务中的应用；最后，是基于生物激励的算法和神经网络的硬件系统研究。目前对于脑的认知机制的研究还存在很多空白，生物脑的运转机制的神秘面纱没有被彻底解开，只有少部分现象被发现。当前类脑计算仍停留在研究阶段，已发现的生物学机制只有少部分使用了计算神经学的方式进行模拟，被用在类脑计算中的机制则更加有限。类脑计算没有形成统一的理论框架，面对大数据时代还没办法取代深度学习等成熟算法和工具的地位，距离大规模落地和实现通用人工智能还有差距。未来是走向通

用人工智能、类脑架构的类脑计算机，AI芯片也是翘首以待，并应用于互联网、数据中心、智慧城市、自动驾驶和智能机器人等各行各业。

如今，人工智能技术在机器翻译、语音识别、聊天、医疗服务、无人驾驶，以及象棋、围棋和ImageNet大数据比赛上大放异彩，实现了许多人工智能的落地应用。它不仅融入我们的生活，也改变了整个社会生态，包括改变整个科研模式，将为社会带来巨大的变化。AI就像未来的电能，AI真的能够切实地帮助我们，这是最激动人心的时代。在不久的未来，我们或许会看到，人工智能社区走向全球化，经典人工智能未来可期，并与深度强化学习、物联网、智能边缘计算、基因科学、区块链等技术互补融合发展，人工智能的各个领域会迎来百花齐放的盛况，新的突破点潜藏其中，或者在领域之外带来惊喜。但是机器仍然没有自我意识，这方面的研究仍然是“路漫漫其修远兮，吾将上下而求索”。

从人类的视角来看，AI赋能带来的这些前所未有的创造力或许是一种威胁，“以假乱真”、两面性，给人们带来在面对未来时更大的困惑和不安全感。人类创造了机器，机器又改变了人类，试问决定权在谁手里？

第四章　卫星互联网：构建新一代天地融合泛在网络

贾　茹　魏邦友　刁伟鹤

卫星互联网是跨越和融合商业航天、新一代通信和下一代互联网等领域的战略性新兴产业，5G 时代将是天地融合的网络时代，更有分析认为 5G+卫星互联网将成为 6G 的重要趋势。目前，全球卫星互联网已进入快速建设部署期，国家发展改革委也已将卫星互联网纳入新型基础设施建设范围。一方面，卫星互联网发展迎来了重大的战略机遇期；同时，我国卫星互联网发展也面临着诸多竞争和挑战。如何发挥我国体制优势，并充分发挥民营企业与社会资本力量，加快推动我国卫星互联网系统建设运营和产业发展，将对保障我国空间信息安全和抢占新一代战略新兴产业发展先机具有重要的作用和意义。

第一节　卫星互联网产业概况

一、基本概念

卫星互联网是通过宽带通信卫星、地面通信关口站和用户终端等共同构建一个天地融合的网络系统，以实现全球范围的宽带网络连接。目前，全球普遍采用的方案是在数百公里到上千公里的地球近地轨道，建设由数百到数万颗卫星组成的大规模低轨宽带通信卫星星座，其具有广覆盖、低延时、宽带化、低成本等特点。

（1）广覆盖：相比于地面网络，卫星互联网在覆盖广度方面具有天然优势，可以实现偏远地区无缝的网络连接，有效解决地面网络基础设施不够完善的问题；特别是在海洋、空中等区域，更是无可替代的解决方案。

（2）低延时：相比于传统地球静止轨道高通量通信卫星（GEO-HTS），低轨宽带通信卫星星座由于轨道高度显著降低，通信延时可以从数百毫秒降至几十毫秒；同时，在地面远距离信息传输方面，由于卫星互联网需要的中继环节更少，相比于地面多跳网络的延时也有一定优势。

（3）宽带化：随着高频率、多点波束和频率复用等技术在卫星通信领域的应用，显著提升了卫星通信能力，将极大拓展卫星互联网在更大带宽、更高速率等各类场景的应用。

（4）低成本：相比于大规模建设地面基站和铺设光缆，卫星互联网实现全球网络覆盖的成本具有显著优势；同时，随着低成本、批量化卫星制造等能力的持续提升，将进一步降低卫星互联网的建设运营成本。

二、行业背景

卫星互联网是跨域和融合航天、通信与互联网等领域的战略性新兴产业，其兴起得益于以上领域的技术进步及产业变革，其发展同时也将引领相关产业形成新的发展机遇和催生新的发展空间。

1. 航天产业

全球航天产业经历 60 余年的发展，已逐渐形成了包括卫星制造、运载发射、地面设备及卫星应用等为代表的较为完善的产业链。据统计，2019 年，全球航天产业规模约 3 660 亿美元。其中，卫星制造收入约 125 亿美元，运载发射收入约 49 亿美元，地面设备收入约 1 303 亿美元，卫星应用收入约 1 230 亿美元。

从 2015 年起，我国多部门出台了相关政策及指导意见，支持和鼓励商业航天产业发展。在此背景下，一批民营商业航天企业应运而生；同时，传统的航天科研院所也纷纷布局商业航天领域。商业卫星领域，以航天东方红卫星、航天科工空间公司、中科院上海微小卫星、银河航天、长光卫星等为代表；商业火箭领域，以航天长征火箭公司、航天科工火箭公司、蓝箭航天、星际荣耀、星河动力等为代表。同时，带动了一批卫星及火箭研制配套、商业测控、地面设备等为代表的产业链上下游企业发展。

随着商业航天的发展，航天产业将在低成本、商业化等方面持续发力；特别是卫星互联网产业的快速发展，将为航天产业创造出新的更大的发展空间。

2. 通信产业

据统计，截至 2018 年底，全球共有约 51 亿人使用移动通信服务。其中，全球使用移动互联网的人数已超过 36 亿，预计 2025 年全球移动互联网用户将达 50 亿。目前全球正在加快 5G 建设及其商用进程。有预测，2035 年全球 5G 产业规模将超过 10 万亿美元。

不过在看到巨大发展机会的同时，我们也应意识到，5G 所需要的投资非常巨大。有预测，到 2030 年，我国 5G 基础设施累计直接投入将达到 4 万亿元。截至 2021 年 2 月，我国对 5G 网络建设的累计投资规模已经超过 2 600 亿元。

在巨大的市场需求和投资背景下，通过卫星互联网与地面网络实现深度的融合互补，构建天地一体的新型网络基础设施，可显著降低 5G 的建设运营投入，同时可真正实现未来 6G 时代的全球泛在网络覆盖。

3. 互联网产业

2010 年以来，全球互联网行业进入高速发展期，全球互联网用户数量持续高速增长。据统计，2000—2020 年，世界互联网用户数量增长了近 12 倍，截至 2020 年 5 月，全球互联网用户数量达到 46.48 亿人，占世界人口的 59.6%。

可见，全球互联网发展虽取得了巨大进步，但网络鸿沟依然巨大，全球仍有约 40%的人口还未实现网络连接。特别是“一带一路”沿线国家和地区。例如：亚洲区域，中亚的网络渗透率约为 54%，南亚的网络渗透率约为 48%；非洲区域，中非的网络渗透率约为 22%，东非的网络渗透率约为 23%，西非的网络渗透率约为 36%。而在以上区域，若大规模建设密集的地面网络，投入巨大，且投入产出比将有所失衡；而卫星互联网将是实现全球网络覆盖的可行、必要手段。

三、发展历程

卫星互联网也可称为宽带卫星通信，可以说是随着航天、通信等技术产业的变革发展，卫星通信迎来的一个全新的发展阶段和机遇。

卫星通信最早可追溯到 20 世纪 80 年代，全球最早的卫星通信系统为摩托罗拉公司的铱星（Iridium）系统。卫星通信历经 30 余年的发展，大致可分为以下几个阶段。

1. 第一阶段：20 世纪 80 至 90 年代，地面网络体系之外的独立卫星通信系统

以铱星（Iridium）、全球星（Globalstar）、轨道通信（Orbcomm）、泰利迪斯（Teledesic）和天空之桥（Skybridge）系统为代表，力图在地面网络体系之外，建设一个独立的天基网络，并销售卫星电话或上网终端，主要为用户提供语音和低速数据服务。不过这些系统基本都在 2000 年前后宣布破产。主要原因是：当时卫星通信技术发展偏早期，通信带宽较低，卫星通信星座系统投资过大，而且直接面向个人用户的卫星终端硬件成本过高、服务资费过高、用户数量不够；与此同时，地面通信系统快速发展，在通信质量、资费价格等方面相比卫星通信全面占优。

2. 第二阶段：2000 年至 2013 年，作为地面网络补充和备份，解决特殊用途及场景需求

以新铱星、全球星和轨道通信等公司为代表，一方面，为电信运营商、金融机构等提供一部分容量补充和通信备份；同时，在海事、航空、军事、电视传媒、应急救灾等领域提供卫星通信服务。这个阶段，面向的用户主要是军方、政府机构和企业等，卫星通信在第一阶段的泡沫破灭后，找到了适合当时发展阶段和满足用户实际需求的市场定位，全球卫星通信服务市场规模也逐步迈上 1 000 亿美元的台阶。

3. 第三阶段：2014 年至 2018 年，新型低轨卫星互联网星座兴起，致力于打造天地融合的网络系统

一批航天和互联网领域的代表企业纷纷布局新型低轨卫星互联网星座计划。国外以一网公司（OneWeb）的“一网星座”、太空探索公司（SpaceX）的“星链计划”（Starlink）、亚马逊公司（Amazon）的“Kuiper 星座”等为代表，国内以航天科技的“鸿雁星座”、航天科工的“虹云工程”、电科集团的“天地一体化信息网络”、银河航天的“Galaxy 星座”等为代表。一方面，随着航天和通信产业的发展，相比于之前的卫星通信系统，新型卫星互联网系统将具有更大的容量、更高的速率和更低的成本；同时，新型卫星互联网系统主要定位与地面网络系统进行更多的融合与互补，致力于打造一个天地融合的网络系统。

4. 第四阶段：2019 年，卫星互联网时代正式开启，并迅速进入大规模建设阶段

2019 年堪称“卫星互联网元年”。2020 年 2 月，一网公司首批 6 颗互联网卫星成功发射；2020 年 5 月，太空探索公司首批 60 颗互联网卫星成功发射，该公司未来计划部署由近 4.2 万颗卫星组成的超大规模卫星互联网星座，截至 2021 年 3 月，已成功发射超过 1 300 颗卫星，并将持续加快星座建设进程，目前已在北美、英国等地区优先提供卫星互联网服务。至此，太空探索公司已成功引领了全球卫星互联网产业的发展。

国内方面，2018 年 12 月，航天科工集团的虹云首发星和航天科技集团的鸿雁首发星成功发射；2020 年 1 月，我国商业航天和卫星互联网领军企业银河航天首发星成功发射，该卫星是我国首颗通信容量超过 10Gbps 的低轨宽带通信卫星，并成功实现了全球首次低轨 Q/V/Ka 频段卫星互联网视频通话，开展了我国首次低轨卫星互联网 5G 天地融合通信能力验证。可以说，银河航天代表我国的领先水平，也迈出了我国卫星互联网具有突破性的坚实一步。我国卫星互联网也将开启快速建设的步伐。

四、发展现状

目前，以美国和中国为代表的国家，已将卫星互联网上升为国家战略高度，并吸引了一批航天和互联网企业涌入。

1. 国外发展现状

目前，国外的卫星互联网星座计划主要包括：一网公司的“一网星座”、太空探索公司的“星链计划”、亚马逊公司的“Kuiper 星座”等。其中，发展最为迅猛的是太空探索公司的“星链计划”，目前其正在以领跑者身份引领全球卫星互联网发展。

（1）太空探索（SpaceX）公司

SpaceX 公司是一家由特斯拉汽车创始人埃隆·马斯克于 2002 年 6 月建立的商业航天公司。SpaceX 公司起初主要致力于商业运载火箭业务。自 2015 年起，SpaceX 公司启动了其卫星互联网项目“星链计划”，旨在开发低成本、高性能的互联网卫星及地面用户终端，打造全球最大、最快的卫星互联网，实现全覆盖、高密度、高通量、低延迟的天基互联网服务。

2016 年前后，SpaceX 公司向美国联邦通信委员会（FCC）和国际电联（ITU）提交了 11 943 颗卫星的频率和轨道申请。计划到 2024 年部署完成 4 425 颗卫星，到 2027 年部署完成 7 518 颗卫星。2019 年，SpaceX 公司将星座规划扩大到 4.2 万颗，并计划于 2033 年完成建设部署。

目前，SpaceX 公司已经构建了低成本、批量化卫星制造能力，其在西雅图的工厂每天可生产 6～8 颗卫星。截至 2021 年 3 月，其已通过“一箭 60 星”的形式成功发射超过 1 300 颗互联网卫星入轨，从拥有卫星数量上来看，Space 公司已经成为全球最大的卫星运营商。

SpaceX 公司采用易于安装的高指向性、窄波束相控阵天线用户终端，天线直径约 0.48 米，目前其地在终端售价已降至 499 美元，未来将进一步降低终端成本。美国联邦通信委员会在 2020 年 3 月已批准其运营多达 100 万台用户终端。完成全球组网后，将为每个用户终端提供通信容量达 1Gbps、延迟低于 25ms 的卫星互联网服务，预计每年将产生 300 亿美元以上收入。

（2）一网（OneWeb）公司

OneWeb 公司是由原 O3b 公司创始人格雷格·维勒于 2012 年成立，并于 2014 年提出建设全球覆盖的低轨宽带通信卫星星座计划，旨在向全球所有人、所有区域提供经济实惠的宽带通信服务。OneWeb 公司是新一波全球覆盖低轨宽带网络建设的引领者，其市场定位是率先突破 B2B 卫星通信业务，再开拓发展中国家市场。

OneWeb 星座将通过 Ka 和 Ku 波段与地球通信。Ka 波段将用于地面网络和卫星之间的通信；Ku 波段将用于卫星和用户终端之间的通信，提供互联网连接。

星座一期原计划在 1 200km 轨道高度上布设 720 颗卫星(不包括在轨备份为 648 颗)，由于卫星的表现优于预期，将一期星座规模减小到 588 颗，每颗卫星传输速率达到 10Gbps。其原计划于 2023 年完成一期星座建设，并为全球提供卫星互联网服务。首批卫星于 2019 年 2 月以“一箭 6 星”形式成功发射，后续发射主要采用“一箭 36 星”；截至 2021 年 3 月，在轨卫星数量已达到 146 颗。

一网公司获得了以软银为首的包括空客、高通、可口可乐、休斯、维京等行业巨头的投资。受全球经济形势及软银经营压力等因素影响，一网公司于 2020 年 3 月 27 日申请破产保护。美联邦破产法院于 2020 年 10 月 2 日批准将一网公司出售给英国政府和印度电信公司 Bharti Global。

2. 国内发展现状

2020 年 4 月，国家发展改革委正式将卫星互联网纳入新型基础设施建设范围。我国布局卫星互联网的主要有：航天科技集团、航天科工集团、电子科技集团等央企以及银河航天等民营商业航天企业。

（1）航天科技集团

中国航天科技集团有限公司辖有 8 个大型科研生产联合体、11 家专业公司、13 家境内外上市公司以及若干直属单位。主要从事运载火箭、各类卫星、载人飞船、货运飞船、深空探测器、空间站等宇航产品和战略、战术导弹武器系统的研究、设计、生产、试验和发射服务。致力于发展卫星应用、信息技术、新能源与新材料、航天特种技术应用、空间生物等航天技术应用产业；大力开拓卫星及其地面运营、国际宇航商业服务、航天金融投资、软件与信息服务等航天服务业，是目前我国境内唯一的广播通信卫星运营服务商，我国影像信息记录产业中规模最大、技术最强的产品提供商。

2018 年中国航天科技集团联合中国电信集团有限公司、中国电子信息产业集团有限公司以及中国国新控股有限责任公司共同组建成立东方红卫星移动通信有限公司。公司定位于国际一流的全球低轨卫星移动通信及空间互联网运营商，将投资数百亿元建设低轨通信卫星星座——鸿雁星座。

鸿雁星座原计划由 54 颗窄带卫星与 300 余颗宽带星组成。系统建成后可以在全球范围内实现宽带窄带相结合的移动通信，实现地球上任意地点的人与人、物与物信息互联。鸿雁星座系统将实现六方面应用：移动通信、宽带互联网接入、物联网接入、热点信息推送、导航增强、航空航海监视。2018 年 12 月 29 日，鸿雁星座首发星重庆号由长征二号丁运载火箭在酒泉卫星发射中心成功发射。

（2）航天科工集团

中国航天科工集团有限公司辖有 22 家二级单位、控股 9 家上市公司、企事业单位近 500 家。建立了完整的防空导弹武器系统、飞航导弹武器系统、弹道导弹武器系统、固体运载火箭及空间技术产品等技术开发与研制生产体系，覆盖“陆、海、空、天、电”全领域，形成了复杂战场环境下对地、对海、对空作战的整体能力。为顺应航天产业发展新趋势，创新突破传统的技术途径、商业模式和管理模式的局限，航天科工集团大力实施飞云、快云、行云、虹云、腾云及高速飞行列车的“五云一车”商业航天工程，开启了商业航天发展新篇章。

2018 年，将虹云工程作为最主要商业航天项目的航天科工空间工程发展有限公司在湖北武汉成立。虹云工程将以互联网接入为基础功能，具备通信、导航和遥感一体化、全球覆盖、系统自主可控的特点，以其高速率、低延时等特征，为全球用户提供通信、导航增强和遥感信息一体化综合服务。

按照原规划，虹云工程被分解为“1+4+156”三步。第一步在2018年，发射第一颗技术验证星，实现单星关键技术验证；第二步到“十三五”末，发射4颗业务试验星，组建一个小星座，让用户进行初步业务体验；第三步到“十四五”末，实现全部156颗卫星组网运行，完成业务星座构建。2018年12月22日，虹云工程首星武汉号在酒泉卫星发射中心由长征十一号运载火箭成功发射。

（3）电子科技集团

中国电子科技集团有限公司现有二级成员单位50家、上市公司10家。主要从事国家重要军民用大型电子信息系统的工程建设，重大电子装备、软件、基础元器件和功能材料的研制、生产及保障服务。是国内唯一覆盖电子信息全领域，在国家海洋、太空、网络三大战略领域发挥重要作用，能够同时为各军兵种全方位提供信息化武器装备，能够为我军各种型号的装备提供各类关键元器件的企业集团。

天地一体化信息网络作为国家“科技创新2030重大项目”之一，由科技部牵头，由中国电子科技集团牵头方案论证与实施。将在高轨、低轨和地面建设相互联结的三张网络，并同时和地面的互联网、移动通信网进行互通互联，形成与我国新时代战略需求相适应的网络信息服务能力。天地一体化信息网络低轨接入网规划60颗综合星和60颗宽带星，采用星间链路和星间路由技术，实现极少数地面关口站支持下的全球无缝窄带和宽带机动服务。

2019年6月5日，天地一体化信息网络“天象”试验1星、2星通过长征十一号运载火箭在我国黄海海域首次采取海上发射的形式成功发射。

（4）银河航天

银河航天（北京）科技有限公司由互联网知名创业者徐鸣创立。公司致力于研发全球领先的低轨宽带卫星及网络系统，实现低成本批量化制造，助力全球新型卫星网络建设运营，并将充分发挥商业化和国际化优势，为全球用户提供泛在网络服务及应用解决方案。

银河航天是我国商业航天和卫星互联网领域第一家独角兽企业，拥有一支由航天、通信、互联网等领域专家人才组成的一流团队，具备领先的卫星网络技术能力。研制了我国首颗通信容量超过10Gbps的低轨宽带卫星，2020年1月16日，银河航天首发星成功发射。同时，构建了包括卫星、地面信关站、用户终端和运控系统的低轨卫星互联网试验系统，实现了全球首次 Q/V/Ka 频段低轨卫星互联网视频通话、我国首次多场景/多模式 5G 天地融合通信试验等一系列技术验证，技术水平国际领先。

同时，银河航天充分发挥互联网及商业化优势，融合航天和工业化设计理念及制造能力，持续构建开放的卫星制造供应链体系，已逐步探索出一条卫星、载荷及单机低成本批量化路径和小规模制造示范能力。

作为一家拥有互联网基因的民营商业航天企业，银河航天将为我国卫星互联网的技术创新、系统建设，及商业运营探索创新模式提供重要的支撑和发挥重要的作用。

五、发展趋势

1. 构建天地一体化的融合网络

天地一体化网络已成为未来通信网络的重要发展趋势。目前，卫星通信正被纳入 5G 标准。由高中低轨卫星星座组成的立体天基网络将与地面光纤网络和 5G 网络有机融合，形成天地一体化的信息网络。长期来看，卫星通信或将成为 6G 的核心发展方向之一。同时，卫星互联网也将不再是传统的单纯出租卫星通信转发器和出售卫星通信带宽资源，而将是提供天地一体化的网络服务及系统化解决方案。

2. 宽带卫星通信向高频段发展

目前已有的高通量卫星一般选用 C、Ku 和 Ka 等频段。一方面，C 频段和 Ku 等频段带宽资源有限且发展较早，目前已接近饱和，日益紧张的频谱空间资源已经成为制约卫星通信发展的重要因素；另一方面，更高的频段可以实现更高的通信带宽和通信速率。目前，国内外多数宽带通信卫星采用 Ka 等频段作为首选，而随着不断增长的通信带宽和速率需求，卫星互联网的频率将向更高的 Q/V 频段发展。

3. 新技术新产品持续研发应用

先进的调制与编码、多天线波束成型及频率复用等技术可提升卫星通信的系统性能；5G 移动通信的大规模多天线和波束成型技术可应用于卫星通信；给予毫米波、太赫兹、激光通信等的星间链路技术可实现卫星间大带宽直接组网；相控阵卫星通信终端、地面毫米波通信设备等将有力推动卫星互联网的商业应用。

4. 单位容量成本不断降低

卫星互联网要实现商业化的成功，必须通过以下途径持续大幅降低单位通信容量的成本。一是，通过火箭低成本可回收等技术，显著降低单位重量有效载荷发射成本；二是，通过低成本批量化制造以及优化的研制生产流程和开放的供应链体系等途径，推动卫星制造从订制化向工业化转变；三是，通过加强星箭一体化设计，提高星箭匹配度，进一步提升发射效率；四是，快速构建大规模卫星互联网系统和开发商业化用户，充分发挥规模化成本及效益优势。

第二节　卫星互联网产业链概况

卫星互联网涉及产业链主要包括：卫星制造、卫星发射、地面设备、卫星运营等。依据美国卫星工业协会发布的相关数据，卫星产业链中卫星制造、卫星发射、地面设备和卫星应用占总市场规模的比例分别约为 7%、2%、45%和 46%。

2019 年全球卫星产业规模超过 2 700 亿美元，其中，卫星通信服务收入超过 1 200 亿美元。卫星互联网涉及商业航天、新一代通信和下一代互联网等产业领域，其发展将不仅局限于传统的卫星通信领域。未来，以卫星互联网为牵引，将带动巨大的产业和经济效益。有预测，到 2025 年，全球卫星互联网产业规模有望达到 5 600 亿～8 500 亿美元。

一、卫星制造

卫星主要包括卫星平台和卫星载荷。卫星平台主要包括结构系统、热控系统、能源系统、推进系统、姿轨控系统、测控数传系统，以及综合电子系统等；卫星载荷主要包括天线分系统、转发器分系统等。

目前，全球的卫星制造产业规模每年超过 200 亿美元；据预估，目前我国的卫星制造产业规模每年约 300 亿元人民币。未来，随着大规模卫星星座的建设需要，卫星制造产业规模将保持持续快速的增长，预计到 2030 年，我国的卫星制造产业规模有望达到每年 600 亿～1 000 亿元人民币。

为支撑大规模互联网星座建设，卫星制造需要向低成本、批量化的方向快速发展。目前，国外以 OneWeb 公司和 SpaceX 公司为代表的新一代商业航天企业，在低成本、批量化卫星制造方面已取得了重要进展。2019 年 OneWeb 与空客公司合资在美国佛罗里达州探索公园内建设的卫星智能制造工厂，可实现日产 2～4 颗卫星，单星制造成本可控制在 150 万美元以内。SpaceX 公司目前已经建成的卫星智能制造工厂，可实现日产 6～8 颗卫星，单星制造成本可控制在 100 万美元以内，未来将进一步降至 50 万美元。

经过数十年积累，我国在卫星制造方面已经形成了较强的能力，不过主要还是以传统的单星研制和小批量生产为主，低成本、批量化能力亟待提高。目前，以航天科技集团、航天科工集团、中科院等为代表的国有科研院所和以银河航天为代表的民营商业航天企业都在加速布局卫星批量生产能力。特别是以银河航天为代表的新兴力量，在互联网研发、工业化制造、商业化供应链等方面具有显著的优势，将为我国实现对标国际领先水平的新一代卫星智能制造能力探索出一条新的路径。

二、卫星发射

卫星发射主要包括火箭制造和发射服务。2019 年全球共完成 102 次航天发射。其中，中国 2019 年全年发射次数达到 34 次，发射航天器数量达 81 个，发射次数全球第一；美国发射次数为 27 次，共发射航天器 252 个，发射次数位居全球次席，但发射航天器数量远超中国，这主要得益于 SpaceX 公司的商业发射能力。

从近两年主要国家和地区发射航天器数量可见：除中国外，美国、俄罗斯、欧洲 2020 年发射航天器数量均较 2019 年显著提高；2020 年美国发射航天器数量已比中国高一个数量级之多，且差距有进一步加大的趋势。

美国 SpaceX 公司在全球商业发射市场占据领先地位。据统计，SpaceX 在全球商业发射市场的占有率高达 52%（按发射次数统计）。2019 年 5 月 24 日，SpaceX 公司通过猎鹰火箭第一次以“一箭 60 星”的形式发射星链计划首批组网卫星，截至 2021 年 3 月，已成功发射超过 1 300 颗卫星入轨。

发射成本方面，SpaceX 也具有显著优势，商业发射价格已降至约 1 万美元/千克有效载荷。近几年，我国商业发射也取得了较大的发展，发射价格目前为 15 万～20 万元/千克有效载荷。虽然相比于传统的航天发射成本具有一定优势，但相比 SpaceX 的发射成本，还有较大的降低空间。

2019 年全球卫星发射产业规模约 63 亿美元。随着大规模星座建设需要，卫星发射市场将迎来新的增长空间。预计 2018—2027 年，全球发射市场增速将达到 7%。

表 4-1　近两年主要国家/地区航天器发射记录

国家/地区	2019 年发射航天器	2020 年发射航天器
美国	252	916
俄罗斯	77	141
中国	81	85
欧洲	10	62

三、地面设备

地面设备主要包括固定地面站、移动式地面站（静中通、动中通等），以及用户终端等。固定地面站主要包括天线系统、发射系统、接收系统、信道系统、控制分系统、电源系统，以及卫星测控站和卫星运控中心等；移动站主要包括集成式天线、调制解调器和其他设备；用户终端主要包括设备上游关键零部件及下游终端设备。

2020 年 3 月，美国联邦通信委员会批准 SpaceX 公司可运营多达 100 万台的卫星互联网用户终端。该终端天线直径约 0.48m，自带电机，可全自动调节接收角度，可为用户提供速率 1Gbps、延迟 15～20ms 的网络服务。

2019 年全球卫星地面设备产业规模约 1 300 亿美元。按目前的产业规模及增长空间，有预测，到 2028 年我国卫星互联网地面设备产业规模将达到每年 1 700 亿元以上。特别是用户终端，将是地面设备领域最主要的收入来源之一。

不过，与未来的大规模用户终端需求相比，目前我国在以相控阵卫星通信用户终端为代表的地面设备领域，低成本和批量化能力还有较大差距，需要加大力度推动。同时，以小米集团为代表的新一代移动通信和互联网企业依托其在移动终端和网络设备等方面的优势，有望推动卫星通信用户终端实现真正的低成本、大批量制造和商业化、大众化推广。

四、卫星应用

卫星互联网以其广覆盖、低延时、高带宽等特点，在偏远地区通信、网络备份、应急通信、地面基站数据回传、航空互联网、海上互联网、智慧海洋、车联网等领域具有巨大的应用前景，将为5G以及6G时代的天地融合全球泛在网络覆盖提供一种必要的手段。

2019年，全球卫星通信服务产业收入约1 200亿美元，占全球卫星产业规模超过40%。可见，卫星通信服务在卫星应用领域的重要程度。随着卫星互联网的发展，将为卫星通信服务创造新的更大的增长空间。有预测，到2028年我国卫星互联网运营服务收入每年将超过1 700亿元。

SpaceX公司的“星链计划”目前已在北美、英国等区域优先提供服务，2021年将初步实现全球覆盖。其预测，仅星链一期星座计划（约1.2万颗），未来每年就将创造超过300亿美元的网络服务收入。

同时，随着卫星互联网的逐步建成和网络运营的逐步开展，还将催生一批基于卫星互联网的商业应用企业及业务，这部分市场规模甚至将超过网络服务的市场规模。

表4-2　卫星互联网产业链部分代表企业

领　域	代表企业
卫星制造	中国空间技术研究院（航天科技五院）
	上海航天技术研究院（航天科技八院）
	航天科工空间工程发展有限公司（航天科工二院下属）
	中国科学院上海微小卫星创新研究院
	银河航天（北京）科技有限公司
	长光卫星技术有限公司
	北京九天微星科技发展有限公司
	浙江时空道宇科技有限公司
火箭制造	中国运载火箭技术研究院（航天科技一院）
	航天科工火箭技术有限公司（航天科工四院下属）
	蓝箭航天技术有限公司
	北京星际荣耀空间科技有限公司
	零壹空间科技集团有限公司
	星河动力（北京）空间科技有限公司
	翎客航天技术有限公司
	吉林进取空间科技有限公司
	北京深蓝航天科技有限公司

续表

领　域	代表企业
地面设备	中国电子科技集团第十研究所
	中国电子科技集团第五十四研究所
	航天恒星科技有限公司（航天科技五院 503 所）
	北京华力创通科技股份有限公司
	广州海格通信集团有限公司
	柒星通信科技（北京）有限公司
	银河航天（北京）科技有限公司
卫星应用	中国卫通集团股份有限公司
	中国电信集团卫星通信有限公司
	东方红卫星移动通信有限公司
	北京航天科工世纪卫星科技有限公司
	二十一世纪空间技术有限公司
	银河航天（北京）科技有限公司

第三节　我国发展卫星互联网的机遇与挑战

一、新基建与新机遇

2020 年 4 月，国家发展改革委首次明确新型基础设施范围。初步提出新型基础设施主要包括信息基础设施、融合基础设施和创新基础设施三方面内容。卫星互联网作为信息基础设施中的通信网络基础设施被纳入其中。可以说，我国卫星互联网产业发展迎来了历史性的机遇，2020 年被认为是中国卫星互联网发展的元年。

目前，卫星互联网已成为我国多地的新基建热词之一，以北京、上海、重庆、福州等为代表的城市纷纷将卫星互联网纳入新型基础设施建设行动方案。

《北京市加快新型基础设施建设行动方案（2020—2022 年）》中提出：推动卫星互联网技术创新、生态构建、运营服务、应用开发等，推进央企和北京创新型企业协同发展，探索财政支持发射保险补贴政策，围绕星箭总装集成、核心部件制造等环节，构建覆盖火箭、卫星、地面终端、应用服务的商业航天产业生态，优化和稳定“南箭北星”空间布局。

《上海市推进新型基础设施建设行动方案（2020—2022 年）》中提出：推动卫星互联网基础设施建设。落实国家战略，推动技术创新、产业发展、市场应用、运维服务等，完成通信网络及基础配套设施建设，初步形成卫星互联网信息服务能力。

《重庆市新型基础设施重大项目建设行动方案（2020—2022 年）》中提出：建设未来网络设施。加紧谋划全球低轨卫星移动通信与空间互联网建设，打造全国太空互联网总部基地和低轨互联网小卫星星座应用示范基地。

《福州市推进新型基础设施建设行动方案（2020—2022 年）》中提出：构筑卫星互联网。建设融合高通量卫星互联网通信和广域网无线通信为一体的新型智慧海洋综合基础设施，拓展高通量卫星互联网技术应用。

卫星互联网属于高技术、高投入、高产出的战略新兴产业，在当前全球经济压力下行、产业深刻变革的环境下，我国正处于转变发展方式、优化经济结构、转换增长动力的攻坚期，抓住以卫星互联网为代表的战略新兴产业发展机遇期，推动商业航天、新一代通信和下一代互联网的融合发展，打造卫星互联网产业生态，将为我国创新驱动发展战略提供重要支撑，为地方的产业结构升级和经济可持续发展提供有力的抓手。

二、竞争态势及面临挑战

（1）全球卫星互联网已进入建设竞赛期，我国卫星互联网建设需要进一步提速。目前，美国正在快速建设卫星互联网，并计划将卫星互联网融入 5G 网络建设。以 SpaceX 公司为例，其正在加速部署一个由约 4.2 万颗卫星组成的超大规模卫星互联网星座，并于 2020 年开展商用。可见，美国已抢占了卫星互联网建设和商业化应用的先机。目前，我国虽然已启动卫星互联网建设，但整体建设步伐远落后于美国。

（2）国际空间频率轨道资源日趋紧张，我国占频保轨形势严峻。目前，日益紧张的频谱空间资源已经成为制约卫星互联网发展的重要因素，在抢占战略性的卫星频率轨道资源方面，按照国际电联先占先得的无线电用频基本原则，美国对 Ka、Ku 等频段已完成了实质性占用，我国亟须在更高的频段加快占频保轨，以支撑我国卫星互联网建设运营。

（3）美国正在引领卫星互联网产业变革，我国亟须加快卫星互联网技术创新。目前，以美国 SpaceX 公司为代表，在火箭方面，其通过低成本设计制造、可回收利用等方式显著降低了发射成本；在卫星方面，其利用颠覆性的技术创新手段，依托工业化的设计制造能力，实现了卫星高性能、低成本、批量化的兼顾。同时，其在星箭一体化方面也做到极致，成功利用猎鹰九号火箭实现星链卫星“一箭60星”发射。目前，我国虽然在传统航天领域在国际上占有一席之地，但在颠覆性技术创新、低成本批量化等方面还有很大的发展空间。

第四节　关于推动我国卫星互联网发展的建议

随着卫星互联网产业迎来了历史发展机遇期并被纳入我国“新基建”范围，卫星互联网受到了社会各界的广泛关注。在近两年的全国两会期间，多位全国人大代表和政协委员针对推动卫星互联网产业发展提出了相关建议。

1. 全国人大代表、小米集团创始人/董事长兼CEO雷军：推动卫星互联网行业发展

（1）将卫星互联网作为重点发展的战略新兴产业纳入我国“十四五”发展规划，明确卫星互联网相关商业航天企业是国家航天事业的重要组成部分。鼓励商业航天企业参与航天智能制造等基础设施建设，加大扶持力度。

（2）进一步改革国内卫星频率申请协调机制，优化和简化我国卫星网络资料申报管理流程，采取国际上普遍做法，即降低向国际电联申报频率轨道资源的门槛，将监管重点后移至国内频率落地及运营许可上，提高国际频率轨道资源争夺的主动性，并在申请小型卫星、试验卫星频率轨道资源方面提供快速通道，减少审批流程等。

（3）进一步放开对民营企业应用商业卫星开展商业服务的行业准入限制。例如，支持民营企业有序开展卫星通信基础电信业务，充分调动和发挥民营企业的力量与优势，进一步增强我国空间信息应用产业的全球竞争力。

（4）充分发挥产业基金引导作用，设立大规模的重点扶持民营商业航天的国家发展基金，并鼓励地方政府和金融机构撬动社会资本联合成立商业航天产业基金，支持和鼓励民营商业航天企业在科创板上市，推动民营商业航天产业链的完善和产业生态的构建。

2. 全国政协常委、自然资源部中国地质调查局副局长李朋德：统筹发展卫星互联网产业，掌握全球时空信息主动权

卫星互联网作为新型空间基础设施，不同于地面的光缆、高铁和高速公路，需要建设高、中、低轨道的通信卫星体系，实现空间段的卫星网与地面网络全覆盖的对接，而“时空卫星”正是这种增强配套“星座”。

建议开展地球时空信息智能服务系统建设，在“点、线、面”三阶段发射低轨高分辨率遥感与导航增强卫星（即时空卫星），掌握全球时空信息主动权，开创商业化应用的新局面。

卫星互联网是全世界的空间基础设施，存在地面互联网覆盖不均匀、脆弱性和不可通达性的问题。这恰恰为中国卫星互联网发展提供了机会，中国可边建边用、完善功能，尽早实现产业化。

建议要创新卫星互联网建设的体制机制，加大对“时空卫星”系统的投入，建设集规划、建设、研发、应用、投资为一体的超级混合所有制企业，以资本为纽带把责、权、利结合起来，利用资本市场进行公开融资。

3. 全国政协委员、新华联集团董事局主席兼总裁傅军：加快推动天基低轨卫星通信网络建设

（1）国家要高度重视天基低轨卫星通信网络建设。

一是可以抢占资源。轨道和频段资源作为“不可再生资源”，战略意义重大，是争夺的焦点。一方面，低轨卫星轨道面容量小，地球近轨可容纳的星座网络预计仅有 2～3 个，轨道资源稀缺。另一方面，频段资源被大量使用，逐渐接近饱和。为稳固我国航天强国地位，轨道及频段资源务必提前布局。

二是可以大力发展大通信。天基低轨卫星网络未来将成为 5G、6G 建设和“万物互联”的空间基础设施，抓住卫星互联网的发展契机，推动全产业链技术创新，保障卫星产业自主可控。

三是解决地基物联网服务能力有限的问题。天基低轨通信网络能够有效克服地面物联网因空间、环境等限制所出现的服务能力不足，比如无人区等，实现全球覆盖，提供无间断的网络连接服务。

四是提升军事国防保障能力。现代战争对军事通信卫星依赖程度越来越高，低轨卫星通信系统可提供全天时、全天候、全球覆盖的服务保障，极大提升我军全球范围作战能力。

五是应对海外卫星生态威胁。天基卫星互联网可向各国手持终端用户跨境提供直接访问境外网络服务，对我国现有网络主权以及监管带来威胁，一旦国外垄断形成，后果无法评估。

（2）建议国家财政将低轨卫星通信网络建设作为重点计划，加大支持力度。

（3）发挥中国特色社会主义制度优势，统一调配产业资源，建议由重点企业突破，快速抢占低空轨道，布局中国低轨星座网络。

卫星互联网将为推动我国商业航天、新一代通信和下一代互联网等战略性新兴产业融合发展提供重要抓手和强劲动力，并为我国新型空间基础设施建设和空间信息安全提供有力支撑和重要保障。在新的时代背景和国际形势下，建议充分发挥举国体制和市场主体优势，广泛调动社会各界力量，加快建设满足国家战略需要和面向全球商业运营的卫星网络系统；并充分发挥创新型民营企业优势，推动我国卫星网络全球化运营和商业化应用；同时，建议加大政府支持力度，联合领军企业，撬动社会资本，成立产业基金和项目专项基金，充分发挥资本力量，推动我国新型卫星网络建设和产业生态发展。

第五章　工业互联网：推进网络强国建设的重要基础

周海华　付　兵

工业互联网是借助新一代信息通信技术实现工业数字化转型的复杂系统工程，融合了工业、通信、计算机、软件、数据等诸多科学领域的最新技术与产业实践。《国务院关于深化"互联网+先进制造业"发展工业互联网的指导意见》（以下简称《指导意见》）中指出："工业互联网通过系统构建网络、平台、安全三大功能体系，打造人、机、物全面互联的新型网络基础设施，形成智能化发展的新兴业态和应用模式，是推进制造强国和网络强国建设的重要基础，是全面建成小康社会和建设社会主义现代化强国的有力支撑"。为贯彻《指导意见》，青岛市按照"软件定义的智能工厂、数据驱动的先进制造、平台支撑的产业生态"的总体思路，大力支持工业互联网应用，积极推动制造业与互联网融合创新发展，实现互联网、大数据、人工智能和实体经济深度融合。以下，尝试从平台、网络、安全工业互联网的三大功能体系入手，分析青岛市重点企业的工业互联网应用。

第一节　工业互联网平台建设

工业互联网平台的主体架构包括 IaaS、PaaS、SaaS 和边缘层等。IaaS 层主要承担运算、数据的存储与分析等；PaaS 层主要解决的是协议和标准问题，是架构中的重中之重；SaaS 层主要是提供软件服务；边缘层，就制造业来说即生产现场，主要是数据采集与传输、环境和设备等。平台是制造业基于工业互联网的操作系统，是工业互联网的灵魂所在。

海尔集团依据物联网智能网关协议规范批量接入功能，用工业互联网打通创意与制造、需求与供给全链条，建设跨行业、跨领域工业互联网平台——卡奥斯工业互联网平台（图 5-1）。IaaS 层的基础设施建设，可实现服务器、网络、存储、边缘接入等硬件环境接入。PaaS 层，搭建混合云方式的中心云平台，统一调配 IaaS 层服务器、存储、带宽等资源，可实现工业装备、传感器等硬件设施以及机理模型、大数据平台等的接入。SaaS 层，采取与行业头部企业共建的模式，将自身研发设计、生产制造、测试检测能力的在线化，把通用的软件云化，结合行业工业知识、经验、技术的软件化，具体应用场景微服务开发工业 APP，向“上云用平台”企业开放软件服务能力，提供即插即用的微服务和综合解决方案。边缘层，可提供面向不同设备的综合性接入，以边缘协议解析为主要方式，逐步将不同企业用个性化方案接入转变成为平台通用服务，将接入方案转化为平台服务，将解析能力下发至边缘设备实现数据接入；在边缘侧开展数据分析，降低网络和 IT 资源消耗，满足工业高实时性要求。通过标准、协议和网络安全防护的系统集成，形成“SaaS+PaaS+IaaS+工业技术”为主轴的，具有中国自主知识产权的工业互联网平台。目前，平台已赋能 15 个行业，覆盖 60 个细分行业，连接各类工业智能终端 2 600 多万台，形成超过 2 000 个工业 APP。平台的核心是大规模定制模式，通过持续与用户交互，将硬件体验变为场景体验，将用户由被动的购买者变为参与者、创造者，将工业企业由原来的以自我为中心变成以用户为中心。

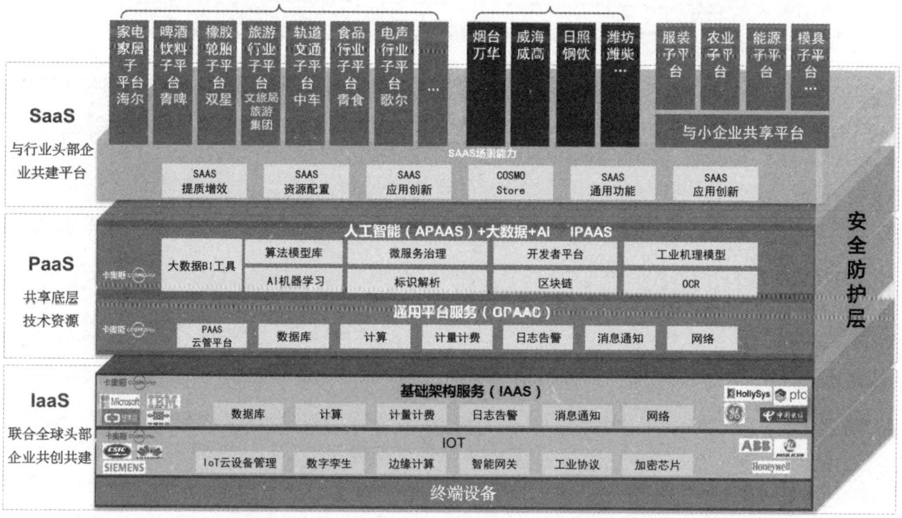

图 5-1　卡奥斯工业互联网平台总体架构图（来源：海尔卡奥斯）

卡奥斯工业互联网平台以 1（主平台）+7（模块）+N（行业）的架构体系，实现平台的跨行业、跨领域应用。

“1”是指一个主平台，提供工业通用能力，把软件、硬件、装备、技术链、产业链整合集成为生态圈，为企业构建解决方案。

“7”是指 7 个模块，将工业企业产品全生命周期的不同环节，分解为用户交互、研发设计、协同采购、智能制造、智慧物流、精准营销、智能服务等 7 大模块，可以从企业最痛点的需求切入，着手工业互联网改造，形成赋能企业数字化、智能化转型升级的个性化解决方案。如协同采购模块，基于开放的 PaaS 平台，搭建基于 SaaS 的采购云平台，供企业直接使用，采购通过集成的供应链，赋能中小型企业降低采购成本、扩大市场订单。

“N”是指行业子平台，提供行业能力，构建行业生态，透过工业软件和行业微服务，与主平台相互连接、相互嵌套，形成可扩展、可迭代的生态体系。目前卡奥斯平台已建立包含建陶、房车、农业、模具等在内的 15 个行业子平台。以房车子平台为例，通过平台赋能，推动房车行业从大规模制造向大规模定制转型，房车产品平均生产周期从原来的 35 天降至 20 天，房车生产所需主材之一的镀锌板采购价格降低 12%，改造效果显著。

第二节　工业互联网网络连接

工厂内网建设主要以高带宽虚拟专网、时间敏感网、工业无源光网络（PON）、工业软件定义网络（SDN）、第五代移动通信技术（5G）、下一代无线智能网（NGB-W）等新技术、新设备，新建或改造工厂内骨干网络。对于工厂内移动网络需求，主要以窄带物联网（NB-IoT）、工业过程/工业自动化无线网络（WIA—PA/FA）、超长距低功耗数据传输技术（LoRa）、增强机器类通信（eMTC）等技术新建或升级改造工厂移动网络。围绕工业网关、工业交换机、生产装备的通信模块等内网关键环节，还可开展工业 IPv6 等的技术开发和工程部署。工厂外网主要以实现工业企业和工业互联网服务企业的广泛、高质量宽带接入为目标，应用 IPv6、5G 等技术，开展工业互联网的宽带网络新建与升级改造，满足工业互联网网络覆盖及业务开展的需要。

赛轮集团的工业互联网内外网建设，以工业以太网、工业 ModBus、LoRa、5G 网络为基础，搭建企业工厂内网。同时面向企业外部的价值链延伸，建设包括原材料供应商、成品经销商、全国成品中转仓库、矿山车队物联等应用的企业外网，从而实现集团跨国家、跨区域、跨厂区互连互通的企业工业互联网络，打造基于工业互联网的智能服务和协同，实现运营生产数据的实时采集、生产指令的实时下达，以及企业内外网供应及销售数据的管理（图 5-2）。

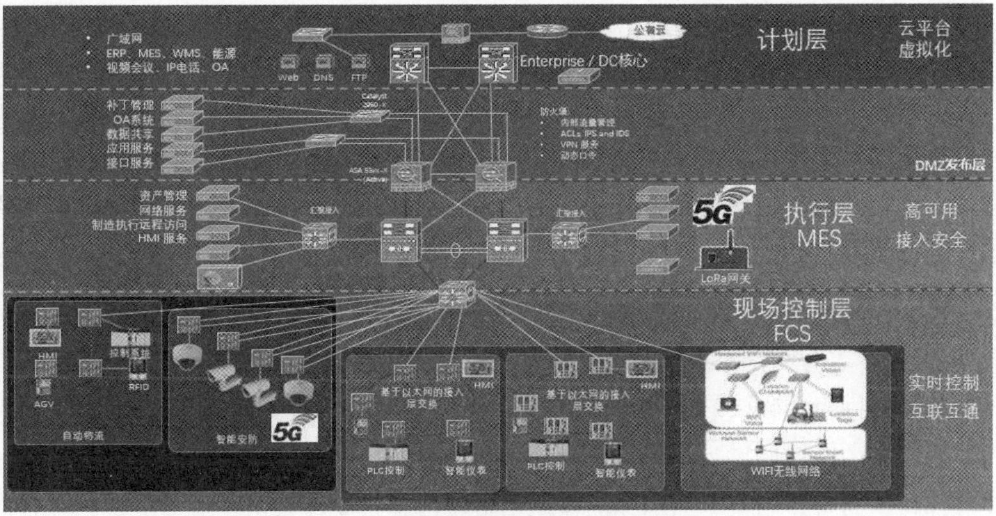

图 5-2　工厂一体化网络拓扑图（来源：赛轮集团）

一、工业网络

工业网络主要是实现计算机辅助制造、过程自动化控制和数据实时采集和测试。工厂内网部署主要面向一线作业的职能部门，涉及企业各厂区、车间和库房等。针对工业网络有大量关键的、不可中断的、实时性极强的数据流（如流水线设备实时监控数据和产品测试结果的实时采集数据），结合工业网络移动性要求较高（如库房内物资相关信息的处理），以及工业越来越多的数据需要同管理网络交互等特性，将建立在工业以太网基础上的工业网络划分为两部分：一部分为生产线控制网，另一部分为生产线服务网。

以工业以太网网络为基础，进行生产车间控制网络的整体升级，辅助工业 WiFi 的无线信号覆盖，实现车间内工业装备、手持终端、扫描设备的联网。利用 5G 的高宽带、大连接、低时延的特点，结合工业数据采集的实时性、数据分析决策的智能化需求，部署室外型5G基站和室内型5G微基站，搭建轮胎行业的5G工业内网，满足5G与高性能轮胎制造的融合应用。

为保障网络安全接入，在云、网、端侧部署WAF应用防火墙、IPS入侵检测设备、虚拟化安全网关、CDN网络等安全系统，对Web应用进行保护，并对重要的数据库系统进行行为审计，对进出工厂的流量进行分析。

二、工控设备的互联互通

以工业Modbus总线为基础，搭建生产制造工控网络。通过LoRa无线协议，采用扩频技术采集方式，实现能源系统（智能电表、水、气）的数据采集、智能分析，同时实现生产系统中传感器、智能扫描设备的数据传输与控制，为精细化、精益化生产提供网络基础。

三、智能物联网（智能轮胎物联）

轮胎通过工业物联网采集获取温度、压力、行驶里程、油耗等精准数据，加之与轮胎连接的远程监控与数字化管理平台，做到线上与线下的融合、销售和服务的无缝连接。通过轮胎全生命周期的监测与持续改善，实现使用价值最大化，变制造与输出轮胎为输出轮胎服务。

四、高可靠跨区域（洲际）多厂区网络互连

通过OSPF（开放式最短路径优先）路由协议，以SDH（同步数字体系）和MPLS（多协议标签交换）网络技术体制为基础，对国内青岛工厂、广饶工厂、研发中心、集团总部和国外加拿大与欧洲办事处实现高可靠的互连网络，建设高效率企业外网。

第三节　行业工业互联网标识解析体系二级节点建设

工业互联网标识解析体系，是支撑工业互联网互联互通的神经中枢，其作用类

似于互联网领域的域名解析系统（DNS）。工业互联网标识解析体系的核心包括标识编码、标识解析系统、标识数据服务等 3 个部分。行业工业互联网标识解析体系二级节点，是实现工业各行业全要素、各环节信息互通的关键枢纽。在工业互联网体系中，网络是基础，而标识是网络的基础，是网络的“身份证”，通过给每一个对象赋予标识，并借助各行业工业互联网标识解析二级节点，实现跨地域、跨行业、跨企业的信息查询和共享。标识解析体系日益成为工业互联网的重要基础设施。

一、家电行业工业互联网标识解析二级节点建设

通过搭建标识解析系统，把“物”的身份标识和其通信标识联系到一起，从而实现通过身份标识就能很容易找到对应的通信标识，完成物的寻址定位，进而实现物与物的信息交互。通过利用 RFID 无线射频、图像识别等自动化标识技术，创新研发集成工业互联网标识解析系统。以冰箱生产为试点，对冰箱门体、压缩机、冷凝器等关键设备、零部件，实现全环节标识及相应数据的自动化集成，将标识解析系统与 MES、ERP、PDM、SCM、PLM 系统之间的集成，建成高效的系统内数据共享通路，达到产品制造商、产品拥有者、产品本身的三方身份标识关联，支撑面向智能工厂柔性制造、远程控制、关键产品追溯、个性化定制和全生命周期管理等集成创新应用。

1. 实现可扩展的智能工厂标识解析系统集成

运用大数据分析、云计算等信息技术，将智能工厂的各个与标识相关的系统进行整合统一，形成了一套完整的标识解析系统。标识解析系统采用主流 NIOT 标识解析技术，兼容 OID、Handle、Ecode 等标识体系，并与生产系统、用户交互系统进行集成对接。针对目前较快的产品迭代速度，家电行业标识解析系统通过对标识编码的设计、系统的设计等方面，实现标识的可扩展性。

2. 对智能工厂生产系统标识集成改造

将智能工厂生产系统标识集成改造，将标识解析系统与包括 PDM、SCADA、MES、PLM、ERP 等的生产系统接口对接。业务上通过标识的联通，把制造、研发、物流紧密地结合，形成家电行业智能工厂的数字化标准，实现对生产系统的标识集成改造。

3. 对智能工厂用户交互标识集成改造

将产品包装标识、成品标识、宣传用标识等与用户产生交互的多种标识，结合产品全生命周期管控，与相关业务中台集成改造，实现用户多维透视、用户个性化定制以及产品全流程的追溯，提升用户体验以及产品质量水平。

二、机械制造行业工业互联网标识解析二级节点建设

通过“立标准”“建标识”“用标识”，构建机械制造行业标识解析二级节点平台，实现与国家顶级节点、产业上下游企业之间互联互通。

研究制定标识规范及标准：立足机械行业标识服务，制定行业标识规范，以及与标识相关的分类规范和标识编码规范。建设标识解析体系：引入主数据全生命周期管理的理念，针对标识体系相关标识主数据涉及的流程进行定义，实现合作伙伴、可交付产品、产品实体的信息注册、更正、废止，保证标识系统内注册信息的有效性及可靠性。拓展标识创新应用：实现标识解析二级节点与行业工业互联网平台对接，打造集成创新应用新模式，以高端装备为示范，实现在电子采购平台、供应链协同、产品追溯和全寿命周期管理、高端装备运维健康管理、研发资源协同、配件销售服务管理、精益物流提升管理等方面的集成应用。

1. 构建“统一管理、安全可控、互联互通”的工业互联网标识解析体系

以高端装备制造业为切入点，构建机械制造行业标识解析二级节点，实现与国家顶级节点、上下游企业之间互联互通。支撑行业内物理及虚拟资源的标识注册、解析应用。通过开展工业互联网标识解析与工业大数据平台的协同应用，支撑行业内数据分析应用及企业网络化、智能化水平提升，形成机械行业工业互联网标识解析创新应用示范。

2. 推进标识解析体系在机械制造行业的应用推广

在统一的安全标准体系下，安全可控的支撑行业内物理资源及虚拟资源的标识注册、解析应用，对机械制造行业内标识进行统一管理。通过机械制造行业标识解析二级节点的建设，提升行业内数据流通和利用效率，提升行业内数据分析应用及企业网络化、智能化水平。

第四节　工业互联网安全体系搭建

安全体系是工业互联网的保障。安全体系通过构建涵盖工业全系统的安全防护体系，打造满足工业需求的安全技术体系和相应管理机制，识别和抵御来自内外部的安全威胁，解除各种安全风险，是工业互联网可靠运行，实现工业智能化的安全可信保障。在工业互联网大背景下，工业控制系统从单机走向互联，从封闭走向开放，从自动化走向智能化，网络边界明显扩大；给攻击者带来更多的攻击途径，主要表现在工控系统核心软硬件产品自主可控水平低下，安全基础不牢，系统维护依赖国外厂商，受制于人的风险加大。随着近年来工业控制系统信息安全事件不断增加，工控信息安全问题日益突出，然而大部分工业企业明显缺乏有效的安全监测手段，多采用传统的被动式安全防御系统。

青岛海天炜业采取有效的安全监测手段，研制主动式的纵深防御解决方案。该安全体系的搭建，主要通过工业防火墙与隔离防护、工业主机安全、工业安全审计与异常检测平台及工控网络安全管理平台，建立工业互联网综合管理平台，实现工控系统网络安全态势感知、在线监测预警、动态跟踪、工控信息安全在线风险提示，以及各企业安全数据的集中监控，解决工业设备安全、工业生产网络与管理网络的安全、工业数据安全等问题。

依托搭建入侵防御系统、实施工业防火墙与隔离防护设备、搭建工业安全审计与异常检测平台、建立网络态势感知系统等一系列措施，形成主机安全、设备安全、网络安全、数据安全的工业企业安全纵深防御体系，具备防攻击、防病毒、防入侵、防窃密、防控制等安全防护能力。同时具有对工业企业流量、主机、设备等进行网络安全监测分析，实现对工业企业 IT 资产、控制设备、重要数据、安全设备的统一管理。

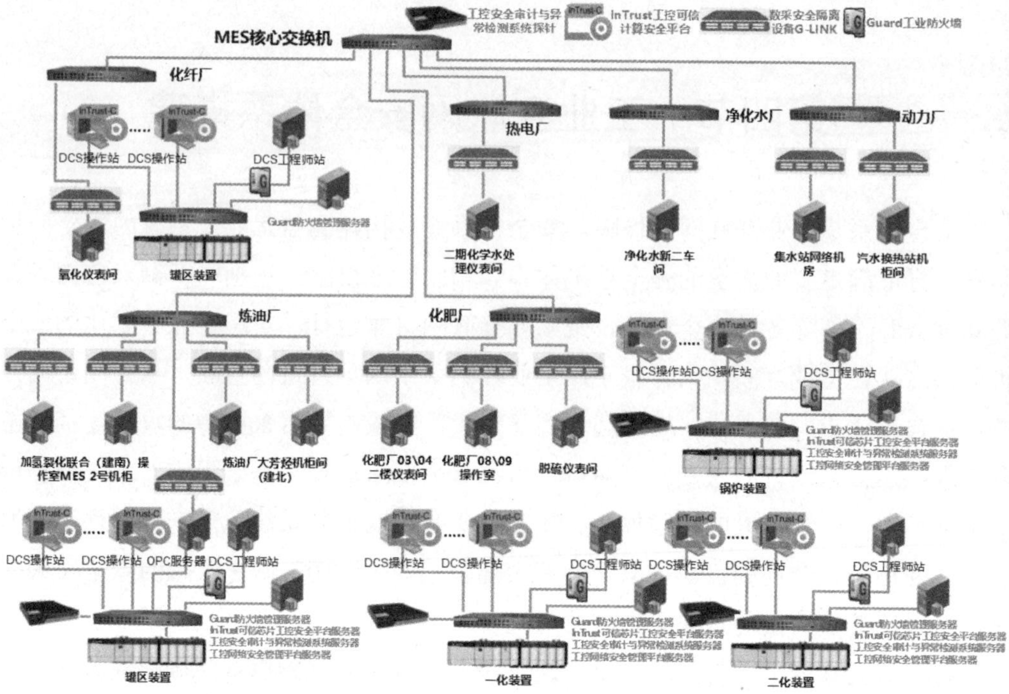

图 5-3　工业互联网安全体系的系统架构图（来源：青岛海天炜业）

一、控制网内部防护

1. 部署工控可信计算安全平台

重点对工程师站、操作站进行安全防护，充分利用 InTrust 工控可信计算安全平台对系统进程进行深度检查，仅允许合法的 Windows 及控制系统软件进程运行，而其他的非法进程则被阻挡。在每台工程师站和操作员站上安装 InTrust 工控可信计算安全平台客户端，防病毒，抗黑客攻击或渗透，防止恶意代码的攻击，提高工控系统计算机自身的免疫力；对 USB 等可移动设备进行管控，减少外来不安全因素。

2. 部署数采隔离设备

在 OPC Server 与数据采集服务器之间，加装数采隔离设备，对 OPC Serve 进行防护，保护采集到的数据在传输中不被病毒篡改及删除；将 MES（制造执行系统）所在数采网与控制网隔离，数采隔离设备能够单向导入两个区域网络间的通信，防止数采网或者控制网中节点感染病毒后，在数采网和控制网之间互相传播。

3. 部署工控安全审计与异常监测平台

采用监测审计终端配合安全监管平台的部署管理方式进行统一管理。在装置交换机上分别部署工控安全审计与异常监测服务器及审计探针，针对工业控制网络设计的实时告警系统，通过特定的安全策略，快速识别出系统中存在的非法操作、异常事件、外部攻击并实时告警。工控安全审计与异常监测探针可采用旁路监听方式进行部署，方便各种结构的网络部署，在旁路部署方式实现安全监测的同时，完全不影响现有系统的生产运行，可广泛应用于各类网络应用环境。

4. 实时网络监测

对工控网络中的数据、事件行为进行实时监测、实时告警，帮助用户实时掌握工控网络运行状况。网络安全审计对工控网络中存在的所有活动提供协议审计、行为审计、内容审计、流量审计，生成完整记录，便于事件追溯。

5. 部署工控安全管理中心

实时接收来自工控安全防护设备 Guard 工业防火墙及 InTrust 工控可信计算安全平台服务器的日志，分析、组织、处理网络环境内的告警、设备运行信息。它是安全设备管理系统的核心，负责连接其他模块，传递运行数据，并完成所有管理功能的后台处理。收集来自安全设备、网络设备、服务器和应用系统的数据，通过收集、格式化、过滤、关联等方式对事件简化和合并，为用户展示最有价值的数据信息，数据库可以存储各种设备基本情况、安全日志信息等，在服务器控制台上可以显示全部安全事件。

6. 部署工业防火墙

在工程师站与 DCS 交换机之间加装 Guard 工业防火墙，对 DCS 系统进行防护，保护 DCS 控制器的数据在传输中不被病毒篡改及删除，防止控制网中节点感染病毒。

二、安全体系设计

1. 数采隔离设备

通过跨平台、非 TCP/IP 协议、单向数据导入等核心技术，实现生产网络与管理网络的隔离，有效地解决由于 MES 等管理系统的需要，产生的控制网与管理网“两网融合”的网络安全问题，实现数据传输的稳定可靠，大幅度降低运维工作量。开发完善齐全的自保护功能，保障数据采集运行的稳定，提供可靠的实时稳定数据流，提升 MES 等管理系统的实时数据完整性。

2. 网络边界防护

采取工业防火墙、IDS、VLAN 等一定强度的逻辑访问控制措施，安装具有访问控制功能的网络设备、安全可靠的硬件防火墙或者相当功能的设备，在各网络安全区域之间实现逻辑隔离、报文过滤、访问控制等功能。所选设备的功能、性能、电磁兼容性，经过国家相关部门的强制认证和测试。根据工控系统各网络终端设备之间的通信特点，遵循最小化原则配置网络安全允许策略，验证安全通信白名单的有效性，形成完整的网络通信安全基线。

3. 工控可信计算安全平台

平台是基于自主可信计算技术，包含进程白名单管控和 USB 外设白名单管控的功能。拥有“白名单”模式的智能可信度量系统，并可以通过度量信息实现对程序进程的全面安全管控，解决工控系统计算机病毒感染、恶意代码进程启动、操作系统内核漏洞隐患，从根本上实现对各种不安全因素的主动防御。提高了工控系统计算机自身的免疫力，解决了 Windows XP 等操作系统的安全问题。

4. 工控安全审计与异常检测系统

在控制系统网络中部署工控安全审计与异常检测系统产品，通过数据镜像采集，对操作系统、数据库、业务应用的重要操作进行记录、分析，及时发现各种违规行为以及病毒和黑客的攻击行为。对验证远程用户登录到本地系统中的操作行为，实行严格的安全审计。

5. 工控网络安全管理平台技术

平台采用 B/S 架构，通过 WWW 浏览器来实现 SMP 工作界面。管理人员的计算机只要与 SMP 服务器在一个网络中，便可以轻松方便地对收集到的网络及主机日志进行浏览与管理，及时掌握整个系统的运行情况，及时发现网络中存在的安全隐患。

6. 集成建设工控网络安全管理平台

实时监测控制系统中计算机、网络及安全设备的运行状态，及时发现非法外联、外部入侵等安全事件并告警。同时监测安全设备硬件的故障报警，验证信息安全防护设备自身的运行诊断和报警功能。

三、技术路线

将 DCS 控制系统网络与工控网络进行隔离防护，在 DCS 和 MES 两个区域之间配置唯一通信管道，在此管道上部署数采安全隔离设备，通过数采安全隔离设备，对管道中的通信进行基于通信协议的管理控制，只允许正确设备之间正确的通信协议所必需的信息通过，其他信息视为不安全信息，并进行阻隔、报警。为目前控制网络故障分析、监控、记录，提供一个简单、有效的可靠工具。能够确切的观察、分析、控制网络通信电缆中所使用的通信协议、数据速度、访问对象等，实现对非法通信的实时报警、来源确认、历史记录，保证控制网络通信的实时诊断。

四、安全设计

配置管理平台设置操作系统登录密码和配置软件安全登录密码，并安装企业级安全防护软件，有效防止远程攻击及盗连误操作等安全隐患。采用加密私有通信协议与防护墙硬件进行通信，下装配置策略，对防火墙硬件有身份识别功能，即使其他计算机也安装了配置管理平台软件，也无法对已经认证的防火墙进行配置和管理。

工业防火墙采用“白名单”数据传输机制，保证防火墙在无须升级病毒库的情况下，也能很好地完成工控网络通信的安全防护工作。防火墙的安全策略均遵循最小化开放原则，保证端口开放的必要性和安全性。作为采用工业标准生产的设备，工业防火墙须具有冗余电源、防腐蚀设计、超长平均无故障时间、环境适应性强等特点，保证工控网络通信的稳定性。配置防火墙的安全策略遵循“阻断一切非必要通信”的原则，绝不给零日漏洞和可疑通信可乘之机。同时，加强工业防火墙配置管理涉及的相关计算机管理，严格控制 U 盘等移动存储设备的接入，将密码妥善管理，做到专人专管，责任到人。

第五节 应用案例——中集青岛冷链工业互联网应用

一、基于大数据的高端装备远程运维平台

高端装备远程运维平台，打造了高端装备制造的工业互联网平台的基础——PHM大数据平台。该工业互联网平台具有三大设计理念：数据采集是基础，工业PaaS是核心，工业APP是关键。

1. PHM大数据平台

可实现多源异构数据的融合与集成处理，解决由于采集信息数据类型、格式及产生方式不同而难以统一处理等问题，完成车辆实时运行数据的接入以及设计、制造、检修运维数据的融合利用。

2. 工业互联网平台PaaS层

实现数据采集、数据存储、数据计算、数据分析通用PaaS服务，同时基于高端装备检修业务，建立故障知识库服务、机理规则模型服务。

3. 以大数据为支撑的数字化服务平台

建设若干工业APP，包括MRO运维检修服务系统、PHM故障预测及健康管理系统、数字化售后服务系统、SGO配件销售服务系统、IETM交互式服务手册平台等，为企业制造+服务转型奠定良好基础。

二、中集青岛冷链工业互联网应用

中集青岛冷链工厂级工业互联网应用，以SAP HANA+MES为核心，通过与IOT（物联网平台）、MDG（主数据管理系统）、费控系统、OMS（订单管理系统）、CLM（成品箱管理系统）、K2（工作流平台）、EPS（电子采购平台）、PLM（产品生命周期管理）、金税系统数据集成，实现各业务系统的实时数据交互，并根据不同业务场景实现数据同步及异步共享，消除数据孤岛，提高了数据处理效率及准确性。

1. 精益理念融入 ERP+MES 项目实施

全面提升资源配置、生产制造过程“数字化”“精益化”管理能力。横向运营管理协同，对公司 5 大端到端流程，148 个五级流程（包含营运、技术、生产、采购、物料、质量、财务 7 个业务模块）流程重塑；纵向贯通，实现了“销—研—产—供”业务、财务一体的集中管控系统。

2. MES 与工业物联网（IOT）进行对接

实时监控各工作中心能耗数据，实时采集生产现场的设备运行数据，为设备运行监控及设备预防性维修提供数据依据。公司面向客户需求的冷链智能制造工厂打通了从企业客户接单、研发设计、生产过程管控、物流管理、产品销售及产品售后服务全生命周期的管理，实现产品全生命周期各环节的业务协同。PLC 设备及各应用系统有效集成与互联互通，各环节信息有效共享，消除了数据孤岛，公司智能化管理水平有效提升。

3. 数字化精益制造系统平台

以 MES 系统为纽带，与生产线相关的硬件，包括设备 PLC、电子看板、Andon、三色灯、线边操作终端、手持终端和条码等进行了深度整合，并集成了 ERP 、HR、TMS 等信息化系统，实现了制造过程多层级、一体化的智能化体系管控。公司 MES 模块全面覆盖，包含生产计划管理、生产执行管理、物流管理、设备管理、质量管理、人力资源管理六大核心模块，以及生产工艺管理、数据报表中心两大辅助模块。

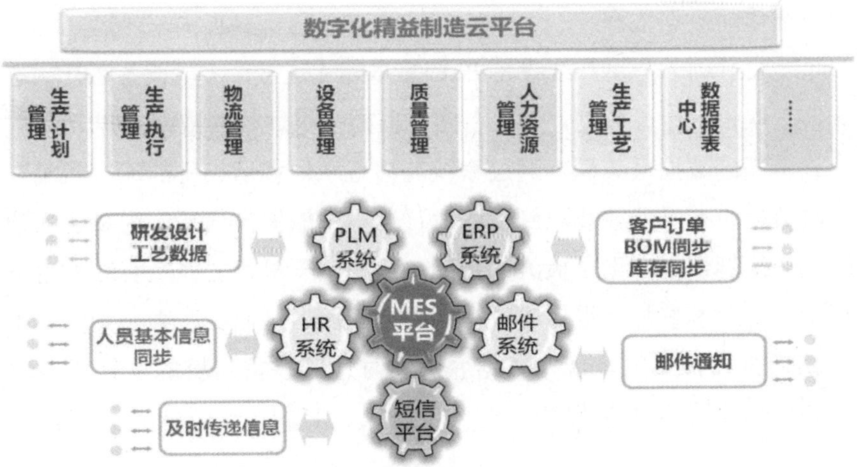

图 5-4　基于工业互联网的系统集成（来源：中集集团）

工业互联网（IOT）应用实现精细化能源管理，与MES系统集成，实现了集团云端数据集成、总经理工厂在线概览、4大功能模块业务场景应用；打通了基层自动化及传感设备、生产过程管理的大数据集成。

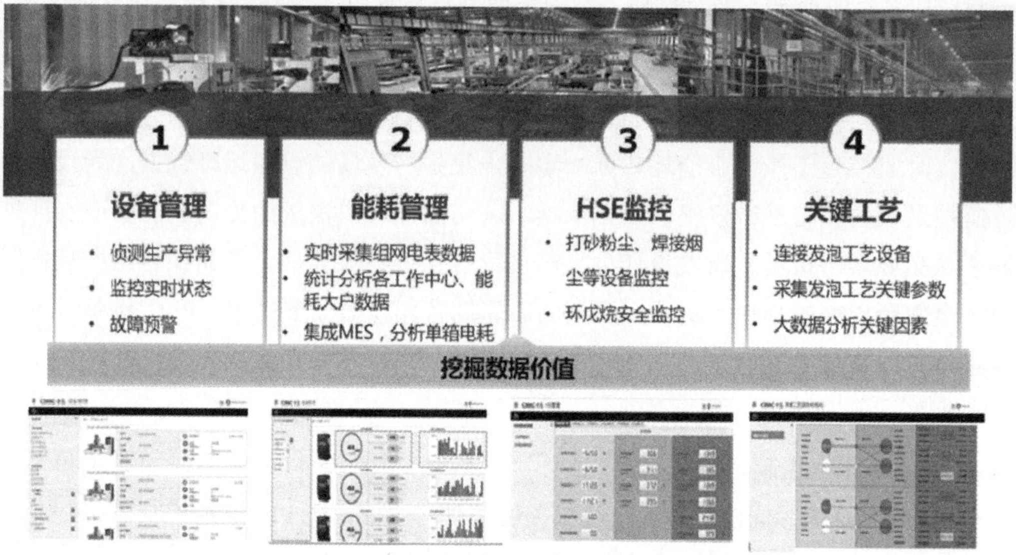

图5-5　工业互联网应用业务场景（来源：中集集团）

4. 设备互联

利用IOT设备联网并与MES系统集成，打通设备与管理系统之间的信息通道，实现设备状态在线监控、工艺大数据机器学习及分析、精细化的能源管控，为生成管理提供精细化的数据依据。

（1）通过Kepware与生产线设备PLC直接建立连接，实现设备运行状态及参数实时采集，积累设备运行数据，为设备实时监控提供原始的数据支撑。

（2）设备基础数据采集后，通过系统能够直观地展示设备的运行状态以及关键参数的实时数据，并且能够获取到设备运行过程中的警告信息，为设备的预防性维修以及降低非计划停机起到了极大的帮助。例如空压机，之前是有专人定点巡检空压机的压力、温度等参数，很多时候车间内空气压力过低已经影响到生产了我们才能知道，然后再去找原因。现在数据联网实时地监控空压机的运行状态，当压力低于设定值时就会出现报警提醒，维修工就第一时间去现场排查处理，避免非计划停机。

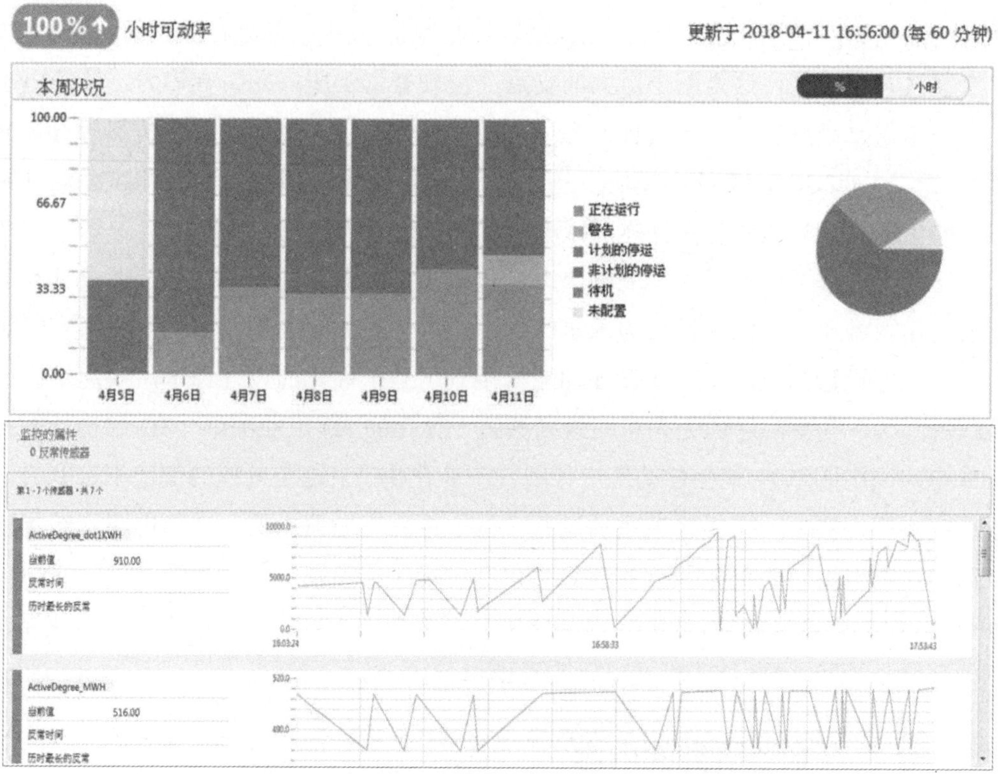

图 5-6　设备运行状态监控（来源：中集集团）

（3）物联网平台能够对设备进行预见性维修，可在平台中设置相关维修备件的预警信息，系统通过实时采集设备运行数据，能够在备件损坏之前提醒设备维护工程师进行保养维护，达到了可视化的预见性维修功能。例如总装线同步拉箱地链的保养周期是 6 个月，其实 6 个月是个比较笼统的概念，因为淡季使用频率低，旺季使用频率非常高，6 个月不能充分反馈设备的实际运行时间。现在累计运行 800 小时就会有维修/保养预警。

第六节　7D 制造工业互联网应用

一、7D 制造来源及背景

中国已经成为世界工厂，并且拥有一大批优秀的制造企业，比如富士康这样的生产型巨无霸，中国的电子产品加工占世界的80%，其中大部分在深圳的两个大区，即宝安区和龙岗区，这是两个巨大的支点，宝安有富士康，龙岗有华为。传统电子产品通常需要经过三个大的流程：第一，塑胶外壳开模（金属壳激光切割后五金冲压）；第二，PCB&SMT 核心模块生产；第三，进行 ASSEMBLY 组装测试。这种同质化的生产方式只需要几次打样，接下来就可以进行大规模的复制。

这种大规模的生产根本不能解决个性化需求，随着工业互联网和工业设计互联网的诞生，源源不断的个性化需求量产生，世界工厂的工人稍做培训，就很容易走上个性化的设计岗位，个性化设计师随机接到这些个性化的设计订单，快速地完成7D 设计。7D 共享制造的无人车间接到这些一体化的 7D 工业图纸（3D 结构件图纸+4D 电路网络图纸），就全自动地进行现代工业化生产。这个过程的变迁不可能一下子彻底实现，需要一个循序渐进的过程。以个性化充电器为例，它的电路和结构比较简单，充电器 3D 结构设计和材料颜色都可以千差万别，作为神经网络的 PCBA（Printed Circuit Board Assembly）以 4D 电路网络的图纸方式生成，发送给工业互联网的共享云车间，7D 打印机就可以实时地进行生产。

二、7D 共享制造研究的内容

1. 7D 共享制造主要内容

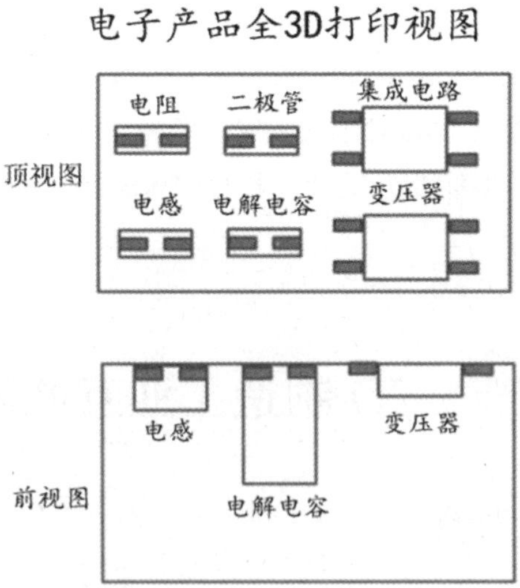

图 5-7　FBD 器件

首先明确两个术语：FBD 器件（Footprinting Bonding Device）和 FBT 技术（Footprinting Bonding Technology），前者是一类零件，后者是一门技术。在传统电子制造领域，同样有这两种术语，SMD 器件（Surface Mounting Device）和 SMT 技术（Surface Mounting Technology），

如图 5-7 所示，由于深圳华强北电子市场上没有 FBT 元器件，所以对所有充电器的 40 个元器件进行 FBT 封装改造，这是最初的准备工作之一。接下来将结构件的 3D 图纸、FBT 封装的 2D 图纸和电路打印的 2D 图纸同时导入 7D 打印机主机，主机第一个打印头首先进行充电器的底盒打印，第二个打件头把 FBT 元器件送到对应的位置和坑里去。这个过程要保证所有的元器件在同一个平面上。第三个打印头就是打印电路，电路打印完毕之后，恢复断点打印的塑胶 3D 打印，直到完成封闭式充电器电子成品的生产。

2. 7D 共享制造方法

以最终产品为目标，以上下游企业服务为宗旨，通过新型产品开发、结合新材料探索最终形成能够服务于社会的 7D 打印机。服务于农业农村的农业机器人，服务于工业化生产的工业机器人和汽车，服务于服务业的服务机器人；用于天空和太空的民用无人机和战争无人机；用于海洋 IOT 物联网的无人船，以及海洋里的潜航器和海床上的机器人，7D 打印机将为我国的第一、第二、第三产业，以及海陆空输送无穷的智能硬件。结合人工智能技术，每一种智能硬件将被赋予一种特殊的能力，最终为我们人类生活带来极大的方便。

（1）简单的 7D 打印机，以面向实际应用为原则，结合企业产品开发计划，不满足于日常 ABS 塑料[ABS 塑料是丙烯腈（A）、丁二烯（B）、苯乙烯（S）三种单体的三元共聚物]，也可以运用碳纤材料，对高精度塑胶生产线的关键技术和高精度电路打印技术进行研究，主要包括：整体个性化生产线工艺流程分析、塑化各段温度和压力的控制模式，加热或冷却方式，导电材料厚度调节装置和生产线整体同步运动速度控制等。

（2）吸取现有 SMT 生产资料和生产方式的优点，以大量中小塑料加工企业为服务对象，充分考虑先进技术与产业化相统一，以生产线整体优化设计为目标。

（3）在研发方面，充分发挥转录科技（深圳）有限公司、深圳特达电子有限公司的长期产业化服务经验，发挥企业自身长期进行塑料和电路制造生产的经验，群

策群力，开发出实用、高效的高精度生产线7D智能制造设备。

3. 7D共享制造过程

由于企业具有长期的塑料机械生产经验，产品多样，所以可以对欲开发7D打印机的若干关键技术分模块研究，可以借助上下游企业及其长期合作伙伴的产品统计数据、现场生产设备，进行大量的试验研究，然后，各个击破，为整条生产线顺利完成提供技术和实验条件，从而保证整机联调的顺利进行，具体分三步走。

（1）3D绝缘模块化下半部分设计与试制：大量个性化3D数据需要生成同样的格式，这个过程一般有一定的算法，为了提高速度，一般生成的打印文件，实体厚的地方要做一定的镂空，第一个打印头根据个性化图纸打电底盘。

（2）第一个打印头打印出来的底盘一定是一个平面的，和SMT钢网差不多，前者镂空的是整个器件的外形，后者只镂空了焊盘的部分。FBT元器件中间部分设计与试制：大量个性化FBT器件在POWERPCB设计时就有全新的封装库，这个过程也有器件自动布线的算法，为了提高布线速度，一般要对所有FBT元器件进行一维编号，对FBT元器件的引脚进行二维编号，最后根据个性化电路网络表，7D打印机的第二个打件头就是一个吸嘴，把FBT器件按正确的方向精准地放在3D生成的器件坑里。

（3）电路结尾部分设计与试制：大量连接数据需要生成一种电路网络表，CHIP被动元器件一般是两个引脚，主动元器件的引脚都可能是几十个，比如在网络表中第25个连接，是C25电容的2号引脚连接主控集成电路IC01第13号引脚步，电路打印参数完全按布线时的要求进行工作。电路打印过程犹如春蚕吐丝，在焊盘PAD上停留的时间越长，在焊盘上打印导体的厚度就越厚，电路打印头在前进的路上走“Z”字形的，电导液体和膏体的流速和打印头左右停留的时间，共同决定电路的线宽、线距。

（4）恢复断点打印，完成密封的智能制造。

4. 7D共享制造技术路线

3D塑胶打印技术原理：它是快速外部结构成型技术的一种，以数字模型文件为基础，运用粉末状金属或塑料等可黏合材料，通过逐层打印的方式来构造物体的技术。过去模具制造、工业设计被用于制造模型，现正逐渐用于一些产品的直接制造，意味着这项技术正在普及。3D打印时，软件通过电脑辅助设计技术（CAD）完成一系列数字切片，这些切片的信息传送到 7D 打印机上，后者会连续地将超薄型层面堆叠起来，直到一个固态物体成型。现在有一种技术使用塑胶粉末激光熔积成型，整个流程是在喷头内熔化塑料，然后通过沉积塑料纤维的方式形成薄层，一些系统使用粉末微粒作为打印介质，粉末微粒被喷撒在铸模托盘上，形成一层极薄的粉末层，然后由喷出的液态黏合剂进行固化。它也可以使用一种叫作“激光烧结”的技术熔铸成指定形状。

7D 打印的 3D 工艺流程，步骤是这样的：使用 CAD 软件来创建物品，如果你有现成的模型也可以，比如动物模型、人物模型或者微缩建筑等。然后用 SD 卡或者 U 盘把它拷贝到 7D 打印机中，进行打印设置后，打印机就可以把它们打印出来。

5. 经济技术指标

7D 打印机完成塑胶 3D 打印嵌入式软件程序的编写，顺利完成 2D 电路打印驱动软件的设计，顺利完成 2D 元器件打件软件代码的设计，顺利完成制造工序软件的设计，顺利完成 FBT 器件库的封装，即 FBT 模块直角 PAD 设计和 3D/2D/2D 电子模块设计，顺利完成外包组装调试半年总结大会及财务公开/新一轮全球方面专利布局。

7D 打印机对人类社会的最大贡献，就是人口红利向智能红利的顺利过渡。我们可以做到 4 个小时完成一件电子成品的打印。主要经济技术指标现在为：平价定制、消灭模具、消灭电路板、消灭 SMT、消灭组装、消灭螺丝、消灭连接器、无线充电、消灭库存、消灭数期、消灭污染。

三、7D 制造技术总结

（一）7D 制造技术水平

新型多功能 7D 打印机为中国智造 2025 重大 7D 打印之一，更有可能进入中国智造 2035，美国 2040 的国家纲要已经明确了个性化电子成品的智能智造。几年前，7D 制造技术通过军民融合科技成果鉴定，核心技术属国内首创，产品整体技术达国际先进水平，2017 年获得中国军民融合科技大赛深圳赛区一等奖，2019 年上半年已取得发明专利证书、实用新型专利以及相关的软件著作权，代表了我国 7D 打印机技术装备的发展水平，同时也成为我国 7D 打印机主流机型。

（二）7D 打印关键技术及创新点

（1）新建个性化电子产品的生产线，进行工艺方案设计，制订特定一类产品产业化生产工艺，设计制作相应批量个性化生产的工具等工艺装备，建造新型 7D 打印机生产线，实现重大成果产业化。

（2）对关键 FBT 零部件配套选型及试验，确定产业化生产关键零部件供应商，无线控制模块，无线充电模块将全部按照 FBT 标准封装，确保关键零部件质量稳定可靠，满足产品加工工艺要求。

（3）完成 7D 打印产品关键部件通用化设计，研制通用类尺寸的 7D 打印机和通用材料的 7D 打印机，实现打印产品关键部件的通用化、标准化。

（4）在 7D 打印实施期内，产品技术在现有基础上熟化，对参数及结构进一步优化，在现有技术基础上，研制适用于不同行业的 7D 打印机或单一功能电路打印机，研制系列 7D 打印机，提高不同国家区域或不同行业背景智能服务的适应性；同时优化“一带一路”5G 物联网硬能硬件的服务产品外形结构参数，使达到服务生命周期的智能服务机器人回收率达 99%以上，7D 打印机生产的智能服务机器人，将为“一带一路”所有国家提供云服务，当达到报废时间时，中国云计算中心可以自动回收，不会造成环境污染。

（5）在进行成果转化的同时，加强成果的辐射转移，7D 打印产品在全球得到了广泛应用，并成为中国智能制造服务机器人用户最满意的品牌，各个行业最具市场竞争力的智能制造品牌，成为我国智能制造行业龙头企业，并具有相当高的市场影响力及品牌认知度。

（三）7D 打印产业化推广过程中的关键技术及工艺改进

产业化推广过程解决的关键技术品的技术及结构优化升级，对于不同类别的产品，它们可以在同一机台上生产，大大增强了生产订单的制造能力。

1. 优化不同智能硬件的参数、结构

（1）成型效率：不同外形的电子产品需要绝缘材料 3D 打印的时间也不一样，内部结构根据使用的场景及强度需求可以调节 3D 打印机的喷头，可以接受的粗糙和空心化，可以大大提高打印机台对生产周期和高产生产的适应性。

（2）高质量的步进马达为 7D 打印机的几大动力机构提供了安全保障，经历

3D+2D+2D+3D 智能控制加工件的工位，提高了传动可靠性，并为 7D 打印机提供了良好的动力支持。

（3）有效应用工业工程，3D+2D+2D 可以同时开工，改进了技术参数，提高了机台生产的作业速度。

（4）改进步进马达及导轨主轴材料和结构，避免了传统传动箱跳齿现象。

2. 优化智能硬件回收系统及云服务运营商的合作，完善服务支付系统

一旦智能硬件接近服务的寿命时间，可以按合同终止服务，然后立即提供新的服务，慢慢完成相关优化流程改进设计，这形成了一个完整闭环电子成品云服务生态链，减少了塑胶和其他电子料对环境的污染。

（1）解决 3D 金属件在导轨的定位问题，以及电子 BOM 表的物料打印问题，提高 FBT 器件的位置准确性和方向性。条件允许的情况下增加的 AI 智能识别，可以提高生产数量和生产质量。

（2）完成元器件打印后，就要进行电路打印，PAD 与 PAD 之间按事先编好的电路网络编号打印，打印头的速度以及导电材料挤出的速度都能严格控制，直到完好完成电路打印，确保了电路全部打印完成。

（3）电路完成打印以后，需要启动步进马达，将打印的半成品送到第一步的工位，做绝缘材料的 3D 打印，同时启动定位程序，立即恢复断点打印，按结构设计好的上盖完成密封成型。

（4）完成绝缘材料打印的同时，如果还有 speaker，Motor 电子器件的安装需求，可以重新（1）（2）（3）的流程。

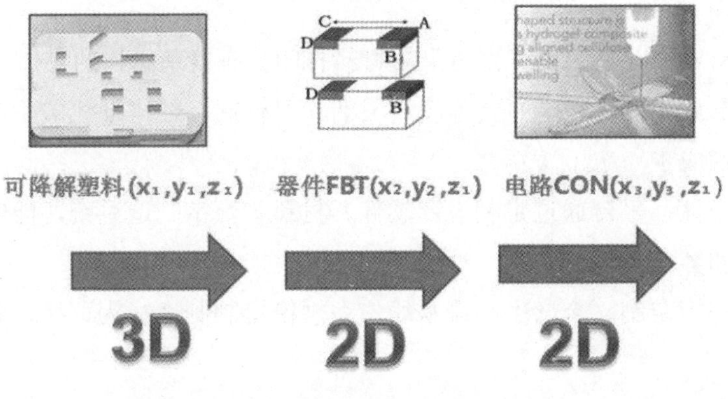

图 5-8　7D 生产线工位布置示意图

3. 优化工艺，确定合理工位

制定了个性化智造产业化关键FBT部件（无源FBT器件、电容、电阻、电感等，有源FBT器件是FBT封装的）及产品装配工艺流程及相关工艺文件，规范作业工序及工位要求，提高了作业效率，布置3～4个工位，完成关键部件装配及整机装配、调整作业。7D生产线自动安装FBT器件，具体由7D打印机按图纸在线施工，这样的自动装配效率将大大提升。

4. 设计制作关键部FBT模块

设计制作各种EDA支持的FBT封装器件、电容、电阻、电感、无线充电器及无线控制开关，满足了7D打印产品快速设计、快速采购、快速生产的需求，只要部件制作加工质量和效率没有问题，大规模高速生产都不是问题。

5. 建立跨国生产线，制造成本下降

7D打印机生产线的建立及个性化工艺优化，有利于建成分布全球的个性化电子产品智能制造的7D打印生产线，产品制造成本极有可能和大批量的产品生产成本一样。

四、7D打印的研究成果及影响

（一）7D打印机研究成果

（1）自动化生产：数字制造系统使用零模具，降低了安装成本，并大大加快了上市时间。

（2）速度方面：数字制造系统能够为定制发布和大规模生产运行提供极短的设计和生产周期。

（3）材料革命：使用活性聚氨酯新材料打印具有复杂结构的实体。

（4）分布式生产：制造平台紧凑、灵活和可扩展，使本地化的生产和分销最小化仓库和运输成本。

（5）响应性：平台通过定制设计软件、材料和数字制造系统，能够快速响应新出现的趋势和客户需求。

（6）大规模定制：全部生产流水线使大规模定制制造成为可能，允许批量生产规模小于1。

（7）创客教育：在创客教室里面可以为小朋友打印很多电子模型或玩具。

（8）消费电子：可以定制个性化的充电器。

（二）7D 打印技术对企业的影响

7D 打印生产过程中的每一个环节都是无人化的，每一个工位都不需要工厂，管理层都可以不在 7D 打印机旁边。

显而易见，7D 打印机的分工非常明确，一套 7D 打印机生产一类电子成品比较有优势，比如生产一类个性化充电器，可以比较方便地从仓库中获得 FBT 物料，按照工艺设计完成各类图纸的生产和测试，最后进行自动包装，进入城市物流系统。

现代企业将无法适应这种以全自动 7D 共享的工业互联网生产模式，这表现在三个方面：第一，工业信息控制管理；第二，物料的控制管理；第三，资本流动的控制管理。共享工厂完全淘汰了现代企业管理制度，没有市场部、行政部、生产部、财务部等臃肿的部门，一名工人完全控制一个 7D 共享工厂。

五、7D 打印存在的问题和前景预测

由于时间、试验条件和社会生产力水平差异等的限制，7D 打印研究取得的成果还相当有限，由于大量采用伺服驱动控制系统、模块化温度控制系统、大功率高精度减速器等新技术、新装置，虽然提高了生产线的精度和效率，但是，也增加了设备成本。同时，工业软件和芯片是 7D 打印机卡脖子的关键环节（见图 5-9）。

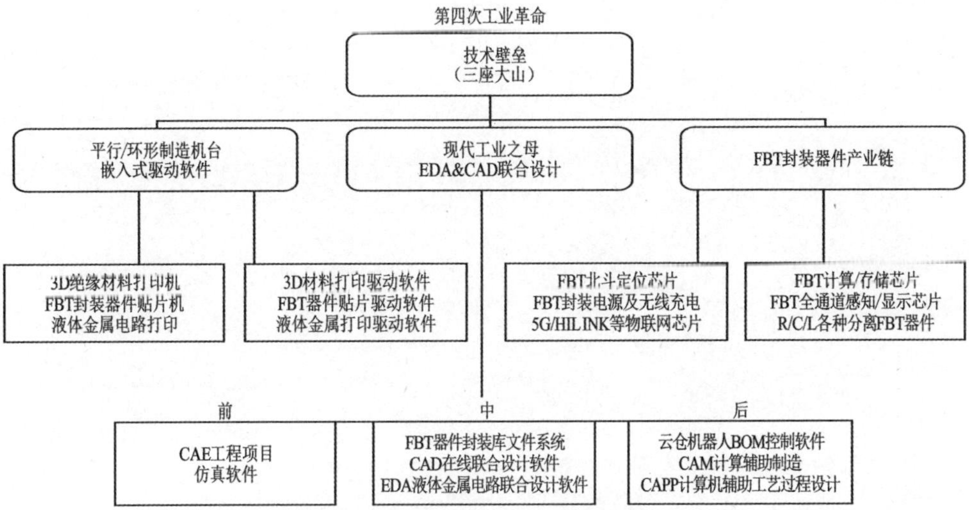

图 5-9　7D 打印机卡脖子关键环节

目前，在不同地区社会生产力水平差异比较大、塑料产业发展参差不齐的情况下，7D 打印技术比较难推广。FBT 器件支持的供应少之又少，电路材料供应商目前也没有形成气候。

从长远来看，人力资本的增加是世界性发展趋势，全自动化无人工厂是不可置疑的发展方向。另一方面，人们对生活质量的要求也有了非常大的提高，相关消费者对高端个性化电子产品的需求也会日益迫切。因此，必将推动高精度电子产品生产线工艺日趋成熟，也会产生非常大的社会综合效益。

第六章　城际高铁轨交：推进城市群一体化、都市圈同城化

朱云志　吕　桐　李　原

我国近些年高度重视综合轨道交通发展，从干线铁路到城际铁路，再到市域铁路以及市区内城市轨道交通，四层架构的综合轨道交通体系建设拉动了整个城市群的发展。与此同时，信息技术突飞猛进，智能化技术取得突破性进展。人类社会在经历了工业化、信息化之后必将向智能化时代迈进。各行各业都开启了利用高新技术改造传统产业的进程。

2020 年 3 月，中共中央政治局常务会议提出加快推进国家规划已明确的重大工程和基础设施建设，加快 5G 网络、数据中心等新型基础设施建设进度。城际高速铁路和城际轨道交通也是“新基建”的重要组成部分。根据服务范围差异，轨道交通一般分成国家铁路系统、城际轨道交通和城市轨道交通三大类，铁路建设本属于“老基建”的范畴，而城际高速铁路和城际轨道交通新基建也为铁路建设注入了新活力。

第一节　新基建“加持”下的轨道交通“赛场”

在新基建的“加持”下，轨道交通行业需要广泛应用 5G、云计算、物联网、大数据、人工智能、机器人、下一代通信、北斗卫星导航、建筑信息模型（Building Information Modeling，BIM）等新技术，通过对轨道交通移动装备、固定基础设施及相关内外部环境信息的全面感知、泛在互联、融合处理、主动学习和科学决策，高效综合利用轨道交通所有移动、固定、空间、时间和人力等资源，实现运输全过程、全生命周期的高度信息化、自动化、智能化，打造更加安全可靠、更加经济高

效、更加温馨舒适、更加方便快捷、更加节能环保的智能综合轨道交通系统。然而，轨道交通行业存在的长期技术封闭、产业链活性不足等问题，也对在新基建“加持”下的轨道交通行业，提出了新的挑战。

整体来说，智能综合轨道交通系统具有五方面的特征：

1. 全面感知

对综合轨道交通运输系统中移动设备、固定设施、自然环境及其他相关要素等进行全面透彻的信息感知。

2. 泛在互联

各类信息进行广泛、深度、安全可信的交互，实现信息共享。

3. 融合处理

充分利用不同时间、空间的多源、异构传感器数据资源，解决数据不一致、不完整问题，为综合决策提供充足的依据。

4. 主动学习

积累大量数据和知识，不断迭代，适应轨道交通系统外部和环境的变化。

5. 科学决策

基于大数据分析、知识推理等方法，从海量数据中提出决策信息，辅助运营管理和经营决策。

智能综合轨道交通是一个复杂的系统工程，以上五方面的特征都离不开 5G 蜂窝移动通信技术的泛在支持。5G 网络可以通过提供人与人、人与机和机与机之间的多种通信方式，支持移动互联网和物联网的多种应用场景。同时，5G 网络通过提供多样化业务特征的能力，适应不同应用场景的灵活性和多样化的业务需求，如超宽带、超低时延、海量连接、超高可靠性等。以业务为中心，高效灵活地提供最佳用户体验，是 5G 网络系统设计的指导目标。

5G 超高速、超低时延和超高可靠性的显著特征，将不仅提升人类通信体验，还将拓展智能制造、车联网、智能物流、无线家庭宽带接入等行业应用，当然也承担着推进智慧综合轨道交通的使命。面向综合轨道交通的 5G 技术不仅为行业用户也为商业用户提供高性能服务业务，在车地之间建立同时满足支持高速移动、高速率、高可靠、高实时（四高）的通信链路。因此根据轨道交通的实际应用，定义面向综合轨道交通以及旅客信息服务的 5G 技术的应用场景及业务需求。

第二节　高铁、城轨如何继往开来

1. 城际轨道交通

铁路作为基建最为基层的基础设施，带来的辐射效益越来越明显，各地之间的通行时间在高铁建成后大大缩短，相邻省会城市间 1～2h、省内城市群 0.5～1h 的高铁经济圈逐渐形成，正不断拉近城市之间的距离，让各地资源共享成为可能。从“四纵四横”到“八纵八横”都极大地满足了国内日益增长的客运需求，助推地方经济发展，为整体社会经济发展提速。

2019 年底全国交通运输工作会议明确，2020 年将完成铁路投资 8 000 亿元。2020 年 1 月 2 日国铁集团工作会议指出，2020 年将确保投产新线 4 000 km 以上，其中高铁 2 000 km。2 月 28 日，国家发展改革委召开的第九次铁路建设项目前期工作电视电话会议要求，扎实推进川藏铁路建设，加快推进沿江高铁等骨干通道建设，加强中西部地区和普速铁路建设，强化枢纽配套和“最后一公里”建设，有序推动城际铁路、市域（郊）铁路建设。

现如今，正是“八纵八横”建设阶段，新基建的提出，以高新科技为依托，会给“八纵八横”带来一些调整与新变化，加速“八纵八横”的步伐与优化，更能加速国内高速铁路网络信息数字化。

2. 城市轨道交通

2019 年底，全国共 40 座城市开通城轨线路，累计通车里程达到 6 730.27km。在当前中国宏观经济下行压力加大的背景下，城轨基建投资作为稳经济的利器之一，有望持续加码。

地方政府专项债和 PPP（政府和社会资本合作）项目提供增量资金来源，促使城轨基建投资进一步提升，贡献通车里程持续增加。随着通车里程的增长，城轨产业链装备公司有望持续增长，包括车辆设备和城轨控制系统设备等。

交通运输部表示：将完善城市群综合立体交通网络，推进基建补短板；完善京津冀、长三角等城市群交通网络，推进城市群基建补短板。此外，5G 技术及大数据的应用，为轨道交通客流管控、联动调度等提供运营支持；基于人工智能人脸识别技术，解决了实名制身份识别和登记、安检排队等问题，实现快速进出站管理，甚至无感通行；助力实现列车最佳化的运行控制，完善、优化、推广列车全自动运行系统。因此，5G、大数据、物联网等新基建元素融入轨道交通建设、运营和管理服务等方面是未来的主要趋势，是实现智慧交通的主要动力之一。

第三节　轨交大连接与5G物联网

一、应用背景

5G与互联网的融合使得传感器、处理器和网络技术成本将迅速降低。各个接入网络的终端成本将变得越来越低，此外每比特数据成本和功耗成本也将大大降低。这种突破使得二者可以更好地改善轨道交通运维环境，提升其效率。

轨道交通内需要维护的设施很多，且分布在线路沿线、点多面广、维护工作量巨大，利用物联网技术采集各机电系统状态数据、工务系统状态数据、供电设备状态信息，之后通过5G网络接入回传给专业维护人员，能够让轨道交通由被动维护转为智能监管，提高整个轨道交通系统的维护效率和强化系统的安全性。

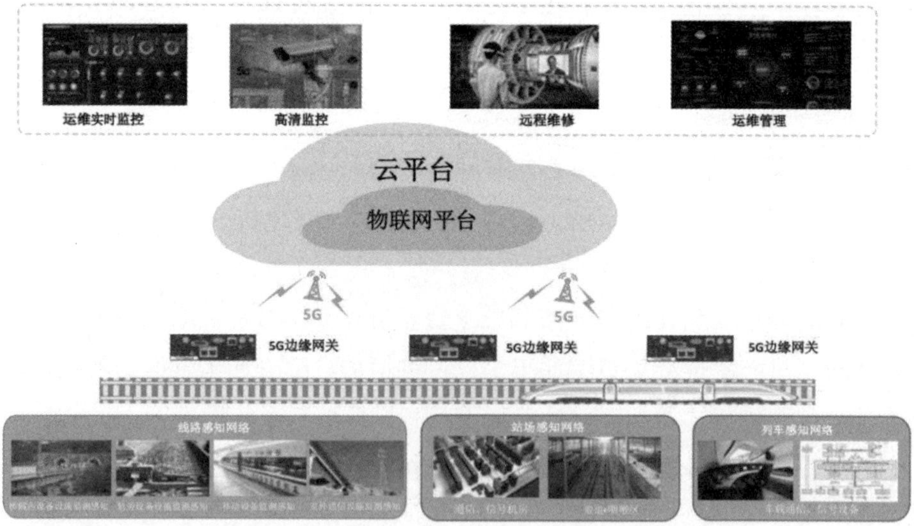

图6-1　5G+物联网技术在轨道交通智能运维的应用

1. 运维实时监控

轨道交通中对机车及地面设备的监测检测实时性要求较高，对网络要求严格。目前各种监测检测系统的数据回传受网络条件限制，影响较大。通过 5G 网络的覆盖，大大解决了海量物联网感知数据的采集与回传问题，解决了传输速率的限制。

2. 高清视频监控

视频监控在轨道交通覆盖范围还比较小，主要受限于网络条件无法满足，视频传输无法保障。轨道交通主要视频需求包括：轨旁环境的监控，如山体滑坡、路基沉降、漫水；机车司机的状态监控，如司机伤病、睡眠；车内状态监控，如人员情况、火灾烟雾；轨旁入侵情况，如异物入侵、设备滞留等，均可通过视频方式进行监控。基于 5G 技术的远程视频监控体系建设通过满足以上应用需求，可以从根本上实现远程直观监测与异常追溯，大大降低了人员巡检的成本投入，提高了安全预警的效率，有效保障轨道交通安全运行的需求。

3. 远程维修维护

轨道交通中对运维的效率及质量有较高要求，故障的发生需要及时进行处理，对人员的技术能力及素质提出了较高标准。当远程故障发生，现场作业人员无法解决时，往往造成故障处理滞后。5G 网络的覆盖，为 VR 及增强现实（Augment Reality，AR）技术在运维领域的实现创造了条件。

管理人员及技术专家既可以在中心及车站网管室、值班室等处还可以在现场通过 AR 设备，做到针对轨道交通各处设备、设施的各项维护以及进行在线维修状态检查等。

4. 物流跟踪管理

利用 5G 网络的低时延特性，结合物联网的射频识别技术、条码及二维码识别技术，可实现运输货物的实时定位，追踪货物运输的位置及状态信息，保障货物的运输管理更加高效科学。

二、实现路径

基于 5G+物联网技术的轨道交通智能运维技术架构主要包括五个层次，即感知传感层、边缘接入层、基于云平台的物联网平台层、大数据及人工智能层、智能运维应用层。

（一）感知传感

物联网感知层包括三个部分，基于人的监测检测信息感知、基于设备的监测检测信息感知，以及基于环境的监测检测信息感知。

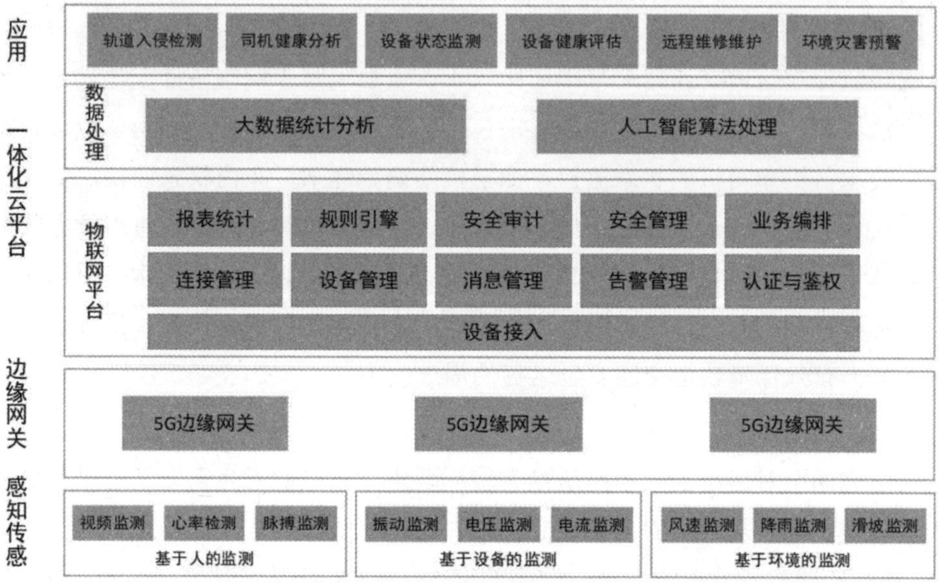

图 6-2　基于 5G+物联网技术的轨道交通智能运维技术架构

1. 基于人的监测

在轨道交通智能运维体系中，对人的感知包括运维人员的工作状态监测、健康状态监测，司机驾驶状态监测等。通过地面及车载高清摄像头，进行人员的行为轨迹监控、人员脸部状态识别、人员动作状态判断等，通过部署传感器、智能穿戴设备，对人员的身体健康状况进行检测等。

2. 基于设备的监测

轨道交通体系包含大量保障运行安全的设备设施，通过部署各种传感器实现对设备的电气特性、机械特性等功能性能监测。包括设备的工作电流、电压、频率、振动、应力、形变等数据信息。

3. 基于环境的监测

对车站、线路区间的重点区域部署环境感知传感器，包括车站咽喉区、桥梁隧道、滑坡重灾区、路基易沉降区域等。监测环境传感器包括风、雨、雪传感器，以及烟雾传感器、超声波传感器等，与高清监控摄像头结合，实现环境信息全面感知。

（二）5G 边缘网关

由于轨道交通物联网感知节点数量庞大、连接方式多种多样、数据类型繁多，需通过 5G 边缘网关实现各节点间的连接。同时，感知网络与通信网络、不同类型感知网络之间协议转换、平台对底层各感知节点的管理，也需要通过网关实现。

5G 边缘网关首先具备 5G 网络传输支持能力，此外还包括对感知层多种协议的兼容能力，具备边缘计算的能力，实现云平台与边缘节点的协同，保障各种应用场景下感知信息通过 5G 网络回传的能力，并且能够具备关键业务本地处理的实时响应速度。

（三）物联网平台

感知信息接入物联网平台有两种方式。

一是 5G 网关代理模式，即由 5G 网关设备负责物联网平台之间连接的建立和维护、认证和鉴权，传感器以有线或者无线的方式与 5G 边缘网关进行交互，以实现消息的发送和命令的接收。

二是直连模式，即通过在传感器中集成的 Agent SDK（Software Development Kit，软件开发工具）的形式，透过 5G 网络接入物联网平台，Agent SDK 负责与物联网平台之间连接的建立和维护、认证和鉴权等，传感器通过调用 SDK 的相关函数实现消息发送和命令接收。

物联网平台需要提供的服务主要包括连接管理、设备管理、统一接入网关、认证与鉴权、消息管理、告警管理、规则引擎、安全审计、安全管理、报表统计、大数据对接和应用编程界面（Application Programming Interface，API）网关等。此外根据现场应用及实际业务，物联网平台可以提供的服务包括 GIS 能力、计费服务、工单管理、资产管理等。

（四）大数据及人工智能分析

大数据平台提供物联网平台可以弹性扩展的数据存储、离线处理和流式在线处理的能力。同时还提供基本的分布式计算服务、流式计算框架、分布式表格存储服务等，为系统应用提供高效、多维的数据支持。

此外利用云平台的处理能力、存储能力以及大数据平台积累的大量数据，为物联网平台提供人工智能的训练和推导服务平台。结合人工智能服务平台与轨道交通运维业务，提供运维场景的智能化分析及应用，保障轨道交通运维方面应用的智能化落地。

（五）智能运维应用

基于物联网技术的人、物、环全面感知，通过 5G 网络实现感知信息的高效、稳定回传，利用基于云平台的物联网平台全面管理能力、大数据平台综合分析能力、人工智能平台的智能处理能力，实现轨道交通的运维智能化。智能化包括：通过 5G 高清摄像头对人员监测的智能入侵预警、智能人员监控预警；对设备全面监测，实现设备状态预测与健康管理的智能分析处理能力；对环境全面监测的智能综合分析与预警功能；以及通过 VR/AR 设备实现远程设备维修与维护指导等。

第四节　轨交车地通信与 5G 行业专网

一、应用背景

传统轨交无线业务包括：CBTC（Communication Based Train Control System，列控信号）、集群列调、紧急文本、列车运行状态监测信息、CCTV（Closed Circuit Television，视频监控）、PIS（Passenger Information System，乘客信息系统）等。目前应用于轨交行业的无线技术有以下几种（此处不考虑警用通信）：

1. Tetra（Terrestrial Trunked Radio，陆地集群无线电）

数字集群通信系统由 ETSI（欧洲通信标准协会）制订标准，于 1988 年开始投入。Tetra 属于窄带集群技术，常用于承载轨交无线语音集群调度业务，有逐步被 LTE-M 替代的趋势。

2. WLAN（Wireless Local Area Networks，无线局域网络）

基于 IEEE802.11 标准的无线局域网技术，使用非授权的 ISM 频段中的 2.4 GHz 或 5.8 GHz 频段进行无线通信。早期列控信号也采用 WLAN 技术承载，由于非授权频段上的干扰问题，易造成无线通信质量下降，影响行车安全。目前有部分地铁线路采用 WLAN 技术承载大带宽的视频类业务。

3. LTE-M（Long Term Evolution-Metro，地铁长期演进系统）

由中国城市轨道交通协会组织制定标准，以 LTE（公网 4G）标准为基础，针对轨交无线业务需求进行增强，适用于城市轨道交通的宽带无线传输技术，支持宽带集群调度功能（包括语音集群和视频集群业务）。LTE-M 广泛应用于地铁车地无线通信，优先承载列控信号和集群调度业务，亦可综合承载视频类业务（取决于频率带宽）。

4. GSM-R（Global System for Mobile Communications – Railway，铁路综合数字移动通信系统）

铁路综合数字移动通信系统是一项用于铁路通信及应用的国际无线通信标准。欧洲铁路交通管理系统的子系统使用 GSM-R 完成列车和调度中心的通信。该系统基于 GSM 和 EIRENE – MORANE，当速度高达 500km/h 时，也不会丢失任何通信。该通信方式仅用于中国铁路控制系统，随着国家铁路系统的大量投入，产业链成熟度较高，但行业活跃度较低。

上述几种传统技术各有特点，在不同的条件下均有应用，但并没有一种技术能同时满足所有轨交无线业务的需求。随着 5G 在我国运营商市场的商用，高数据速率、低延迟、高系统容量和大规模设备连接等特性已然可以完全实现轨交行业全场景的业务承载。

二、实现路径

对于轨道交通管理网络要求具有以下几个特性：

1. 具备专网覆盖特性

网络主要以沿线覆盖为主，结合车站等关键节点，网络相对独立，与周边网络联系较少，非常适合组建专网，开展有针对性的网络服务，提升企业运营效能及服务水平。

2. 业务有潮汐效应

局部区域部分时间业务需求特别高，业务相对空闲的周期比较长。比如业务需求在列车到站时比较高、运输高峰期比较高，高峰期过后比较低，车站间行驶过程中比较低。

3. 内部无线通信系统多，部分技术已落后

以地铁为例，目前已有公安通信网络、有线调度专用电话网络、广播网络、视频监控网络、PIDS 系统等多达 8 种无线通信系统，大多是窄带无线系统，个别系统使用已超过 10 年，相关技术演进基本停滞。而轨道交通对市民出行而言非常重要，以广州为例，广州地铁运输客流比例已超过市区交通运输总量的一半。

轨道交通属于运营商优先投入 5G 网络建设的主要场景，需要花费大量的网络建设成本。如果仅在高峰期满足普通 C 端用户的服务，就未能最大程度发挥 5G 网络的技术优势。如图 6-3 所示。

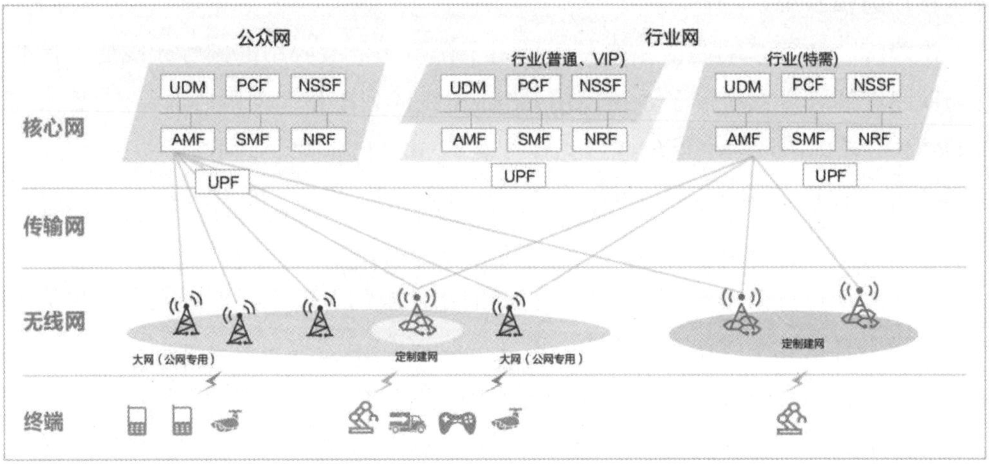

图 6-3　行业网和公众网组网方式
（图片来源：《网络切片分级白皮书》）

主要的价值点体现在：

（1）实现网络服务的动态调整：当忙时 C 端客户业务需求比较高的时候，优先保障普通客户业务服务，确保用户感知。闲时利用网络空闲资源，尽力服务于企业 B 端对时延敏感性不高的业务应用，比如上传车厢内的监控视频历史记录等。通过网络服务的动态调整，满足不同业务对网络服务的需求。

（2）实现服务价格的分层分级：对占用网络空闲时间开展业务的流量，可以实施差异化计费，节约客户网络通信成本，提高业务运营效能。

（3）实现网络资源利用最大化：不新增网络建设投资，通过切片技术将网络空闲资源提供给有需要的客户，让有不同需求的业务可以复用 1 张 5G 网，充分挖掘

网络资源的潜能，提升网络价值。

根据网络现有能力，在不同切片等级内组合无线网、传输网、核心网和安全及运营等能力，匹配网络最有可能的部署策略，可以形成 5 种切片能力等级，满足 5G 三大类需求。能力分级示意图如图 6-4 所示。

切片等级	网络类型	等级划分	定义	资源定制	业务体验		
				资源隔离	安全	运营运维	定制化服务
L0	公众网	普通	基于5G公众网基础设施构建，无特殊需求	完全共享	基本安全	无	默认
L1		VIP	基于5G公众网基础设施构建，叠加定制化需求	完全共享（或部分独占）	eMBB增强安全	无	定制化
L2	行业网	普通	基于5G行业网基础设施构建，提供增值服务	完全共享（或部分独占）	业务特性安全	可视	定制化
L3		VIP	基于5G行业网基础设施构建，提供部分资源独占及高级服务	部分独占	业务特性高阶安全	可管	定制化
L4		特需	基于5G行业专网设施构建，提供全部资源独占能力及可靠性服务	完全独立	全面高阶安全	可管	定制化

图 6-4　网络切片分级

（图片来源：《网络切片分级白皮书》）

（1）切片等级：一共五个切片等级：L0—L4。

（2）网络类型：一共两种网络类型：公众网、行业网。

（3）等级划分：公众网有两种等级——普通、VIP；行业网有三种等级——普通、VIP 和特需。

（4）切片分级定义：为每一种切片等级进行具体的定义。

（5）资源定制：一共三种选项，包括完全共享、部分独占和完全独立。建设初期会将公众网和行业网区分开，具有天然隔离的优势。资源定制指的是无线网、传输网及核心网的资源隔离程度。

（6）业务体验：

- 安全：一共五种选项，包括基本安全、eMBB 增强安全、业务特性安全、业务特性高阶安全和全面高阶安全。根据不同切片等级及网络类型配套不同的安全能力。

- 运营运维：一共三种选项，包括无运营运维、行业可视和行业可管。
- 定制化服务：除公众网普通用户无特殊需求外，从 L1—L4 均需要不同的质量保障能力，需根据不同场景按需求提供。除上述几大网络基础能力（网络资源、隔离性、运营运维、安全和 SLA）外，不同的垂直行业还会有各自的定制化需求，需要网络切片提供定制化能力，如支持 Non-IP 传输、支持时钟同步、支持设备高处理速度等，都可以在上述每种能力等级基础上额外叠加。

第五节　轨交“智慧车站”与 5G 位置大数据

一、应用背景

（一）四大核心场景

目前，已建成各类轨道交通信息系统，如自动售检票系统 AFC、轨道交通清分系统 ACC、控制中心 OCC 等，但当前系统数据存在 15 分钟以上延迟而且无法准确获知乘客的乘车轨迹，在面对部分线路已经出现了高峰时段列车拥挤、客流滞留的问题时，提高轨道交通的网络化运营效率就成为当前急切需要解决的难题。为解决 AFC、ACC 系统数据时效性差、无法跟踪轨迹的问题，结合运营商信令点、线、面的数据特点，从众多应用场景中可以提炼出四大核心场景：

1. 站台站厅客流监控

为保障乘客人身安全，提升乘客乘车体验，避免造成客流大量积压导致交通瘫痪，客运保障部门需要实时关注各地铁站站台、站厅、换乘通道等重点区域人群流量分布特征情况。站内全区域的人群热力图，可以直观地展现各区域的人群流量分布情况，为轨交运营中的安保及乘客疏导工作提供决策支撑。

2. 站内换乘客流分析

车站一般是轨交线路中乘客最密集、人流量最大的站点。针对火车站或地铁换乘站的换乘客流进行统计分析，如可根据由 A 线换乘到 B 线人数作为依据参考，为轨交运营通过调整发车频次、增加运力等手段避免客流大量积压导致交通瘫痪，起到疏散诱导作用。

3. 地铁进出站客流监控

上下班高峰期或商业、景点等沿线地铁站，进出站的人数较多，地铁客运保障部门需要实时关注进出站的客流量，如发现客流量异常等突发情况以便及时采取应急预案。通过对地铁进出站进行实时的客流统计，客运保障部门可以及时掌握进出站客流信息，并可根据客流增长趋势提前预警，指导地铁线路的运力评估及高效运营。

4. 地铁精准清分清算

一般城市地铁会涉及多条线路，这些线路分别由不同的地铁运营公司在运营，运营公司间存在线路分账的情况，目前的方式主要通过地铁的刷卡数据来进行用户的轨迹还原，无法准确获取客户进入地铁站后在地铁内的换乘路线。借助移动的手机信令数据则可以获取用户的完整轨迹信息，从乘客出门、到达地铁车站、进入地铁、到达售票区、进入站厅、站台候车、上车、地铁出站这一完整的过程。通过还原出真实的换乘路线，可以为地铁运营公司进行线路的精准清分清算提供重要参考。

（二）存在问题

针对以上四类应用场景，在传统的方案和实施层面通常会遇到如下问题：

（1）设备投资维护费用高，监控范围有限：针对站台站厅的客流量监控，需要全方位无死角进行，传统摄像头方案中采购设备及后期维护成本高昂且较难实现全区域覆盖，会有监控盲区、统计交叠区。

（2）乘客换乘轨迹识别技术难度高：对站内换乘客流分析缺乏科学手段，通过摄像头、WiFi 等方案无法获取用户的换乘轨迹，即从 A 号线还是 B 号线换乘到 C 号线的。

（3）闸机统计高时延：通过闸机对进出站人数的统计分析，时延较长，无法在运营系统中实时反映进出站客流情况。

（4）清分清算不精准：通过地铁的刷卡数据来进行用户的轨迹还原，无法真实获取客户进入地铁站后在地铁内的换乘路线，以最短路径法作为清分清算的统计依据缺乏实际的数据支撑。

二、实现路径

地铁处于跨越式发展阶段，随着地铁管理需求的持续升级，传统的客流管理系统，无法做到流量的实时监控和预测，不能有效提供更人性化的乘客服务、便捷的商业服务以及更全面的延伸服务，影响到地铁的智慧运营。与传统的客流统计技术相比，运营商大数据具备用户覆盖度高、数据准确性高、定位精度高、能够获取运动轨迹、实时性高、成本低的优势，能满足地铁方实时性高、预测性准的需求。

运营商作为天然大数据企业之一，拥有的数据相对于互联网企业、金融企业及其他企业而言，具有如下优势，使得其大数据具有相当高的应用价值和潜力。

- 用户规模大：移动用户市场占有率高，用户规模大。
- 覆盖范围广：所有信号覆盖区域均可作为客流分析的目标区域。
- 连续性高：针对客流可计量连续性的轨迹数据。
- 实时性强：可实时统计目标区域客流量信息，分析客流群体特征情况。
- 分析维度全：针对目标区域人群能够形成多维度群体画像。
- 数据获取成本低：不需要对网络做任何改造就可以获取客流数据。

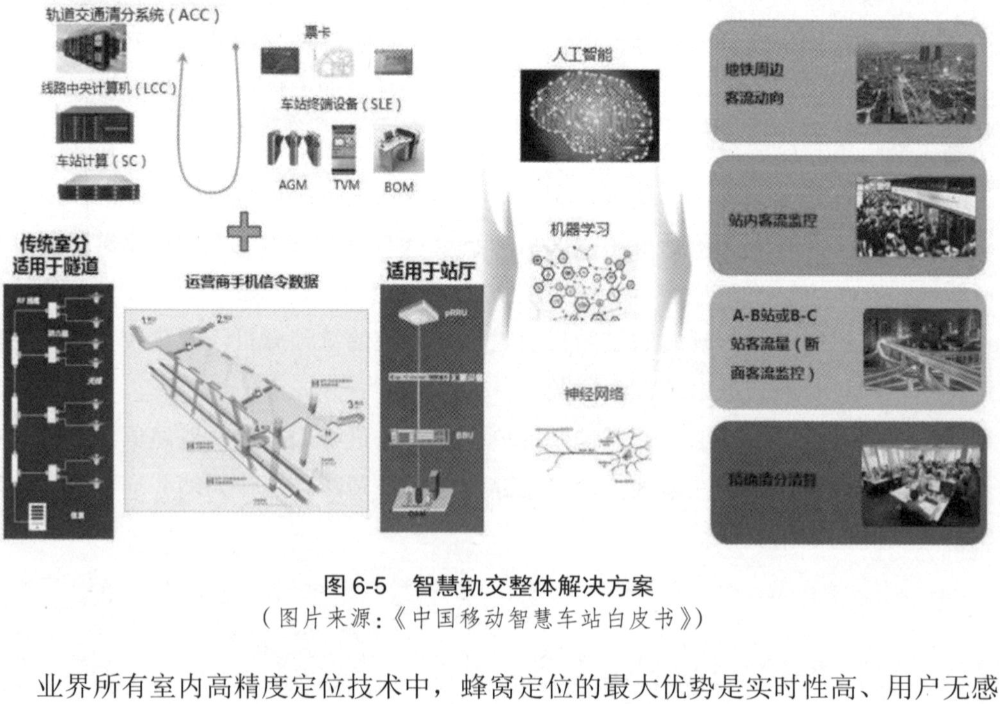

图 6-5　智慧轨交整体解决方案

（图片来源：《中国移动智慧车站白皮书》）

业界所有室内高精度定位技术中，蜂窝定位的最大优势是实时性高、用户无感知、能唯一标识用户，这对于客流量统计场景最为适用，是其他定位技术无法比拟的。

通过室内蜂窝技术、大数据/人工智能技术、可视化技术的应用，将地铁站点的人群分布、位移轨迹、站点间的人流换乘、站点周边人流监控等运营管理场景变得可视、可管、可控，让地铁的运营管理工作变得更加智能化、数据化，以可视的画面、量化的数字来帮助精准地清分清算、精准地安全监控管理。

表 6-1　5G和4G等定位技术的基站/终端的功耗和成本

	5G	4G	蓝牙 4.2	蓝牙 5.1	Wi-Fi	UWB	vSLAM
定位精度	分米级	米级	米级	分米级	米级	分米级	分米级
定位时延	十毫秒级	百毫秒级	百毫秒级	百毫秒级	百毫秒级	百毫秒级	毫秒级
并发容量（上行）	百级	百级	百级	百级	百级	百级	-
同步性能	纳秒级	-	-	-	-	纳秒级	-
单站距离（半径）	20m	20m	7m	2×站高度（站高<20m）	20m	10m	-
基站功耗	十瓦级	十瓦级	瓦级	瓦级	十瓦级	瓦级	-
终端功耗	瓦级	瓦级	毫瓦级	毫瓦级	瓦级	百毫瓦级	瓦级
基站成本	千元级	千元级	百元级	百元级	百元级	千元级	-
终端成本	千元级	百元级	十元级	十元级	十元级	百元级	千元级

- 实时监控和预测：线路、站内、站外客流监控；定向通告引导客流；突发事件决策限流、闭站。
- 高效调度和管理：列车调度（车辆满载度、停车时长、运行速度）；线路的精准清算和分账；差异化定价、个性化线路。
- 科学决策、多元经营：交通规划［基于最终 OD（交通出行量），规划新线路和出行链］、多元经营（乘客 APP、大屏、地铁物业评估）。

第六节 轨道交通新基建中的各种“5G”概念

随着各行各业 5G 与“新基建”概念的融合，各行业产业链活跃度较高，细分场景应用逐渐落地，但也不乏诸多假借 5G 技术，实现的产业应用，轨道交通行业就是很典型的一个场景。众所周知，国内运营商已获得 5G 频谱资源如下：

（1）中国移动：2 515～2 675 MHz，4 900～5 000 MHz。

（2）中国联通：3 500～3 600 MHz。

（3）中国电信：3 400～3 500 MHz。

由于尚无轨道交通专用频谱，故当前采用基于 5G 网络的车地无线通信系统，必须与运营商合作。但由于轨交行业长期以专网自建模式运营，产业链活性较差，出现了一些借 5G 应用名义打擦边球的场景出现。

一、轨交毫米波应用

安全与效率，是城轨运营公司不懈追求的目标。为保证安全、提高效率，客室安防监控、司乘作业监控以及车载状态视频数据需要高效、便捷地传递到地面，以便能够及时处理，发现安全隐患。当前城市轨道交通车载 CCTV 系统逐步向高清化发展，对于监控视频有 90 天的存储要求，车载视频存储传输问题日益凸显。

传统的车载 CCTV 系统，受制于车地无线网络带宽不足，只能满足每列车 10 路左右的实时调看需求，大量视频录像只能存储于车载 NVR（网络视频录像机）中，每日存储容量高达 500GB，进行安全事件调查时，视频需人工上车拷贝，因接口速率低，视频拷贝工作费时费力。同时采用大容量机械硬盘的车载 NVR 长期受到列车振动的影响，极易损坏，视频丢失现象时有发生。

2019 年某公司发布“全球首个 5G 应用”，该应用实现了“车地通信可以做到车、地之间通信设备的自动对准、自动连接、自动身份识别和自动上传，全程安全可靠，无须人工干预，最大传输速率超过 1.5Gbps”。解决方案是利用地铁列车进站停靠的时间，通过一种工作在 60GHz 毫米波频点的点对点数据传输设备，完成列车前一行程段中产生的车载监控视频数据向地面设备的高速传输。然而，此应用本质上是属于传输方案，和 5G 并无直接关系，主要体现在：

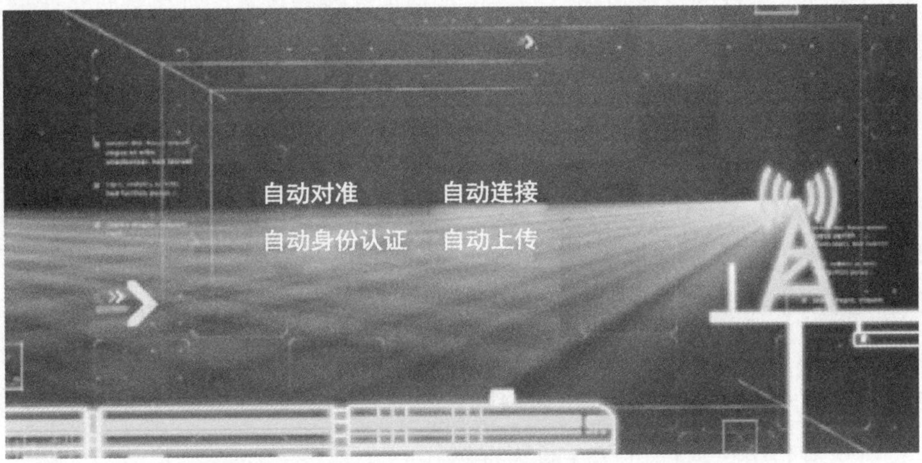

图 6-6　车载 CCTV 系统

1. 非标准 5G 产品

我国尚未发放 60GHz 毫米波频段的 5G 牌照。所以其宣称的 5G 非标准 5G 产品，应用场景很狭窄，仅可以作为 5G 完整方案组成的一部分。

2. 频率干扰隐患

60GHz 属于非授权频段，国家并没有将这段频率分配给 5G 使用，使用受不到保障，如果有别的个人或别的系统也使用 60GHz 的产品，就极容易发生同频干扰，对使用产生影响。

3. 投资损失隐患

如果后续国家将 60GHz 频段另行分配，未分配给 5G 或地铁轨交专用，那么现在使用的这个 60GHz 频段就需要退出来，就会给地铁公司前期的投入带来很大损失。

4. 重复投资

地铁是属于社会公益属性的公共场合，需要对民用提供 5G 公共服务，这个专用 5G 无法给民用提供 5G 信号，还得另外引入运营商再建 5G 基础网络，所以对地铁公司来说相当于建设了两次 5G，重复投资，且无法复用。

5. 产业链不健全

此属于单独定制的产品，产业链支持并不健全，后续的维护升级更新等，均会受限制和制约。

6. 成本较传统微波产品有较大增加

相比传统价格低的微波传输产品，由于增加天线等技术，价格会较传统微波产品增加很多。

二、轨交 EUHT 应用

当前 WLAN 技术仍存在局限及诸多可扩展项，在减少系统额外开销、提升频谱效率和多用户数据并传等方面，还有较大的提升空间。基于以上原因，为使当前局域网技术面临的问题得以解决，国内开展了 WLAN 技术的广泛研究。2010 年的国家重大专项“新一代宽带无线移动通信网”项目的深入开展与研究，以及 2012 年确定的继续对超高速无线局域网标准化的促进及规模性验证，都旨在数据吞吐率、频谱利用率及经济性方面实现优化。

表 6-2　EUHT与IEEE802.11 标准的参数对比

标准类型	802.11n	802.11ac	EUHT
支持的MIMO空间流	4	8	8
MIMO 模式	SU-MIMO	SU-MIMO&MU-MIMO	3 种
峰值数据速度	600Mbit/s	6.93Gbit/s	3.86Gbit/s
信道带宽（MHz）	20/40	20/40/80/160（含非连续）	20/40/80（含非连续）
频谱聚合模式	确定（利用保护子载波）	确定（利用保护子载波）	2 种可选
复杂度	低	高	低
编码速度	1/2、2/3、3/4、5/6	1/2、2/3、3/4、5/6	1/2、5/8、2/3、3/4、5/6、7/8

2019 年 4 月，某轨道线路宣布：“EUHT-5G 综合承载研发试验线圆满完成了阶段工作目标，成功实现 1.8GHz + 5.8GHz（授权频段 + 开放频段）车地无线通信系统双频组网，为我国城市轨道交通新一轮智慧地铁建设开启了全新通道。”此应用本质上则是属于一种超级 WLAN 技术，主要体现在：

（1）EUHT 技术使用 5.8GHz 公共频段，频段高、信号衰减快，公共频段容易被干扰，影响业务传输的可靠性及稳定性。

（2）EUHT 技术的网络架构节点多，更容易发生故障，也会带来维护更为复杂等方面的问题。

（3）EUHT 是国内标准，产业链不健全。

（4）EUHT 未来演进方向不明确。

三、破局之路

2020 年，新冠肺炎疫情发生以来，服务机器人在医疗、配送、巡检等方面大显身手，儿童陪伴机器人、扫地机器人、拖地机器人等家用服务机器人亦加速落地。随着包括 5G 网络、大数据中心、人工智能在内的“新基建”按下快进键，国内市场正迎来新发展、新机遇。轨道交通行业要想走出技术封闭，实现产业升级之路，任重而道远。运营商 5G 加速融合轨道交通行业应用前，需解决以下问题：

1. 加速推进面向综合轨道交通行业的 5G 行业专网

5G 专网可面向轨交不同的需求场景提供定制化的解决方案，以满足差异化的需求，如大带宽需求、高可靠性需求、超低时延需求、定制化网络需求、高安全和强隔离需求。针对不同需求会引入不同的组网需求，如低时延需求将可能引入业务加速、本地业务保证、边缘云等组网需求：强隔离需求将引入端到端切片、数据不出场的组网需求。同时针对不同行业需求会引入不同的技术手段组合，如 Qos（Quality of Service，服务质量）、切片、边缘计算等。在对行业需求的技术层面拆分和精确地组合的同时，还需在端到端的专网运营运维进行全新设计和优化，从而满足专网业务售前、订购、变更、退订等端到端的流程要求。运营商轨交 5G 行业专网的建成，在大大减少轨交建设成本的同时，可以提高运营效率，快速实现产业升级。

2. 加速实现轨交 5G 网络切片技术的应用

对于轨道交通行业而言，运营商的 5G 网络建设成本巨大，如果仅在高峰期满足普通 C 端用户的服务，则未能最大程度发挥 5G 网络的技术优势。通过 5G 行业专网切片技术的应用，充分利用网络空闲资源，深挖网络潜在价值，可以在不增加网络建设成本的基础上，实现网络的增值。

3. 摆脱轨交“民用通信”的标签

20 世纪 90 年代前，轨道交通的综合经营以广告、商铺租赁为主。此后，随着移动通信产业的迅速崛起，移动通信设备逐渐成为人们出行必备的通信工具。为解决轨道交通信号盲点的问题，轨道交通民用通信的资源经营开发行业由此产生。轨道交通的民用通信资源经营是指为满足广大轨道交通乘客移动通信的需求，轨道公司利用其自身资源，面向移动运营商开展的经营合作活动，然而随着 5G 技术的发展，更多的业务场景体现在 5G 车车通信、5G 视频监控、5G 车地通信等 2B（Business to Business，商家对商家）业务，在实现轨交产业升级的同时，进行面向乘客的 5G 移动通信业务建设，将成为轨道交通在“新基建”背景下飞跃的必经之路。

第七章 新能源汽车充电桩：汽车强国梦的智慧版图

李 健

新基建推动充电设施智能化平台发展，促进新能源汽车充电桩服务能力。新能源汽车充电桩作为新型基础设施七大领域之一，不仅仅作为单一功能的新能源汽车补充能源基础设施而存在，更应该被视为我国基础设施数字化、信息化发展的风向标。据相关研究机构预测，未来10年，我国充电桩将面临6 300万缺口，而充电桩纳入新基建范畴，预计将激发万亿市场。

第一节 新能源汽车充电桩发展现状与趋势

一、新能源汽车充电桩发展情况

（一）新能源汽车充电桩发展的产业背景

1. 新能源汽车产业发展背景

（1）宏观背景：随着世界各国对环境保护、技术进步和能源安全重视程度的加深，消耗化石能源的内燃机在公路交通领域逐渐被其他能源的动力系统所取代，这也为以电动化为技术背景的新能源汽车行业发展带来了机遇。世界各国陆续出台相关文件公示新能源应用的决心。早在1997年，日本根据《京都议定书》中针对减少二氧化碳排放的目标，制定了清洁能源汽车的发展规划；之后的《巴黎协定》更是进一步表明了各国控制温室气体排放的决心。2015年，美国加利福尼亚州首次提出要在2030年禁止传统燃油车上市销售计划。随后德国、法国、英国、挪威、荷兰和印度等国家陆续公布了各自的燃油车禁售时间表。早在2017年，我国工信部就已释放了“研究制定燃油车退出时间表”的信号。2019年3月，海南省最先出台了《清洁能源汽车发展规划》，规定2030年起全省全面禁止销售燃油汽车，成为全国首个提出所有细分领域车辆清洁能源化目标和路线图的省份。据《中国传统燃油车退出时间表研究》报告，我国有望在2050年前实现传统燃油车的全面退出。

（2）政策背景：持续有力的多维政策激励机制促进了新能源汽车行业的发展。新能源汽车由于其内在的环保性和技术升级特点，成为我国绿色发展和创新高质量发展的一个重要抓手。因此，国家在国家战略、税费减免、财政补贴和产业政策四个方面构建起由上而下的四维激励政策体系。在国家战略方面，表现为在政策层面重点培养，在许多城市扩大公共服务领域积极开展新能源汽车示范推广范围。在税费减免方面，在2014年发文免除新能源汽车购置税，在2015年发文给予新能源车辆车船税优惠。在财政补贴方面，启动私人购买新能源汽车补贴试点并推广至全国，并给予新能源汽车项目每年一定的资金支持。在产业政策方面，出台多个文件促进充电基础设施建设、加大新能源汽车推广、给予新能源运营以补贴，等等。

2. 新能源汽车充电桩产业定位

2014年5月24日，习近平总书记在上海汽车集团考察时强调，发展新能源汽车是我国从汽车大国迈向汽车强国的必由之路，要加大研发力度，认真研究市场，用好用活政策，开发适应各种需求的产品，使之成为一个强劲的增长点。

在2015年颁发布的《中国制造2025》中，新能源汽车被列入十大重点发展领域之一，成为我国重点发展的战略性新兴产业。充电桩作为新能源汽车发展的重要基础配套设施，受到了越来越多的关注。

2020年，随着新能源汽车保有量的不断增加，新能源充电桩的建设步伐也随之加快，且新能源汽车行业相关的产业发展促进政策密集颁布，新能源汽车的发展前景成为可预期的未来。同时，《新能源汽车产业发展规划（2021—2035）》进一步坚定发展信心、明确发展目标。

2020年5月的政府工作报告明确提出：加强新型基础设施建设，发展新一代信息网络，拓展5G应用，建设充电桩，推广新能源汽车，激发新消费需求，助力产业升级。正式确立了充电桩作为配套产业的发展定位。

第二节　全国新能源汽车及充电桩建设概况

一、全国新能源汽车发展现状

2018 年、2019 年我国新能源汽车产销均突破 120 万辆。2019 年底，中国汽车工业协会数据表明，我国新能源汽车保有量达到 381 万辆，而 2020 年 1—5 月产销 29.5 万辆，以此推测，目前我国新能源汽车保有量应达到 400 万辆左右。

在新能源汽车中，乘用车占据销售量主体，纯电动乘用车占比约达 80%。

2020 年以来，我国新能源汽车市场推出了多款优质车型，以续航超过 600km 为标准进行统计，特斯拉、比亚迪、小鹏、广汽、长安、上汽等车企均有产品推出。根据 2020 年 1—5 月累计销量表明，特斯拉 Model3 销量最高，超过 3 万辆。比亚迪秦 EV、广汽 AionS 销量皆约为 1.5 万辆，位居第二。北汽 EU 系列、上汽宝骏 E100 销量过万；造车新势力方面蔚来 ES6、理想 ONE 等也有相对出色表现。

二、全国各省市充电设施建设情况

在新能源汽车不断发展的同时，充电设施的发展也在并肩前行。据中国充电联盟数据显示，2020 年 5 月，我国公共类充电桩较 4 月增加 0.38 万台，同比增长 37.4%，纵观 1—5 月，我国充电基础设施增量为 8.0 万台，同比下降 52.1%。截至 2020 年 5 月，据中国充电联盟统计，全国公共充电基础设施总量为 55.1 万台，充电场站总计 3.9 万座。

根据中国充电联盟统计的地方省市数据表示，截至 2020 年 5 月，广东省公共充电基础设施保有量约为 6.6 万台，充电场站 5 500 座；上海市保有量约为 6.4 万台，充电场站 4 600 座；江苏省保有量约为 6.3 万台，充电场站 3 900 座；北京市保有量约为 5.7 万台，充电场站 3 800 座；山东省保有量约为 3.4 万台，充电场站 2 200 座。

目前全国公共充电基础设施充电电量集中式趋势较明显，如广东、江苏、北京、上海等省市，充电电量主要流向公交车为主的营运类车辆，乘用车占比紧随其后，环卫、物流、出租等类型车辆占比较少。

三、新能源汽车充电桩发展动力演变

1. 市场需求

自 2015 年开始，新能源汽车进入快速发展阶段，保有量持续升高。其中纯电动汽车车主为充电桩主要使用群体，自 2015 年至 2019 年期间纯电动汽车保有量占新能源汽车比例保持在 80%左右。充电桩作为纯电动汽车的配套基础设施，其发展情况成为对新能源汽车进行推广的首要关注点，是新能源汽车战略性新兴产业发展的核心支撑保障。

2. 政策驱动

2018 年以前，国家出台的充电桩相关推动政策基本以鼓励建设为主，达到国家充电桩建设数量和快速布局的目的。自 2019 年 3 月，我国四部委联合发布《关于进一步完善新能源汽车推广应用财政补贴政策的通知》，明确表示补贴转为用于支持充电（加氢）基础设施“短板”建设和配套运营服务等方面。政策从鼓励建设转变为提升运营质量，预示着我国充电桩产业发展由扩张期转变为精细化运营阶段。

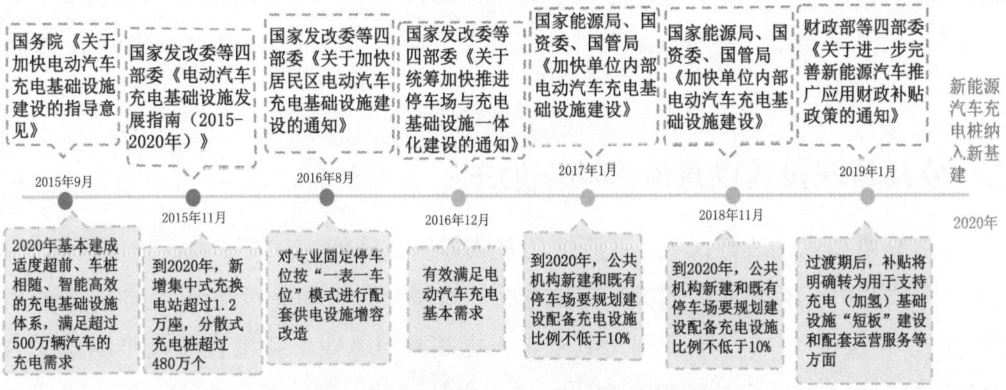

图 7-1 新能源汽车充电桩纳入新基建

3. 资本推动

由于强大的政策指引，大量资本在 2015 年开始涌入，诸多企业为获取更多资本支持，开始了“跑马圈地”式的疯狂扩张，然而很多企业运营不善，从而导致其在盈亏基准线上不断挣扎；同时由于用户基数较少，流量思维下的规模效应难以实现，投资机构因此愈加谨慎。初步统计，2019 年融资数量较 2016 年明显减少，然而新基建引发的巨大虹吸效应和运营模式的不断创新会吸引更多玩家进入新能源汽车充电桩赛道，预计少量优质企业将在短期内得到新一轮的大量融资，而通过优化运营提升的盈利能力将成为拉动新一轮融资的关键。

第三节　新能源汽车充电市场发展趋势

一、二三线城市市场为发展主力

按照国家布局要求，在“十纵十横两环”国家高速公路上已建成每 50 公里一个公共桩。十纵是指京沪等纵向公路、十横是指青银等横向公路、两环是指环北京和环杭州湾。

从区域分布来看，公共充电桩主要分布在东部沿海地区，长三角、京津冀、珠三角是公共充电桩的主要集中地。2019 年，经济排名前十省（直辖市）的公共充电桩保有量占比达到 74%，且多分布于直辖市和东部沿海发达省份。广东、江苏、北京和上海的公共充电桩保有量均超过 5 万个。2019 年，新能源乘用车销量主要集中在一二线、限牌城市，并正逐渐向二三线的非限牌城市渗透，加快推进了二三线城市公共充电桩建设。

二、公共领域投建以直流大功率为主

随着充电技术的逐渐成熟，直流桩功率成本明显降低。2019 年直流模块降至 0.4 元/W，仅为 2016 年的 30%。功率变化方面，新增交流桩功率以 7kW 为主，平均功率稳定在 8.7kW 左右，预计到 2025 年将提高到 10kW。新增直流桩平均功率为 115.76kW。由于电池容量的提升和大功率充电技术的发展，预计未来两年内直流桩功率将持续上涨。

三、私人桩的智能标准将会逐步出台

2018 年 12 月 10 日，国家发展改革委、能源局、工信部、财政部联合下发“关于《提升新能源汽车充电保障能力行动计划》的通知”（以下称《通知》），对新能源汽车充电桩的发展提出强化充电设施供电保障要求——满足“一车一桩接电”需求。

对用户充电规律、充电电量、使用场景进行系统研究预测，将设施供电纳入配

电网专项规划，保证供电容量满足需求并具有包容性。电网企业要按照相关专项规划，做好基础设施配套电网建设与改造，合理建设充电设施接入系统工程，相关成本纳入电网输配电价。各供电企业要进一步规范接电报装流程，落实开辟绿色通道和限时办结的要求，为充电设施建设提供便利、高效服务。加强居民区充电设施接入服务。新建居民区应统一将供电线路敷设至固定停车位（或预留敷设条件），预留用电容量。全面摸排现有居民区停车位安装充电桩及供电现状，研究探索公共电网对物业管理停车位直接供电模式，加快推广电动汽车智能化有序充电，针对老旧居民区电力容量不够等问题，引导电动汽车低谷充电，挖掘现有电网设备利用潜力，千方百计满足“一车一桩”接电需求。

随着新基建充电桩硬件的定位及充电桩技术的发展，智能电表、有序充电等智能模块的应用，将真正意义上与电网互联互通，构建智慧能源。

第四节　充电桩智能管理平台如何助力行业发展

随着国内各大企业入场“充电圈”，充电桩保有量将有第二阶段的快速提升。同时，新基建对充电桩整个行业的发展提出了前所未有的要求和期望，硬件技术的提升、智能科技的应用、数据通信的互联互通、跨领域的大数据协同应用都将是未来行业发展的必然举措。

不论是从政府对充电桩行业管理，还是企业对自身管理的提升，都将面临巨大的挑战和压力。智能平台化的管理模式、物联网的应用，经过实践，将是未来快速解决管理问题及行业横向拓展的有效途径之一。

一、平台在政府行业管理中的技术应用和作用

充电设施行业的发展，从最初的粗放型建设，逐渐转为有序建设、优化运营的正确道路。而为提升充电设施的运营质量及解决新能源车主的充电焦虑，加快我国交通领域绿色转型，辅助我国进行能源结构调整的重要战略目的，从国家层面到地方政府以政策为引导，助力新能源汽车充电设施领域走向快速发展的道路。

而政府级充电设施监管服务平台，通过对大数据信息分析整合，协助主管部门

全面、准确、动态掌握新能源汽车和充电设施的销售、建设、运营、使用、目录审核、安全预警、里程监测、财政资金支持后的监督及社会舆论等监管环节的信息和数据。依据国家新能源汽车产业政策，协助制定相关政策落地路径，以数据采集、监控指标、数据质量校验、规避欺诈等为核心目的，快速搭建产品体系，辅助相关政策贯彻和落实。例如购车补贴、建设补贴、运营补贴的发放，各类地方细化政策的执行和管理。

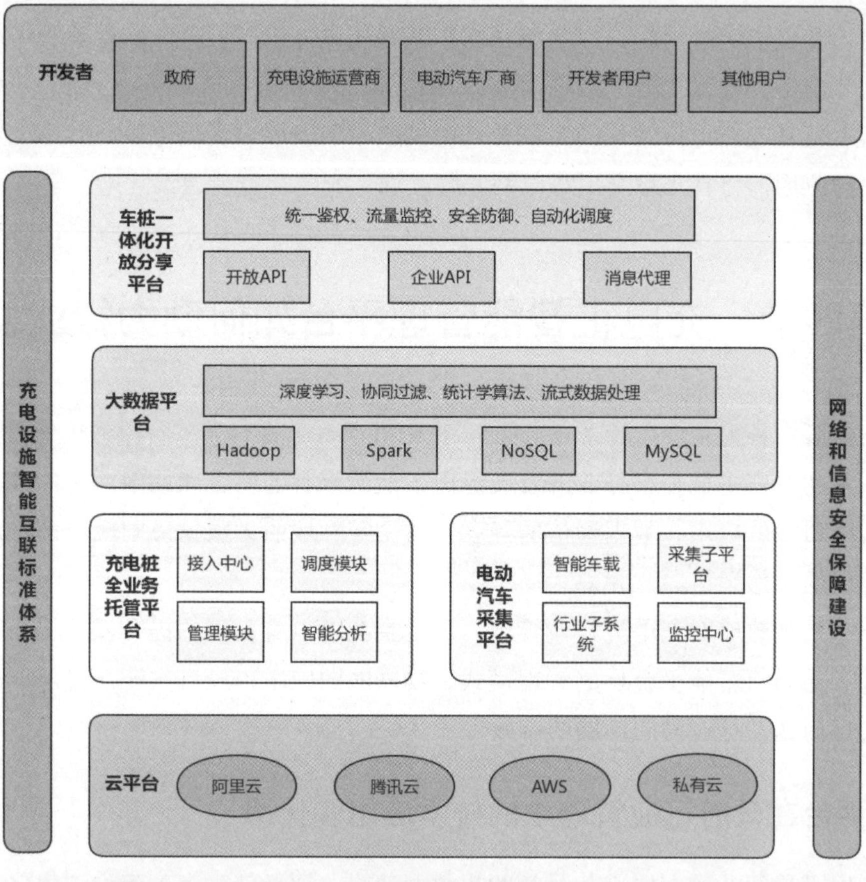

图7-2　充电桩智能管理平台总体框架

充电桩智能管理平台的研发及应用项目突破了充电设施跨平台跨领域互联互通技术、车桩多数据源智能互联大数据协同技术等关键技术。平台的实施能够有效解决制约电动汽车及充电设施发展的“建桩难”“找桩难”“充电难”“支付难”“监管难”“服务难”“补贴难”“运维难”“盈利难”“共享难”的问题。

充电桩智能管理平台分析不同车辆、驾驶行为、出行特征和充电规律，分析充电设施建设需求；研究动态负荷需求、不同设施构型及场站配置条件对充电服务效率的影响，识别影响充电设施提高利用率的制约因素；建立多目标最优化匹配模型，开展充电设施规划方法研究，建立合理布局的评价指标体系。平台具备 PB 级数据挖掘、分析和开放能力，本平台充分利用既有分析和仿真模型等研究成果，采用综合分析法，理清与充电需求相关影响，通过数据挖掘、建模仿真，提炼出充电等分布规律，在多个维度上开展目标匹配做优化，包括建设站型、充电高效化、布局和配建的合理分布、兼顾成本与便捷应用的双向平衡和未来趋势，进而形成不同层面的设计方法、配件原则、规划控制指标和政策建议。为电动车主提供充电导航、状态查询、充电预约、费用结算等服务，为政府提供全面、准确、及时的充电基础设施建设运营情况和发展趋势。

2018 年 10 月，北京市城市管理委员会出台《关于实施 2018—2019 年度北京市电动汽车社会公用充电设施运营考核奖励实施细则的通知（京管发[2018]108 号）》，助推社会公用充电设施更好地为电动汽车“保驾护航”，同时该运营考核奖励政策也是全国首个以综合运营指标考评为依据落实实施的充电设施补贴政策。

其中，大数据的产品应用、算法验证、指标制定、数据考核在平台上的应用突破了国内常规平台以数据上报、数据统计为主的平台功能，正式将平台化管理能力及技术应用上升了一个新台阶。

二、平台如何规范行业标准和智能化管理要素

在电动汽车迅速普及的趋势下，充电桩的数量也在迅猛增加。为了保证车桩在兼容标准、充电安全、一致性等问题得到解决，国家及能源局等各部门出台了一系列标准规定并在不断更新。

早期标准化建设不完善，导致车桩适配性不强，从而产生了一系列管理问题。2015 年新国标出台，为互联互通打下基础。目前标准化研制趋向于配套技术与服务

领域。

2011年国家标准主要是针对接口、插头等初级方面在国家层面达到统一，在直流充电协议，在电压、功率等指标方面要求较为模糊，无法实现不同车桩的相互充电。

2015年新国标出台解决了车与桩兼容性问题和解决使用中的安全问题。保证充电流程都是“唯一”的，让每个充电桩与电动汽车都可以安全可靠地充电。同时，由中电联牵头，中汽协、中国电科院、国家电网、中创三优等几家单位共同制定了互联互通《电动汽车充换电服务信息交换》行业标准，对数据结构、通信协议、安全加密等技术标准提出要求，打通不同运营商平台之间的信息交换。其中多家平台化公司在标准制定中，尤其是互联互通及桩体通信协议中，起到了核心关键作用。

2019年由中电联牵头，北汽新能源、江苏万马新能源、中创三优联合制定充换电设施的运营管理服务国家标准，针对电动汽车充电站、电池更换站和分散充电设施的运营管理、运营服务提出要求。

随着平台功能的演变及管理深度的不同，针对数据协议进行的分类，对数据的管理要求，也随之形成。

通过近年来国家标准的出台，实现了运营商数据信息在平台间共享，让更多的数据用户可在任意充电站充电，用自己最方便的方式支付充电费，运营商也能够通过开放平台顺利结算充电费，通过互联互通为用户消除充电不便利的问题。

三、大数据技术结合智能平台优化城市充电设施服务

随着大数据时代的来临，“数据”的重要性日渐显现。用数据去推进企业乃至行业的发展，正成为各行各业的新趋势。

1. 充电服务中的数据应用——场站智能推荐

基于平台车桩数据，通过大数据智能算法，针对充电价格、停车费、场站评分、运营商、场站规模、场站现在和未来空闲快充慢充枪口数等多种用户诉求，提供算法模型配置、智能推荐等功能模块，让用户获得“充电无忧”的体验。

算法步骤演示：

（1）各因素权重赋值：根据充电站运营好坏，通过神经网络模型计算各因素权重（充电价格、停车费、场站评分、运营商、场站规模、场站现在和未来空闲快充

慢充枪口数等）。

（2）计算场站权重：根据充电站自身各个因素，找到这些因素在第一步计算得出的对应权重，并加权求和，得到该场站的权重。

（3）按照权重排序，找到适合用户的排名前 20 充电站：根据用户所在位置及行驶方向，计算各充电站的距离权重，并与第二步的场站权重相加排序后得到各个充电站的推荐排名。

基于算法和用户地理位置，进行场站实时计算，将场站分为红色强推荐，黄色可推荐，蓝色为推荐备选及以及灰色不推荐。

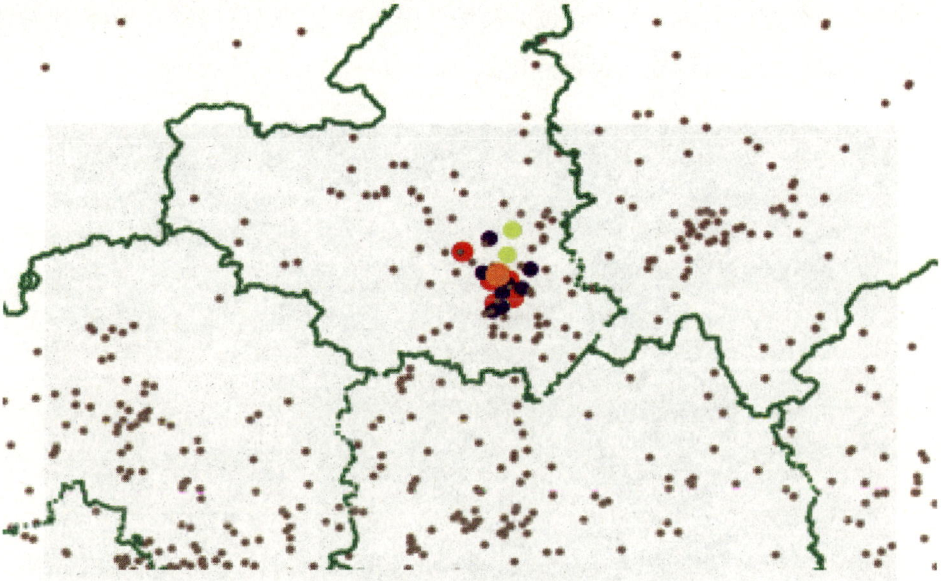

图 7-3　场站智能推荐

2. 充电服务中的数据应用——建桩规划

基于车桩数据建立充电服务能力、充电需求、充电代价及服务半径的计算模型，通过大数据算法研究，对算法模型进行试验、修正，最终形成车桩融合数据的综合规划方案。算法采用多源数据融合的方式，不仅针对电动汽车的充电特性进行研究，同时考虑现有充电站的使用情况，通过建设规划算法，能够实现在有限充电站建设规划投资条件下，尽可能找到最优站点。不仅用户充电更加方便，同时也提高了整体充电站使用率，充电站运营商实现盈利，这样才能使得整个电动汽车行业进入一个良性循环。

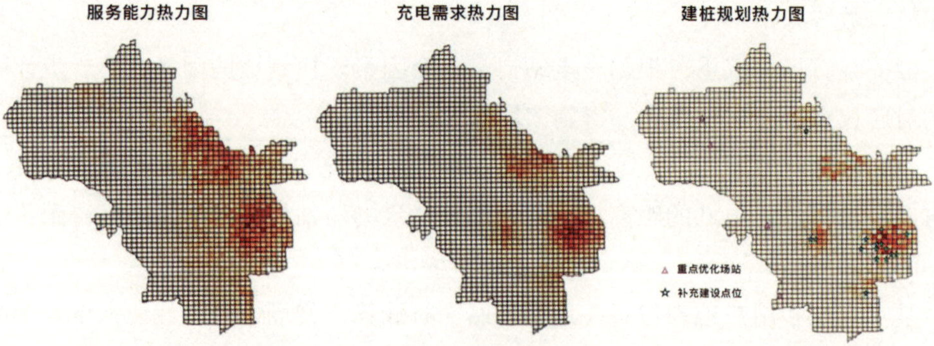

图 7-4　建桩规划

基于电动车充电需求（蓝色点位）及场站服务能力（绿色点位），融合建站选址算法得出建议增加充电设施（黄色点位）。如下图：

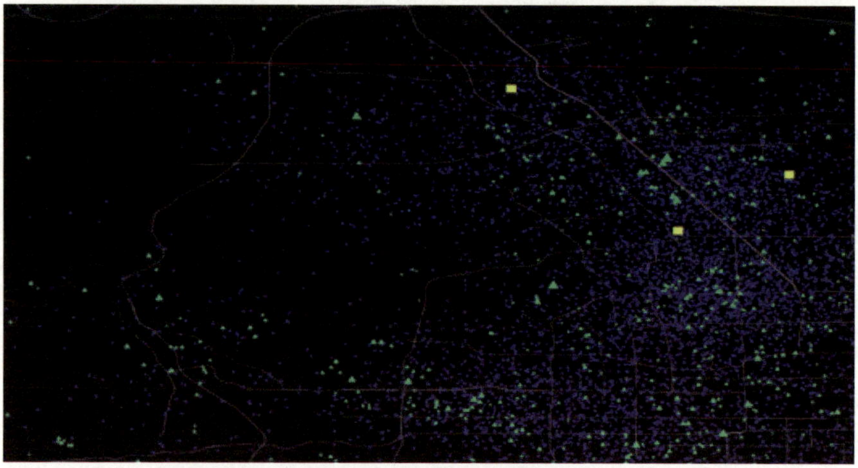

图 7-5　充电设施图

第五节　智能平台在充电场站运营中的典型应用

一、政府级充电设施平台，宏观规划城市充电设施

1. 北京市政府平台介绍

北京市目前已建设充电设施超 20 万个，为全国充电桩最多的城市。北京市公用充电设施数据信息服务平台由北京市科委于 2014 年通过科技项目立项，平台于 2015

年建设完成，2016 年 1 月 18 日正式启动运营，截至目前已接入充电设施运营企业 180 余家，场站 5 300 多个，公共充电桩 5 万根。北京市 90%以上公用充电设施实现了互通共享；累计使用平台服务 650 万次。

通过北京市级平台，北京市城市管理委能够掌握充电设施建设与状态等信息，对北京市所有接入平台的充电桩进行监督及管理，市级平台也为政府主管部门发放补贴供真实、准确的第三方数据支撑及其他政务服务。同时，市级平台的移动客户端——e 充网 App，可为电动汽车用户提供充电设施状态查询、导航充电、费用结算、私桩共享、建桩申请、充电救援等便捷服务，方便车主顺利查询及使用充电设施。

2. 西安市政府平台介绍

西安市平台为西安市新能源汽车及充电设施信息综合管理平台，是首个“车桩一体化”平台。平台由西安市科技局通过科技项目立项，于 2017 年 5 月建设完成，日常运营中由西安市科技局、工信委、发展改革委、交通局、财政局等部门组成的新能源汽车联合推广小组进行指导。目前平台接入充电设施运营企业 40 多家，场站 500 多个，公共充电桩 7 000 多根。西安市 80%以上公用充电设施实现了互通共享；平台注册用户 5 000 余人，西安 e 充网 App 下载量 13 万次，累计使用平台服务 7 万次。

二、企业级充电设施平台，解决场站运营难点，提高服务能力

新基建政策下，不仅政府平台需要智能化，为帮助企业更好地管理充电设施、提升前期建站规划合理性和后期场站运营能力，行业内诸多第三方服务企业打造了企业级充电设施平台化产品，下面以一款充电 SaaS 云平台为代表，进行讲解。

充电 SaaS 云平台本质上是对充电场站进行管理的一个智能化平台工具，大到前期的建站规划、多充电桩群管群控，小到单个桩的静动态数据搜集、实时运行状态、安全防护等工作，都可以通过充电 SaaS 云平台去进行管理。智能化的平台工具，为场站带来有效规划、安全运营、精细管理、降本增效的同时，也为充电用户带来更完善的充电体验，并不断推动充电设备和运营管理平台智能化的发展，对于整个行业而言是极为重要的基础。

以安全监控为例：充电 SaaS 云平台为了减少安全隐患，采用了数据监测技术，

完整记录充电过程中的全量数据，并通过可视化数据管理，帮助企业实时监测充电桩状态，一旦出现指标异常，会第一时间进行自动化诊断，及时向运营企业进行信息报送，并能够通过远程操作自动停止充电，避免安全事故的发生，做到防患于未“燃”。溯其根本是通过安全监控和大数据分析两个方面，以智能化的手段去保障用户安全和场站运营，解决充电中可能面临的安全问题。

以运营管理为例：随着新能源汽车充电行业不断地发展，在充电场站的运营管理中，大中小规模的运营企业都面临着场站智能化有序管理和多品牌资产管理不完善、人力成本居高不下、场站安全预警能力不足等诸多问题。充电 SaaS 云平台的出现，为运营企业带来了解决问题的工具，以平台化产品日益增多的充电运营企业，提供硬件资产入库、软件远程升级、充电用户管理、交易管理、站级监控、营销管理等多种智能、高效的管理手段，帮助企业从基础的场站管理到充电管理的全流程信息化，减少人工低效管理成本，有效提高运营效率，提升用户充电服务质量。

第六节　平台化趋势，新基建推动充电桩快速发展

一、体系化平台的建设将是实现全国一张网的基础

对于全国充电网络体系的建设，多级体系化平台的建设是未来形成全国一张网的条件，是充电能力、服务能力、数据能力最大化的基础。供需企业、运营企业及省市地方政府管理部门，结合 5G 网络的平台应用，能够形成一张无形的数据网络、跨产业应用网络、智能终端的交互网络，将是新基建下充电桩产业所要实现的目标。

同时，上述体系平台产生的海量数据，将给大数据研究和应用提供数据基础和无限可能。同时，大数据未来的产业应用，将反哺于硬件技术的升级、服务功能的创新，为市场消费环境提供升级换代的基础。

打造未来行业的开放共享，互利共赢。推动建立以标准开放共享、数据开放共享、研发试验平台和相关资源服务开放共享、API 接口开放共享、源代码开放共享为代表的开放共享体系。为推动国家建设互联网+充电基础设施的产业生态体系提供有力支撑。

二、平台能力的提升，跨能源平台的打通，将助力智慧能源的实现

1. 能源转型的必然要求

能源是人类社会发展的物质基础。能源服务对保障生态文明建设、社会和谐进步、人民幸福安康的作用至关重要。2014 年 6 月 13 日，习近平总书记提出了“四个革命、一个合作”的重大能源战略思想。

近几年，我国能源加速转型。国家能源局不断完善清洁能源产业政策，出台推进电力源网荷储一体化和多能互补发展、可再生能源清洁取暖等一系列政策文件，着力提升清洁能源利用水平和电力系统运行效率。

据国家能源局公开数据显示：5 年来，中国能源消费结构显著优化，能源供给质量大幅提升，能源科技创新成果丰硕，能源体制发生深刻变革。全国能源消费总量年平均增速为 2.2%，单位 GDP 能耗共下降 20.3%。其中，煤炭消费比重下降 8.4%；非化石能源消费比重提升到 14.3%，天然气消费比重达到 7.8%，电力占终端能源消费比重提升到 25.5%。

5 年来，中国累计退出煤炭落后产能 8.1 亿吨，淘汰关停落后煤电机组 3 000 万 kW 以上；油气勘探开发力度大幅提升，天然气产供储销体系建设有序开展，油气储备和互联互通等一批重点工程建成投运；非化石能源发展迅猛，可再生能源发电装机突破 7 亿 kW，核电在建在运装机达到 5 800 万 kW，有力提升能源供给质量。

我国能源转型加速推进，清洁能源比重从 14.5%提高到 22.1%，单位产值能耗下降了 20.3%，为世界贡献了化解资源环境约束难题的中国智慧。然而，我国能源消费结构性问题仍然比较突出，单位产值能耗是世界平均水平的 1.5 倍。2018 年，全国煤炭消费占一次能源消费的比重首次低于 60%，但仍然高于世界 27.6%的平均水平。

未来，我国的能源保供和能源环保同等重要，且环保会继续加码；特高压将继续大幅增加，且特高压输送通道输送清洁能源必须大幅提升；新能源发展速度会超乎想象。

2. 共建行业生态圈

推进能源数字化、智慧化转型，创新发展能源互联网，为破解多维目标平衡挑战、挖掘更大绿色发展效益提供新路径。“十四五”是确立未来国家级工业互联网主平台的关键窗口期。能源领域必须走出一条具有自身独特赋能规律的工业互联网之

路。其中，电网所具有的网络物理特性将在能源数字化转型中发挥愈发重要作用。

《新能源汽车产业发展规划（2021—2035年）》提出，电动汽车与电网之间双向流动。从能源角度看，加强新能源汽车与电网能量互动，统筹新能源汽车充放电、电力调度需求，综合运用峰谷电价、新能源汽车充电优惠等政策，实现新能源汽车与电网能量高效互动，降低新能源汽车用电成本，提高电网调峰调频、安全应急等响应能力。能源将成为汽车可持续发展的核心支撑，推动新能源车消费成本降低。

新能源汽车产业开启了智慧能源革命。目前，我国已经成为世界第一大新能源汽车市场，如何从能源的供给、传输和消费端，解决行业发展的共性难题。由于电网物理技术及体制机制原因，跨行业、跨领域协作并非易事。除了政策、技术、产业多层面的成果发布，还要联合政产学研媒多方力量，共建智慧能源新生态，通过产业间的交流和协同进步，切实推动国家和世界新能源汽车产业的蓬勃发展。

新能源汽车充电桩，不应该仅仅作为一个单纯的充电设施，而应该被视为促进充电网、车联网、能源网的三网融合的一个重要环节。随着数字化、智能化，以及融合创新等能力的不断升级，新能源汽车充电桩需要继续加深与大数据计算应用能力、人工智能技术、应用互联网技术等多技术能力的融合应用，形成符合未来技术及产品应用的新型基础设施。

第八章 北斗导航：助力新基建，实现智慧生活

赵康宁

近来，“新基建”一词变得火热。2020 年 4 月 20 日，国家发展改革委给出新基建的官方定义：“新型基础设施是以新发展理念为引领，以技术创新为驱动，以信息网络为基础，面向高质量发展需要，提供数字转型、智能升级、融合创新等服务的基础设施体系”。可以看出，“新基建”概念圈定了信息、融合、创新基础设施三个方面，涵盖 5G、物联网、工业互联网、卫星互联网、人工智能、云计算、数据中心、智能计算中心、智能交通基础设施、智慧能源基础设施等领域。

历史的经验值得注意。一个新概念的提出，一项新技术的问世，往往会伴随着漂亮名词满天飞，大筐小筐尽管装。“新基建”也有这样的苗头。如果对新基建的概念、内涵、特征没有弄懂搞清，只是想凑热闹、赶时髦，改头换面，标新立异，那会背离国家政策规划的初衷；如果为了争得项目经费，抢班搭车，将一些似是而非的项目计划都贴上新基建标签，那是滥竽充数，浑水摸鱼，会毁了国家“新基建”一盘大棋，造成大量浪费和后遗症。笔者认为，“新基建”是国家在基础设施建设方面，特别是重大信息基础设施建设的现实升华、长远考虑和战略规划，我们应对过去的重大基础设施建设回头再看，总结剖析，汲取经验教训，确保“新基建”致远行稳，取得成效，达到预期。

北斗卫星导航系统就是这样一个可供研究剖析的典型样本。

第一节 北斗系统的建设历程

北斗卫星导航作为国之重器，系统研制建设受到举世关注。立足于国家安全、

经济建设发展需要和实际能力，北斗系统建设在探索中前行，走的是一条适合中国国情的“三步走”发展道路，从无到有、从区域到全球，稳步推进。

1. 北斗一号

北斗一号是中国卫星导航定位的最早系统，最初公开的名称为北斗导航定位试验系统。

1989 年，根据中国科学家的构想与设计，“双星快速定位”原理验证及星地搭载试验演示成功，在此基础上自主研制独立的卫星导航定位系统成为共识。1994 年 1 月，双星快速定位通信系统正式立项，研制工作随之启动，系统以中华传统文化寓意被命名为“北斗”，象征着方位、时间与曙光。

2000 年开始部署，先后发射 2 颗地球静止轨道工作卫星，1 颗备用卫星；2002 年系统建成、试验运行；2003 年 12 月正式开通运行。

系统采用卫星无线电测定业务（RDSS）体制实现有源定位，覆盖了中国国土和部分周边，具有导航定位、精确授时和短报文通信三大服务功能。其中，定位精度 20～30m，重点地区接近 10m；授时精度 100ns，双向授时 50ns；短报文最大长度 120 汉字。

北斗导航在 2008 年四川抗震救灾中首次公开亮相，发挥突出作用。

图 8-1　抢险队员用北斗一号设备快速上报灾区实情（2008 年）

2. 北斗二号

北斗卫星导航区域系统。2004 年，中央批准“北斗二号”建设计划，第二代卫星导航定位系统被列入国家 2020 年前中长期科技发展重大专项规划。北斗二号系统研制建设工程启动。

2007 年开始部署，首颗北斗二号试验卫星发射升空。到 2012 年底，完成全部 14 颗工作卫星发射，构成了 5 颗地球静止轨道卫星（GEO）、5 颗倾斜地球同步轨道卫星（IGSO）和 4 颗中圆地球轨道卫星（MEO）的混合星座。

北斗二号系统在保留、兼容卫星无线电测定业务（RDSS）有源体制基础上，增加无线电导航业务（RNSS）无源定位体制，覆盖了亚太地区，为用户提供可定位、测速、授时和短报文通信服务。其中，定位精度 10～20m，重点地区优于 10m；授时精度 50ns，双向授时 20ns；短报文最大长度 120 汉字。

2012 年 12 月系统开通运行，提供服务。中国北斗被联合国有关机构正式确定为全球卫星导航定位四大核心供应商。

图 8-2　又一颗北斗卫星发射升空（2012 年）

3. 北斗三号

北斗卫星导航全球系统。2009年批准立项，启动系统研制建设。

2016开始部署，发射首颗北斗三号试验卫星。到2018年底，完成19颗卫星发射组网，完成基本系统建设，向全球提供基本服务。

2020年无疑是北斗卫星导航建设史上的丰收之年：6月23日，最后一颗北斗组网卫星成功发射升空，由35颗北斗卫星组成的全球星座布网完成；7月31日，北斗三号开通仪式隆重举行，中国北斗全球导航系统正式投入运行，开始面向全球用户提供服务。

北斗三号系统继承北斗有源、无源两种技术体制，并有所创新。能够为全球用户提供基本导航（定位、测速、授时）、全球短报文通信、国际搜救服务，系统功能性能指标将有大幅提高。

其中，定位精度水平10m、高程10m（95%），其中亚太地区定位精度水平5m、高程5m（95%）；测速精度0.2m/s（95%）；授时精度20ns（95%）；服务可用性优于95%。中国及周边地区用户还可享有区域短报文通信、星基增强、精密单点定位等服务。短报文通信服务容量提高10倍，用户机发射功率降低9/10，单次通信能力1 000汉字；全球短报文单次通信能力40汉字。

第二节　北斗应用产业

从北斗一号系统建设开始，北斗导航定位应用一直在同步研发之中，边建边用是中国北斗的特点、亮点。数十年来，经过军民融合协作，以及政府、企业和市场的培育、推进，一条由基础支撑、终端设备、应用系统和产品服务构成的北斗产业链条业已打通。根据2018年底统计，中国境内卫星导航产业直接产值超过3 000亿元，其中北斗的贡献率约占3/4。北斗应用、开发、服务走向规模化和持续化发展，对提升国家卫星导航产业能力、规模和经济社会效益，发挥了关键作用。

1. 基础支撑及产品

北斗技术基础性协议、接口、技术标准、产品规范和软件等，已经基本形成系列，实现自主可控，并日趋成熟和完善；国产北斗芯片、板卡、天线、终端、软件等基础产品突破关键技术，性能指标与国际同类产品相当。据有关管理部门介绍，现已有多款北斗芯片实现规模化应用，工艺水平达到 28nm。2019 年，国产北斗导航芯片、模块、整机等基础产品销量已突破亿片（件），经济效益达到 3 400 亿元左右。“北斗+”“+北斗”的产业生态体系进一步丰富完善，应用规模化、产业化和国际化不断跃升。

2. 行业及区域应用

北斗系统提供服务以来，已在交通运输、农林渔业、水文监测、气象测报、通信时统、电力调度、减灾救灾、公共安全等领域得到广泛应用，融入国家核心基础设施，产生了显著的经济效益和社会效益。

北斗在工业互联网、物联网、车联网等新兴应用领域深度融合，自动驾驶、自动泊车、自动物流等创新应用层出不穷。北斗与交通运输、农林牧渔、电力能源等传统应用领域业务融合不断深化，规模进一步扩大。

国产北斗基础产品已出口 120 余个国家和地区，基于北斗的土地确权、精准农业、数字施工、智慧港口等，已在东盟、南亚、东欧、西亚、非洲等地得到成功应用。

随着北斗全球系统功能性能提升，特别是天基/星基/地基北斗增强能力与服务，将在未来为交通运输、地震预报、气象测报、国土测绘、资源环境、科研教育及国家安全等领域提供高精度位置服务，提供米级、分米级、厘米级的定位导航和后处理毫米级的授权型精密定位服务。

图 8-3　北斗导航应用观摩交流（2012 年）

3. 北斗大众应用

北斗系统大众服务发展前景广阔。基于北斗的导航服务已被电子商务、移动智能终端制造、位置服务等厂商采用，广泛进入中国大众消费、共享经济和民生领域，已经并继续改变着人们的生产生活方式。

（1）电子商务领域。国内多家电子商务企业的物流货车及配送员，应用北斗车载终端和手环，实现了车、人、货信息的实时调度。

（2）智能手机应用领域。国内外主流芯片厂商均推出兼容北斗的通导一体化芯片。据统计，2018 年前三季度，在中国市场销售的智能手机约有 470 款具有定位功能，其中支持北斗定位的有 298 款，北斗定位支持率达到 63%以上。

（3）智能穿戴领域。多款具备北斗支持的手表、手环等智能穿戴设备，以及学生卡、老人卡等特殊人群关爱产品不断涌现，得到广泛应用。

2020 年初，新冠肺炎疫情突如其来。在需要严密监控、严格核查、严防死守的疫情防控背景下，以位置服务、移动通信终端和大数据为支撑的健康码，成为关键的新生技术手段，发挥了关键的高科技“战疫”作用，而北斗卫星定位担当了位置服务的主要角色。

图 8-4　最先应用的杭州健康码

健康码是基于个人真实数据的电子通行凭证，是疫情防控中的一项新型数字化管理措施。健康码的信息构成，包括了持有者个人的主要静态信息，以及个人相关的时间、空间和人际关系三个维度方面的动态信息。时间维度在于记录和掌握与传染路径相关联的时序轨迹信息，空间维度在于记录获取个人活动的精确地理位置信息，人际关系维度在于了解个人与密切接触者的接触状态等信息。健康码通过对上述三个维度动态数据进行量化分析，结果生成为描述个人健康评价的电子标签。如北京“健康宝”、杭州“健康码”、上海“随申码”、广州“穗康码”等，健康评价分为异常、正常，用文字或颜色标识，一目了然。各类健康码实行统一的《赋码规则及健康管理措施》，并按规范接入国家政务服务平台，实现全国互信互认。

第三节　北斗系统建设应用启示

1. 自主卫星导航事关国家安全和经济振兴，是战略大计、长久之策

中国高度关注卫星导航技术发展，十分重视自主卫星导航系统的研制建设，我国科技专家从一开始就注视、跟踪着 GPS 和格洛纳斯（Global Navigation Satellite System，全球卫星导航系统）的发展动态。我国科学家首先提出利用地球同步卫星实现卫星定位系统的设想，原总参谋部、国防科工委有关部门敏锐地认识到卫星导航的战略意义并向中央提交报告。继“双星快速定位”原理验证及星地搭载试验演示成功后，又组织军地专家进行了广泛、深入、认真的综合论证研究，从国家长治久安、经济社会振兴和改革开放的大局，谋划自主导航定位系统的研制建设。“北斗一号”立项、研制后的 20 多年里，北斗卫星导航系统建设成为既定国策，列入国家中长期科技发展重大专项规划，持续推进。中国北斗卫星导航定位系统的建设、应用与发展走上了一条庄严、艰巨、创新的非凡之路。

2.“三步走”发展战略符合中国国情实际，举国之力，终成大器

要发展中国自己的卫星导航定位系统，在 20 世纪 80 年代的中国谈何容易！改革开放刚刚开始，要干的事情千头万绪，资金、技术、设备、人才，几乎所有方面都举步维艰。根据中央确定的“三步走”发展战略，按照“先区域、后全球”的总体建设思路，发挥体制优势，全国上下一盘棋，集中力量办大事，从试验系统开始，经过区域系统发展到全球系统，系统建设稳扎稳打，应用产业亦步亦趋。举国之力、

边建边用，靠着几代人的坚忍不拔和不懈努力，才换来了中国北斗的成功和辉煌。

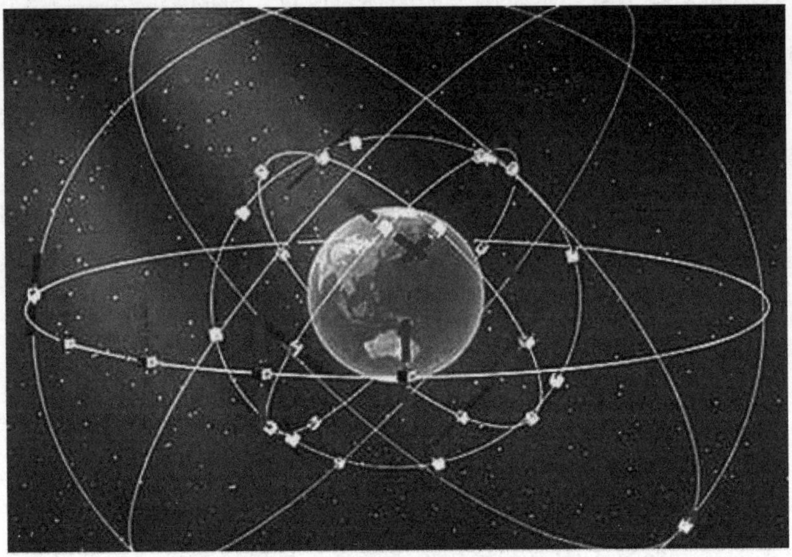

图 8-5　北斗三号全球系统星座

实践证明，“三步走”发展战略既抓住了历史机遇，为发展卫星导航定位抢得主动和先机，又符合中国国情实际，实现了循序渐进，持续发展。20 世纪末，卫星导航定位系统的战略意义和作用日益凸显，世界强国加紧在这一领域竞相角逐，不惜代价。历史考验了中国，如果当时决策推后几年，北斗计划将面临更大压力和困难。北斗一号系统的建成，使中国一跃成为继美、俄之后，世界上第三个拥有独立自主卫星导航系统的国家，不仅满足了国家安全和经济社会发展应用急需，也为中国发展卫星导航抢得了先机，争取了主动，为后续区域系统、全球系统的上马、建设，在技术、人才、资金和卫星频谱资源储备等诸多方面奠定了坚实基础。

3. 系统星座设计科学、合理，技术体制多样、高效，创新有为

北斗一号系统利用三球交会原理，采用有源定位体制，通过两颗工作卫星和地球数字球面交会测量、计算，实现了最少卫星条件下的快速定位。系统集定位、通信、授时于一体，设计独特，不仅具备其他无源定位系统如 GPS、格洛纳斯（GLONASS）的高精度定位和授时功能，同时还具有独特的双向数字报文通信功能。各项功能在同一信道、同一终端上完成，用户在实施定位的同时，即可实时报告位置，实现了调度中心与用户、用户与用户之间快速连通和“看得见”的指挥。更重要的，北斗一号是中国自己的系统，其核心技术和控制权完全掌握在我们手中。系统运行、维护、使用，没有国外封锁控制带来的忧虑和风险，独立自主，安全可靠。

在北斗一号成功的基础上，后续的北斗二号、北斗三号不仅保留了有源体制及其功能，还做了很大的扩展、改进与提高，特别是集多种轨道于一身的混合星座，能为地面提供更多可见卫星，支持更长更稳定的观测时间，有利于获得更高精度；而 B1/B2/B3 多频点设计，提高了系统在消除电离层干扰和校正方面的能力等，使得北斗导航定位更具优势、更有竞争力和吸引力。

北斗系统是我国迄今为止所建规模最大、覆盖范围最广、性能要求最高、系统技术最复杂的全天候、全天时空间基础设施，是全球第一个、也是唯一一个实现有源、无源相结合，定位、授时与报告相结合的混合型卫星导航系统。北斗创造性地提出并验证了全球卫星导航定位系统“中国方案”：一个混合星座设计、两种服务体制、“三步走”发展道路，彰显了中国智慧。北斗所体现的中国方案、中国精度、中国速度，是中国为世界卫星导航发展做出的重大贡献。

4. 北斗应用效果明显，产业发展任重道远

北斗系统的应用始于 2003 年，北斗一号系统正式开通运行，中央批准系统开放民用，北斗基础技术支撑研发从验证性步入示范性，此后又步入规模化、产业化，从无到有，从小到大，取得的进展与成就有目共睹。中国产业界从最初热衷于 GPS 产品和 GPS 应用，面对国外系统、产品、技术和市场的无情挤压与竞争，经过 30 多年的前仆后继、艰苦努力，总算有一批北斗企业成长起来，北斗产品总算在国内市场上站住了脚，研发、生产、销售、服务的产业链条总算打通。但北斗系统后面的路还很长，特别是北斗全球系统运行服务国际化的产业环境风雨不止，北斗应用开拓大有可为，却任重道远。

第四节　新基建下的北斗位置服务

一、新基建下的北斗位置服务

众所周知，几乎所有的人类活动都与时间、空间有关，时间、空间信息是人类社会运转的重要属性和主要支撑，在社会高度信息化的当今，尤其如此。在漫长的历史进程中，人们不断探求着指示位置、导向目标的方法和途径。直至今天，人们面对着各种各样的先进科学技术手段，对导航定位的需求，已经上升到位置服务层面，一时一刻也离开不了。对时空信息的需求也已扩展到时空大数据，即与时间、空间相关联的信息融合服务。位置服务成为一种大众化的、基本的生活方式，昔日利用地形地物、天体星座导航定向的专业性经验常识成为稀缺、“文化遗产”，尽管有时还会发挥作用。

现代信息科技的最大成功，在于将信息的感知-记录、传输-存储和处理-服务三大环节有机地贯通，无线电技术是第一功臣。无线电信号能够实现无时不在、无处不在、无所不在的连接，将漫无止境的世界万物联成一体。而基于无线电和航天科技应运而生的全球卫星定位系统，利用数十颗人造卫星，就能够实现全球化、全天候、全时空的服务，这是人类导航定位和位置服务历史的里程碑。卫星导航之所以成为航天技术领域的佼佼者，成为最为大众化和最为商业化实用化的亲民者，成为全球大国的必争之地、必备之器，成为最具有吸引力、影响力的航天成就，就在于以时空信息为主线主体的位置服务架构，集聚融合信息产业群体，以时间、空间紧密关联其他信息，用无线电广播的形式实现全球用户一体化服务，已经改变还将继续改变传统世界的军事以及经济、民生等社会发展的总体格局，开拓新兴经济产业和社会发展形态。

这是包括北斗在内的全球卫星导航系统的成功奥秘，也是系统不断发展提高的必由之路。

无独有偶，仍以抗击疫情中大显身手的健康码说起。健康码虽“小”，却能实现个人健康状况有登记、轨迹路线有报备，从控制病毒源头和防止病毒传播两个方向筑起防线，又为政府管理、市场服务和群众便利多了一个途径。“码”上治理，不仅满足了精准防疫的需要，也是对近年来地方政府“智慧城市”“数字政府”建设成效的全面检验，是对政府社会治理能力的一次大考。健康码在深圳推出后，很快被全国各地采用、普及，并作为中国经验被国际借鉴或效仿。健康码的成功奥秘，首推时空位置信息与其他跨界信息的互联互通、融合共用，这又是一个基于位置服务的高科技产品典范，一个前途无量的新型信息业态。可以预见，健康码虽诞生于疫情防控的风雨中，但必将在迭代更新中分化为无数的个性化数字化载体和信息服务窗口，为社会、市场和个人消费者带来更多的支撑与便利。

新基建携手北斗导航，位置服务跃升时空大数据。根据分析和愿景预测，北斗系统的发展将会迎来又一轮挑战与机遇。可以说，北斗导航系统得益于国家基础设施规划计划的持续推进，而作为一个成功样板，又为国家新型基础建设的布局提供了素材、树立了参考标本。我们有理由相信，在新基建的大潮中，即将步入常态化运行、程式化维保的北斗三号系统及其服务，会有一个优化大系统、提升整体能力的契机；北斗产业链的基础支撑、产品、技术会按着新基建的目标要求，不断完善北斗位置服务的效能，开发时空大数据的新业务、新业态。

二、关于北斗系统的几点思考

（1）在新基建之前的上一波国家基础设施建设中，北斗系统列入国家规划计划，重点建设，意义重大，效果显著，成为改革开放的标志性成就。北斗的建成运行，不仅解决了国家急需，实现了应用自主，更重要的是在北斗的带动和辐射下，导航定位、位置服务形成了社会的共识，形成了产业布局中的新业态，有力地推动了国家基础信息能力提升和跨界融合。北斗系统作为新基建的典型、样板，其说服力、影响力和借鉴作用、参考作用也是独一无二的。

（2）新基建是当今世界新变局前夜的“未雨绸缪”，也是国内产业格局升级换代、优化融合的现实考虑。作为国家基础设施建设项目，需要从长计议和战略研究，需要整体规划和顶层设计，需要分清轻重缓急和高深层次。有专家曾明确提出，上升为国家战略的新基建应该至少考虑十年以上的建设周期、数十年的服务周期，不能够“省省点火，处处冒烟”。这是极有见地的，也是过去反面教训给予人们的“清醒剂”。

（3）大数据是新基建的显著特点，而时间、空间数据是大数据的重要组成，甚至是核心要素。新基建将为北斗导航定位与大数据应用提供广阔天地。从卫星定位导航、位置服务到时空大数据，作为基础支撑的时空信息扩展到时空大数据，即与时间、空间相关联的信息融合服务。而大数据也要提供位置服务，必然涉及时空基准、实时分布与动态更新等，从空间维（P）、时间维（T）和动态性（N）去分析、挖掘，更为高效。因此，有着时间频率、空间定位和导航体系（PNT）能力的北斗，与大数据的融合，不仅是客观世界的需要，也是技术发展的必然。新基建对之加大投入支持，会收到事半功倍效果。

（4）北斗导航在前期的建设与应用有宝贵的正反经验教训，深入剖析研究对北斗系统及产业的完善提高是非常必要的，对新基建类似项目的论证规划也有积极意义，特别是在产业应用项目的规划建设方面，要厘清前车之鉴，并以此为戒，确保规划项目及新基建和谐发展、健康发展。

第九章　新材料：构筑新基建“技术底盘”

付耀耀　黄克武　张　晶　李立凌

材料按照其化学组成和分子结构，可分为金属材料、无机非金属材料和有机非金属材料（以合成高分子材料为主）三大类。由于复合材料产量越来越大、品种越来越多，应用越来越广泛，所以现在也有的分类体系把复合材料列为第四大类材料，但从材料的属性来看，复合材料是上述三大类材料以不同方式进行组合和复合而得到的一大类材料。现代科学技术发展突飞猛进，各种新材料、新产品、新技术不断突破，各个学科和各个领域涌现出大量性能优异、功能特殊，甚至带有神奇色彩的新材料，为了更能突出材料在现代高新技术中的作用和地位，采用了新材料这个概念。

新材料产业与新基建之间是互相依存、互相推动的关系。一方面，新材料是高端制造的基础，新基建同样也离不开新材料的支撑。如芯片、光纤、数据中心、航空航天、新能源汽车等背后都需要新材料提供基础性的支持。新基建所提出的新需求，也将进一步刺激我国新材料产业加快升级，促进一批新科技成果转化，提升我国新材料产业在高端领域的供给能力。

另一方面，新基建也为新材料这类流程制造业带来了数字化转型的机遇。5G、智能制造、工业互联网等新一代产业技术，可以和传统生产制造进行融合，实现人、装置、产品在产业链内的“互联互通”，可大幅提升安全生产、流程控制、工艺优化、供应链管理等方面的效率。新基建设施的完善，可以为新材料产业的发展带来新的机遇。

第一节　5G与新材料

5G为第五代移动通信技术的简称，信号采用的频率更高、波长更短，已经接近毫米波波段。毫米波最大优点为传播速度快，随之带来的最大缺点就是穿透力差、衰减大。所以与传统通信时代不同，5G通信需要建设更多的基站，同时也对设备的材料性能提出了更高的要求。

要求具体表现为：5G的传输速度更快，要求传播介质材料的介电常数和介电损耗要小；5G的信号波长更短，电磁波覆盖能力较差，要求材料的电磁屏蔽能力要强；5G元器件的厚度薄、密封性好，要求及时散热，材料导热性能要好。综合起来看，5G需要低介电、高导热和高电磁屏蔽的材料。5G通信用材料品种异常丰富，从金属材料、陶瓷材料、工程塑料、玻璃材料、复合材料到功能材料，都有着巨大的市场空间。5G的布局带动了整个产业链的发展，必然会推动供给侧结构性改革，企业都面临着机遇和挑战。

一、5G时代下的天线材料

5G时代来临，通信处理的信息量与日俱增，天线是实现这一跨越提升不可或缺的组成部分。5G通信所用的无线电波频率高、波长短，容易在传播介质中衰减，因此要求天线材料具备低损耗、小尺寸、高导热、高集成的特点。

最早的天线由铜和合金等金属制成，后来随着柔性电路板制造工艺的出现，4G时代的天线制造材料开始采用聚酰亚胺（PI）膜作为绝缘基材。但PI在高频波段损耗明显，无法满足5G终端的需求，凭借介子损耗与导体损耗更小，具备灵活性、密封性等特性，液晶聚合物（LCP）逐渐得到应用。但LCP工艺复杂、良率低，所以导致造价昂贵，目前改良的聚酰亚胺（MPI）有望成为5G时代早期天线材料的主流选择之一。

改良聚酰亚胺（MPI）非结晶性材料，基本上在各种温度下都可进行操作，特别是在低温压合铜箔时，能够容易地与铜的表面接触。其氟化物的配方被改良，在10～15GHz的超高频甚至极高频的信号处理上的表现有望媲美LCP天线，MPI可以满足 5G 时代的信号处理需求，且价格较 LCP 更亲民，故在 5G 发展前期，MPI 有望替代部分 PI，成为重要的过渡材料。

二、5G 时代下的半导体材料

移动通信的发展史，也是一部半导体材料的发展史。半导体材料是微电子行业发展的基础，第一代半导体材料以硅（Si）为主导，目前 95%的半导体器件和 99%以上的集成电路都是以硅材料为基础；20 世纪 90 年代以来，光纤通信和互联网的高速发展，促进了以砷化镓（GaAs）、磷化铟（InP）为代表的第二代半导体材料的发展需求，使其成为制造高性能微波、毫米波器件及发光器件的优良材料；第三代半导体材料主要包括碳化硅（SiC）、氮化镓（GaN）、金刚石等，因其禁带宽度较大，又被称为宽禁带半导体材料，其具有高击穿电场、高饱和电子速度、高热导率、高电子密度、高迁移率等特点，因此也被业内誉为微电子产业的“新发动机”。

射频功率放大器是发射系统中的主要部分，重要性不言而喻。4G 时代的基站采用的射频功率放大器主要基于横向扩散金属氧化物半导体（LDMOS）技术，但 LDMOS 器件在物理上已经达到极限，极限频率不超过 3.5GHz，已经不能满足 5G 时代高频器件的材料需求。以 GaN、SiC 等为代表的第三代半导体材料，可承受更高的工作电压，意味着其功率密度、工作温度更高，因而具有适合高频率、支持宽带宽等特点。

三、5G 时代下的电磁屏蔽材料

随着现代通信技术的发展，电磁波引起的电磁干扰问题日益严重，不但会影响电子设备的正常工作，同时也会因电磁污染而影响人类健康，并且电磁波泄露也会造成潜在的信息泄露的风险。电磁屏蔽材料，通过对电磁波的反射和吸收，实现对信号的阻隔或使之衰减。按照材料的制备工艺划分，电磁屏蔽材料可以分为金属类电磁屏蔽材料、填充类复合屏蔽材料、表面敷层屏蔽材料、导电涂料类屏蔽材料。

电磁波在屏蔽材料内传播时的衰减主要是基于电磁波被反射和吸收：①电磁波传播到屏蔽体表面时，由于空气与屏蔽体界面处波阻抗发生突变，电磁波产生了反射；②电磁波通过金属材料时，金属材料会由于感应电动势形成涡流，涡流磁场与原来磁场方向相反、相互抵消，从而实现屏蔽作用，也就是吸收损耗；③在屏蔽体内未衰减掉的电磁波，传播到屏蔽体另一表面时，遇到阻抗突变的金属-空气界面再次发生反射，重新返回屏蔽体内后产生多次反射。在 5G 时代，随着电磁波频率的增加，吸收损耗所占的比例随之增加，而反射损耗所占的比例随之减少。因此，对于高频电磁波，主要利用高电导率的金属材料产生涡流，用以对外来电磁波产生抵消作用。对于低频电磁波，通常可以采用具有高磁导率的材料，使磁力线限制在屏蔽体内部，防止电磁波扩散。

基站外壳一般是铝合金压铸件，为了实现整体的电磁辐射防护，还需要在压铸件的接缝处用导电硅胶条密封，使壳体形成一个连续的导电体，来防止电磁波泄漏造成的辐射。对于 5G 高频通信而言，导电硅胶条的电磁屏蔽性能至关重要，材料的导电性越强，涡流效应也就越明显。因而，提高密封硅胶条的导电性，是提高壳体电磁屏蔽性能的关键。除了导电性以外，导电硅胶条还需要满足基站集成商对拉伸强度、撕裂强度、断裂伸长率、压缩永久形变、耐极端户外环境的要求。

第二节　光伏发电及特高压电网与新材料

煤、石油、天然气等化石能源，长期占据人类能源消费的主体部分。大量传统能源的消耗不仅造成了能源枯竭，而且引发了严重的环境污染，催生出开发新能源的需求，包括太阳能、风能、地热能、潮汐能等。

光伏发电是将太阳能转换成电能的发电系统，系统主要由三部分构成：太阳能电池板、控制器、逆变器。太阳能电池板由一块块能接收太阳能的电池串联组合而成，主要原理是利用光电效应使半导体与金属结合的部位之间产生电位差。光伏发电装置所产生的电为直流电，需通过逆变器转化为交流电才能供给电网使用。光伏发电系统有集中式并网和分散式并网方式，集中式并网主要适应于大型光伏电站并网，分散式并网主要适应于城区内，特别是与建筑结合的光伏系统。

对于能源行业而言，除数字化浪潮的加持外，更关键的是来自供给端、运输端和需求端的整合。其中供给端主要是指氢能、光伏、风电、核电和天然气等能源供应，需求端主要指充电桩和新能源汽车等。单凭这两者还不足以建成一个智慧能源互联网，还要加上“中间运输环节”——特高压。不论新能源供给方是哪类能源，特高压都可将其高效地输送到各个充电站，并具有输送距离远、容量大和损耗低等优势。

一、光伏发电与新材料

制造太阳能电池的材料主要有硅（Si）、硫化镉（CdS）和砷化镓（GaAs）等半导体材料。目前来看，太阳能电池材料主要包括单晶硅、多晶硅、非晶硅、多元化合物、纳米晶等。如今，全球光伏市场被硅基太阳能电池主导，占全部份额的 90% 以上，其中多晶硅占 65%，单晶硅占 35%。硫化镉、碲化镉多晶薄膜电池的效率较非晶硅薄膜太阳能电池效率高，成本较单晶硅电池低，国际上许多国家的碲化镉薄膜太阳电池已由实验室研究阶段走向规模化生产。

二、光伏并网与新材料

由于光伏发电产生的电流为直流电，需要经过逆变器处理成交流电后方可并入电网。逆变器技术的发展始终与功率器件及其控制技术的发展紧密结合，从开始发展至今经历了 5 个阶段。第一阶段：20 世纪五六十年代，晶闸管（SCR）的诞生为正弦波逆变器的发展创造了条件；第二阶段：20 世纪 70 年代，可关断晶闸管（GTO）及双极型晶体管（BJT）的问世，使得逆变技术得到了发展和应用；第三阶段：20 世纪 80 年代，功率场效应管、绝缘栅型晶体管、MOS 控制晶闸管等功率器件的诞生为逆变器向大容量方向发展奠定了基础；第四阶段：20 世纪 90 年代，微电子技术的发展使新近的控制技术如矢量控制技术、多电平变换技术、重复控制技术、模糊控制技术等在逆变领域得到了较好的应用，极大地促进了逆变器技术的发展；第五阶段：21 世纪初，逆变技术的发展随着电力电子技术、微电子技术和现代控制理论的进步不断改进，朝着高频化、高效率、高功率密度、高可靠性、智能化的方向发展。

三、特高压与新材料

打开中国地图，不难发现，能源资源与生产力布局呈逆向分布，是我们国家的一大现实国情。80%以上的能源资源分布在北部，70%以上的电力消费集中在中东部。特高压被称为“电力高速公路”，与传统输电技术相比，特高压采用超高电压输送电力，具有损耗低、输电容量高、输送距离远等优势，可以更安全、更高效、更环保地配置能源。特高压产业链包括电源、电工装备、用能设备、原材料等，产业链长且环环相扣，特高压的建设带动了导线、铁塔、换流阀、控制保护系统等各类电工装备产品的需求，进而带动对钢芯、铝合金、绝缘材料等原材料的需求。

第三节　城际高铁/城际轨交与新材料

自2008年京津城际铁路开通以来，我国城际高铁、城际轨交建设遍地开花。这背后的原因是我国城市群布局和架构日益完善：目前我国已经形成了包括京津冀、长三角、珠三角在内的20多个城市群。而城际高铁和城际轨交，是助力城市群内部各种要素流动不可或缺的重要支撑。同样是铁路，之所以城际高铁、城际轨交可以称作新基建，是因为它们融合了我国一系列的先进技术，如动力装置、实时供电，以及多种新材料的应用。并且在5G、大数据、云计算、人工智能等新兴技术的支撑下，可以实现更高层次的信息化升级，助力城际高铁和城际轨交实现一体化运营。

一、车身材料

早在20世纪50年代，世界上较发达的一些国家就开始采用铝型材来制造铁路车辆，目前国内高铁列车车厢也已大量使用铝合金材料。铝合金材料由于表面易氧化形成致密而稳定的氧化膜，所以具有较好的耐蚀性。并且由于铝的融化温度低、流动性好，所以易于制造各种复杂外形的零件。同时铝合金密度低，使得车辆更加轻量化，使能耗降低。业内专家指出，时速300km以上的高速列车车体必须采用轻量化的铝合金材料，时速350km以上的列车车厢除底盘外全部使用铝型材。目前中国铁路客运专线动车组采用的车辆型号中，除CRHI型车体采用的是不锈钢材质外，其余动车组车体均为铝合金材料。近年来有研究尝试用镁合金、钛合金、碳纤维增强复合材料等航空材料制造车体骨架，其重量比铝更轻，减重效果明显，但还在考察试验中。

二、受电弓滑板材料

受电弓滑板是机车与导线接触供电的重要元件，其材料主要经历了纯金属滑板、粉末冶金滑板、纯碳滑板、浸金属碳滑板等发展过程。浸金属碳滑板既有碳材料的自润滑性，又具备了金属材料集电、强度和抗冲击力高的特点，成为最理想的受电弓滑板材料。国外目前正在加强碳纤维金属基复合材料滑板的研究，该材料在集电、自润滑、抗撞击性能方面都会超过现有的滑板材料，其应用前景十分广阔。

三、制动摩擦材料

制动摩擦系统要求摩阻材料有高而稳定的摩擦系数、更好的散热性和耐磨性、足够高的冲击强度和剪切强度，对磨偶件不产生异常磨损和其他形式的损伤，制动火花少，而且轻量化。刹车片材料经历了由合成材料、粉末冶金材料到碳纤维材料的过程。当前，主流的高铁所使用的制动闸片主要为粉末冶金刹车片，当制动单元体积温度达到500℃以上，闪点温度达到1 000℃左右的时候，粉末冶金刹车片仍能保持良好的刹车性能，适用温度比合成材料提高，相应的适用速度、冲击韧性也较合成材料有了一定的提高。但是人们对高铁的速度和效率的要求也在不断提高，在这种情形下，有必要开发一种耐高温、质量轻的新型刹车材料，如碳纤维复合材料和陶瓷复合材料等。其中碳/碳（C/C）复合材料是近几年开发出来的新型制动材料，是一种碳纤维增强、以C为基体的新型结构材料，它具有质量轻、模量高、比强度大、热膨胀系数低、耐高温、耐热冲击、耐腐蚀、吸震性好等　系列的优良性能，C/C 复合材料的这些独特性能使之能同时完成刹车副的三项功能，即提高摩擦、传递机械载荷、吸收动能。

四、新能源汽车与新材料

汽车行业既是受益于“新基建”的众多行业之一，同时自身也是“新基建”的一分子，是可以孵化和创生无数新兴业态的巨大的新型平台。尤其是以充电汽车为代表的新能源汽车，掀起了汽车产业的革命。一方面，面对全球性的能源危机及环境污染，发展新能源汽车成为解决能源危机、应对气候变化的必经之路。另一方面，在新一轮信息技术和能源革命背景下，发展新能源汽车成为我国实施制造强国战略、推动高质量发展的重要推手。新能源汽车更是对新材料的研发与应用有迫切需求，包括动力电池材料、充电桩材料、轻量化材料在内的突破，都将有效推动新能源汽车产业的发展。

1. 新能源汽车的电池材料

电动汽车发展是个系统工程，涉及整车开发、电机、电控、电池等，最基础、最重要的是电池技术突破，电池是破解里程焦虑、降低成本、提升性能的关键。以当前主流的锂电池为例，锂离子电池是一个复杂的体系，包含了正极、负极、隔膜、电解液、集流体、黏结剂、导电剂等，材料的性能对电池性能具有决定性的作用。从 1990 年日本索尼公司率先实现锂离子电池商业化至今，负极材料一直是碳基材料，而正极材料则有了长足的发展，是推动锂离子电池性能提升的最关键材料。钴酸锂材料是目前压实密度最高的正极材料，因此所制备的锂离子电池体积比能量最高，成为平板电脑和移动智能终端用锂离子电池的主要正极材料。其缺点主要是钴资源有限、成本高，限制了其在电动车领域的广泛应用。锰酸锂材料的主要优点是原料资源丰富、成本低、电池安全性好；其公认的主要缺点是电池比能量低，同时循环稳定性欠佳。目前，LMO 虽然已经很少用于车用动力电池，但在对成本较为敏感的电动自行车等小型动力电池行业得到了广泛的应用。磷酸铁锂材料的主要优点是原料资源丰富、成本低、电池安全性和循环性能好；其主要缺点是电池的比能量低。该材料不仅在电动自行车、电动大巴、电动公交车、特种车行业得到了广泛应用，而且在大规模储能行业得到了广泛的应用。层状三元材料由 Ni、Co、Mn 过渡金属元素组成的层状氧化物组成，是目前乘用车动力电池的主要正极材料；其主要缺点是钴含量高，存在资源和成本的问题。为了降低成本、提高容量，人们不断把镍含量提高，研发出了一系列不同镍含量的层状三元材料。

2. 充电桩与新材料

充电桩主要由 8 个部分组成：充电桩壳体、充电抢外壳、插头、插座、断路器、接触器、电源模块外壳、充电桩用电缆。充电桩用到的材料主要为改性塑料，如目前的交流充电桩外壳普遍用改性 PC、PC/ABS 等，一般要求具备阻燃、耐候、方便配色、环境友好等特性。而电气连接系统材料一般选用聚酯 PBT 和尼龙，主要性能要求电绝缘和高强度等。内部元器件一般选用聚酯 PBT、无卤阻燃尼龙材料。

3. 新能源汽车轻量化材料

与传统燃油车不同的是，新能源汽车采用电池作为动力来驱动汽车运转，受动力电池重量、动力电池续航里程的限制，在严苛的节能降耗法规下，车身轻量化成为新能源车企首先考虑的问题。目前从车身材料来看，钢铁占整车重量的 65%～70%，有色金属占据 10%～15%、非金属材料占据 20%。在未来 10～15 年之间，汽车的各类材料和用量将会平分秋色，普通钢、高强钢、铝合金、镁合金会分别达到 20%的应用，这是汽车材料工业的大革命。随着复合材料的发展，其在汽车轻量化设计过程中得到了广泛的应用，主要应用在汽车内部、外饰、管材以及内部部件等。碳纤维具有良好的高扭转刚度和实际整合度，在加强新能源汽车安全性设计方面获得良好的效果。但是受到材料和制作成本的影响，碳纤维在汽车实际应用中遇到了极大的阻碍。新材料具有高强度和质量轻的特点，可以极大提升汽车的性能。但是从实际生产效果来看，新型材料成本比较高，整体结构也比较复杂，对设计人员提出了更高的标准和要求。

第四节　新材料及其在航天的应用

“一代材料，一代装备”，新材料是航天科技发展的重要物资基础，一代新型航天产品的诞生往往建立在一大批先进新型材料研制成功的基础上，同时也可以带动许多新材料项目的快速启动和应用。

中华人民共和国成立以来，以两弹一星为代表的航天产品的研制曾经带动促进了我国许多关键新材料项目的启动和开展。改革开放以来，随着我国国民经济的迅速发展和经济实力的增强，载人航天、嫦娥工程、遥感卫星、卫星导航通信等重点工程的开展需要众多新材料的支撑，也推动了我国许多关键新材料研制取得突破。

一、金属基复合材料在航天电子产品中的应用

现代科学技术的迅速发展对材料性能的要求日益提高，除了优异的力学性能外，还希望材料具有某些特殊性能和良好的综合性能。单一的金属、陶瓷、高分子等工程材料已难以满足这些性能要求，为了克服单一材料性能上的局限性，人们已越来越多地根据零部件的功能要求和工况条件，设计和选择两种或两种以上化学、物理性能不同的材料按一定的方式、比例、分布结合成复合材料，充分发挥各组成材料

的优良特性，使复合材料达到特殊和综合性能，以满足各种特殊和综合性能需求，也可以更经济地使用材料。

金属基复合材料是复合材料一个新的分支，与树脂基复合材料相比，目前尚不成熟；但金属基复合材料比树脂基复合材料耐温性有所提高，此外它还具有导电和导热性以及在高真空条件下不释放小分子、不老化的特点，克服了树脂基复合材料在航天领域中使用时存在的缺点。因此，金属基复合材料在航天领域具有广阔的应用前景。

（一）金属基复合材料的性能特点

金属基复合材料的性能取决于所选用金属或合金基体以及增强体的特性、含量、分布等。通过优化组合可以获得既有金属特性，又具有高比强度、高比模量、耐磨性，以及兼具有阻尼、耐热性、优良的导热和低的热膨胀系数、高的中子吸收等优异的综合性能。综合归纳金属基复合材料具有以下性能特点：

1. 高比强度、比模量

由于在金属基体中加入了适量的高强度、高模量、低密度的纤维、晶须、颗粒等增强物，明显提高了复合材料比强度和比模量，特别是高性能连续纤维——硼纤维、碳（石墨）纤维、碳化硅纤维等增强物，具有很高的强度和模量。密度只有 1.85g/cm^3 的碳纤维的强度可达到 7 000 MPa，比铝合金强度高出 10 倍以上，加入 30%～50%的高性能纤维作为复合材料的主要承载体，复合材料的比强度、比模量成倍地高于基体合金的比强度和比模量。

2. 良好的导热、导电性能

金属基复合材料中金属基体占有很高的体积分数，仍保持着三维连续，因此保持金属所持有的良好导热和导电性。良好的导热可以有效地传热，迅速散热减少构件受热后产生的温度梯度，这对尺寸稳定性要求高的构件和高集成度的电子器件尤为重要。良好的导电性可以防止空间飞行器表面电荷堆积，避免电击穿等。

3. 热膨胀系数可设计，尺寸稳定性好

金属基复合材料中所用的增强物碳纤维、碳化硅纤维、硼纤维、晶须、颗粒等均具有很小的热膨胀系数，又具有很高的模量，特别是高模量、超高模量的石墨纤维具有负的热膨胀系数。加入相当含量的增强物不仅大幅度提高材料的强度和模量，

也使其热膨胀系数明显下降，并可通过调整增强物的含量获得不同的热膨胀系数，以满足各种工况要求。例如，石墨纤维增强镁基复合材料，当石墨纤维含量达到48%时，复合材料的热膨胀系数为零，即在温度变化时使用这种复合材料做成的零件不发生热变形，这对航天器构件特别重要。

4. 良好的高温性能

由于金属基体的高温性能比树脂高很多，增强纤维、晶须、颗粒在高温下又都具有很高的高温强度和模量。因此，金属基复合材料具有比基体金属更高的高温性能，特别是连续纤维增强金属基复合材料。在复合材料中纤维起着主要作用，纤维强度在高温下基本上不下降，纤维增强金属基复合材料的高温性能可保持到接近金属熔点，并比金属基体的高温性能高许多。如钨丝增强耐热合金，其 1 100℃、100 小时高温持久强度为 207MPa，而基体合金的高温持久强度只有 48MPa；又如石墨纤维增强铝基复合材料在 500℃高温下，仍具有 600MPa 的高温强度，而铝基体在300℃强度已下降到 100MPa 以下。因此金属基复合材料被选用在发动机等高温零部件上，可大幅度提高发动机的性能和效率。总之金属基复合材料做成的零部件比金属材料、树脂基复合材料零部件能在更高的温度条件下使用。

5. 耐磨性好

金属基复合材料，尤其是陶瓷纤维、晶须、颗粒增强金属基复合材料具有很好的耐磨性。这是因为一方面陶瓷增强体的加入本身可以提高基体的耐磨性；另一方面，如加入石墨等增强体，可提供本质润滑，改变复合材料的磨损机制，提高金属基复合材料的耐磨性。

碳化硅颗粒增强铝基复合材料的耐磨性比铸铁还好，比基体金属高出几倍，其在汽车、机械工业具有重要的应用前景，可用于汽车发动机、刹车盘、活塞等重要零件，能明显提高零件的性能和寿命。

6. 良好的疲劳性能和断裂韧性

金属基复合材料的疲劳性能和断裂韧性取决于纤维等增强体与金属基体的界面结合状态，增强体在金属基体中的分布以及金属、增强体本身的特性，最佳的界面结合状态既可有效地传递载荷，又能阻止裂纹的扩展，提高材料的断裂韧性。

7. 不吸潮、不老化、不放气、气敏性好

金属性质稳定、组织致密，不存在老化、分解、吸潮等问题，也不会发生性能

的自然退化，这比树脂基复合材料优越，在空间使用不会分解出低分子物质而污染仪器和环境。

8. 韧性和塑性低

金属基复合材料由于增强体的引入，阻碍了金属基复合材料的变形，所以一般金属基复合材料的韧性、塑性比相应基体合金的低。而对承力等部件所用材料必须具有一定的韧性和塑性。

（二）金属基复合材料的制备方法

金属基复合材料一般按增强体的形式分类，可分为连续纤维增强、非连续纤维增强（短纤维增强、晶须增强或颗粒增强）等。针对这些复合材料，已开发出多种金属基复合材料的制备方法，各制备方法的特点如表 9-1 所示。

表 9-1　金属基复合材料常用制备方法

方　法	优　　点	缺　　点	适用范围
粉末冶金法	基本上不存在界面反应，质量稳定，增强体体积分数 V_f 可较高，可选用细小颗粒增强体，增强体分布均匀，可实现近似无余量成型	工艺程序多，制备周期长，成本高，降低成本的可能小	非连续纤维增强
搅拌铸造法	工艺简单，设备投资少，生产成本低，可大规模生产	V_f 有限（一般不超过 20%），颗粒一般不可能小于 10μm，有界面反应的可能性，增强体分布难达到均匀化，有气孔，只能制成铸锭，因此需二次加工	非连续纤维增强
挤压铸造法	工艺较简单，生产周期短，设备投资少，有降低成本的可能性，能实现近似无余量成型，V_f 可较高，界面反应不严重	需先制成预成型体，预成型体对产品质量影响很大，模具造价较高	连续纤维增强和非连续纤维增强
真空压力浸渍法	V_f 可调范围大，分布均匀，制品质量好	工艺设备昂贵，制造大型零部件有困难，如冷却工序安排不妥善，可产生明显的界面反应，制备周期长	连续纤维增强和非连续纤维增强
无压浸渍法	增强体分布均匀，设备简单，成本较低	工艺周期长，复合体系有限，预成型体制作较难	连续纤维增强和非连续纤维增强

续表

方 法	优 点	缺 点	适用范围
共喷射法	成型速度快，工艺周期短	设备昂贵，由于孔隙率高而质量较差，仅能支撑铸锭和平板，原材料损失大	非连续纤维增强
机械合金化法	增强体分布均匀，V_f范围较大，制品质量好	设备昂贵，工效低，在制备过程中易带入杂质	非连续纤维增强
原位反应复合法	成本较低，增强体分布均匀，基本上无界面反应，可以使用传统的金属熔融铸造设备，工艺周期短	工艺过程要求严格，较难掌握，增强相的成分和体积分数不易控制	非连续纤维增强

搅拌铸造法和粉末冶金法相对比较成熟，已具备批量生产的条件。搅拌铸造法成本最低，但是此方法所得材料性能不稳定；同时存在界面反应、颗粒难分布均匀等问题。如果要应用搅拌铸造法制备航天用材料，仍需开展特殊设备和工艺条件的研究，获得性能稳定的复合材料。粉末冶金法所得材料性能良好，常用于制造各种尺寸精密的粉末冶金零件，已用于制备航天材料；但是此方法制备成本较高。

挤压铸造法、真空压力浸渍法和无压浸渍法不但可以制备高体积分数颗粒增强复合材料，还可以用于制备连续纤维增强复合材料。挤压铸造法工艺相对简单，但是预制件中的气体不易在凝固前排出而造成气孔与疏松，同时预制件也易发生变形和偏移。因此，此类方法较普遍地使用在小型零部件制造中。相对来说，真空压力浸渍法制品质量较好，同时还可以实现近终成型，非常适合精密件、复杂件的制造，其应用于制备航天材料具有广阔的前景。目前，美国和法国的航天航空研究机构等都在研究发展此类制备方法。无压浸渍法是一种比较新颖的制备方法，工艺简单，成本较低。此类方法的关键是设计合适的具有良好润湿性的复合材料体系。

原位反应复合法是一种新开发的制备技术，此工艺方法克服了传统外加法的一些缺点，如界面反应、润湿性等问题；并且工艺简单，成本较低，是一种很有发展前景的工艺方法。但是此类方法目前仅限于实验室阶段，所得材料性能重现性不好，要想在航天领域应用，还需进一步加强机理研究，优化工艺条件。另外，原位反应复合法可防止纳米相的团聚和纳米晶体的长大，特别适合制备纳米复合材料，可获得高性能的新型纳米材料，促进航天器材料的更新换代。

（三）金属基复合材料的航天应用

1. 结构部件应用

金属基复合材料具有高的比强度和比模量，以及良好的尺寸稳定性，特别适合在航天结构和机构中使用，可以降低航天器的结构重量，增强荷重比。如在美国航天飞机中，采用了连续纤维增强铝基复合材料管，比用铝合金减重了 145kg，相当于使质量降低了 44%，同时节省了空间。又如哈勃望远镜结构中采用 P100/6061Al 复合材料制备天线支架，使支架具有理想的刚度和低的热膨胀系数，保证了哈勃卫星运行过程中天线的位置精度。并且，由于金属基复合材料具有优异的导电性能，可以在天线和飞行器之间传输电信号，从而使支架具有波导功能。

2. 热控部件应用

金属基复合材料具有良好的导热性能，同时其热膨胀系数可设计，使得其适用于电子封装。电子封装材料需要具有良好的导热系数，对于运动部件尤其要求具有良好的比导热系数；同时，电子封装材料还需要具有合适的热膨胀系数，一般其热膨胀系数需在 4×10^{-6}～7×10^{-6}/K 之间。因为此热膨胀系数可匹配半导体和基体材料的热膨胀系数，避免产生残余应力。

3. 载荷部件应用

金属基复合材料由于具有高的比强度、比刚度，优异的导热性，低的热膨胀系数以及良好的尺寸稳定性，所以人们开始研究航天器中对精度要求高的零部件采用金属基复合材料来制备。

航天器零部件受到的载荷主要包括两部分，一部分是热载荷，一部分是力载荷。利用金属基复合材料优异的抗热和力载荷性能，开展了金属基复合材料在航天器有效载荷中的应用研究。

4. 金属基复合材料航天应用展望

金属基复合材料由于具有非常优异的综合性能，人们一直开展其在航天器领域中的应用研究。但是金属基复合材料尚存在一些有待解决的问题，阻碍了其大规模应用，经过不断的努力，相信金属基复合材料在航天器中具有巨大的应用潜力。目前其存在的问题及发展方向主要如下：

（1）开发新的制备技术

制备大型、复杂构件的方法仍在研究和发展中。目前制备金属基复合材料的成本较高，并且其工艺又比较复杂、不成熟，所制得材料的质量稳定性差。为了扩大金属基复合材料的应用范围，必须优化或开发新的制备技术，使其生产工艺具有在可接受的价格范围内生产出高质量、不同尺寸规格和复杂程度的构件。同时，生产工艺要具有稳定性，而且要降低产品的废品率，提高产品的合格率。因此，需开发新的低成本制备高质量稳定性复合材料的制备技术。

（2）改变设计理念

扩大金属基复合材料应用的一个重要挑战是复合材料的设计理念要改变。在金属基复合材料设计中，由于其外在表现形式像金属，人们一般认为其应该具有金属的特性，采用类似金属材料的设计原则，而不是采用同样具有低塑性的树脂基复合材料的设计原则。材料工程设计者应该克服这种原有设计习惯，并开发具有高韧性、高塑性的金属基复合材料。

（3）完善数据库

金属基复合材料具有性能可设计性，因此性能可设计性使其需要更多的辅助性能数据库。目前，颗粒增强金属基复合材料及连续纤维增强金属基复合材料都没有足够的性能数据库，增加了金属基复合材料航天应用验证的成本和难度。为了扩大金属基复合材料的应用，首先要建立完善的性能数据库。同时，通过扩大金属基复合材料在汽车、娱乐和航空工业等不同市场的应用，不断总结和积累金属基复合材料的使用经验。

（4）建立检测标准

金属基复合材料的检测手段是扩大金属基复合材料应用的基础。为了控制价格，目前要求使用标准的无损检测技术（NDI）。无损检测技术能否检测出金属基复合材料中存在的缺陷及金属基复合材料适应的检测标准需要进一步研究。

（5）深化机械加工和材料连接技术研究

机械加工和焊接是金属基复合材料面临的另一个挑战。特别是对连续纤维增强金属基复合材料机械加工，必须避免对连续纤维的破坏；而颗粒增强金属基复合材料由于增强体的加入，严重降低普通刀具的寿命，虽然使用金刚石刀具可以达到加工的目的，但仍需优化其加工工艺。传统的材料连接技术，如焊接，应用到金属基复合材料需要重新进行研究，因为金属基复合材料中增强体的加入会影响熔池中流体的流动以及影响熔池和热影响区。因此，需进一步研究金属基复合材料机械加工和材料连接技术。

二、新型轻量化金属基复合材料在航天电子产品中的应用

（一）概述

新型轻量化金属基复合材料为实现电子封装材料的规模产业化，满足半导体芯片集成度沿摩尔定律提高导致芯片发热量急剧升高、使用寿命下降以及电子封装的“轻薄微小”的发展需求。尤其在航空航天、微波集成电路、功率模块、军用射频系统芯片等封装方面作用极为凸现，成为航天电子产品封装材料应用开发的重要趋势，同时是航天电子产品轻量化的重要发展之一。

（二）新型轻量化金属基复合材料的分类

新型轻量化金属基复合材料大致可分为以下五种：

（1）PMC（polymer matrix composites）：聚合矩阵复合材料。

（2）MMC（metal matrix composites）：包括各种金刚石粉末增强金属基复合材料等。SiC 粉末增强铝材料（Al/SiC）是使用最广的电子产品封装材料。其中 Al/SiC 微波封装，以及作为固体或流体印制板电路的热沉，被广泛应用于各种各样航天飞行器系统中。

（3）CCC（carbon/carbon composites）：碳/碳复合材料。强度硬度都较好，且不像单晶碳材料易脆，有些具有很高的导热率。这种材料现在应用于热处理领域还比较有限。

（4）CMC（ceramic matrix composites）：陶瓷矩阵复合材料。金刚石粉末强化碳化硅材料散热器现在被使用于 IBM 笔记本电脑。

（5）MCM（monolithic carbonaceous materials）：单晶碳材料。包括 CVD 金刚石膜、高导向热解石墨等，是极富有发展潜力的电子封装材料。

（三）几种先进金属基材料的进展

1. CVD 金刚石膜

采用金刚石热沉（散热片）的大功率半导体激光器已经用于光通信。有人把天然Ⅱa 型金刚石单晶热沉用于解决微波和激光二极管器件的散热问题，所用金刚石单晶热沉片的尺寸在 $1mm^2$ 左右，只能用于单个激光二极管器件。大面积高热导 CVD 金刚石膜的出现使其在高功率激光二极管阵列（LDA）和其他微电子和光电子器件

的热管理应用成为可能。典型的激光二极管阵列是由200m宽、600m长，间隔200m的交叉点，在10mm幅度上分布的激光二极管器件。需要长度为10mm的金刚石膜做导热片，这对于CVD金刚石膜技术来说是毫无问题的。高热导率金刚石膜制备方面，最高热导率水平已经达到 18.5W/(m·K)，具备了制备大面积高热导率金刚石膜热沉晶片的能力。金刚石热沉的另一更加诱人的应用前景是用于正在发展之中的多芯片组装技术（MCM- Multi Chip Modules），这一技术的目标是把许多超大规模集成电路芯片以三维的方式紧密排列结合成为超小型的超高性能器件，而这些芯片的散热则是该技术的关键，显然金刚石膜是解决这一技术难题最理想的材料。

金刚石膜作为微电子器件的封装材料的优越性是显而易见的，这是因为金刚石的高热导率、高电阻率和与硅器件材料在热膨胀系数上的良好匹配性。任何一种现有的封装材料都无法和金刚石膜封装材料比美。

2. 石墨铝

Alltek Company USA Inc 引进两种先进的石墨铝复合封装材料——Algraph7 和 Algraph4。该产品应用于波音公司加工 Spaceway 卫星通信系统中 K 波段 T/R 模块的管壳。

石墨铝复合材料具有轻质低密度、热膨胀系数同砷化镓和氧化铝 LTC 相匹配、热传导性能高、加工和电镀方便的特点。另外，其具有其他多种类似应用：军用无线通信系统、IGBT 底座和其他功率半导体器件应用。和传统的碳硅铝合金材料相比，Algraph7 更轻、热传导性能更高、生产成本更低。而且，由于是从库存板材直接加工而来且无须增加夹具成本，所以样品制作快捷、便宜。

Algraph 是由带石墨纤维的铸铝加工而来，这些石墨纤维被排列在 XY 平面上已获得稳定的应力结构和基板相匹配的热膨胀系数。通过控制在铝中的石墨含量百分比，Algraph 的热膨胀系数可被定制成实际需要的值。

现同传统的封装材料相比，Algraph 有特殊的材料特性。Algraph 有 $2.46g/cm^3$ 的低密度，它远比其他传统的封装材料，甚至比碳硅铝材料都要轻。而且，Algraph 的热传导性比除了纯铜外的其他大多数材料要好。同时，我们可以设定热膨胀系数和基板匹配，来减少热烈化。Algraph 材料的使用能大大降低整体器件的重量和体积，同时带来可靠的性能和低结点温度。

3. 其他超高导热材料

碳-碳材料也是一种高导热材料，其密度为铜的 1/4、高导热率［石墨单晶的理论导热系数可达到 2 400 W/(m·K)］、热膨胀系数低、性能稳定（耐辐照、导热性能随外界环境的变化很小），是今后高导热材料的主要发展方向之一。目前国外已研制出导热系数超过 1 000 W/(m·K)的碳-碳导热材料。针对高功率电子器件所需的高效散热器材料和导热填充材料，开展了以掺杂再结晶石墨、高定向石墨、柔性石墨、中间镶嵌沥青泡沫石墨、碳-碳复合材料为代表的高导热碳基复合材料的研制工作。深入、系统地考察了易石墨化的有机物前驱体（如中间相沥青、聚酰亚胺薄膜）的热转化行为及微晶结构演变过程和排列方式，为揭示高导热碳材料的物理结构基础奠定学科基础。通过采用热压工艺和催化石墨化技术，研制出多种类型的高导热碳材料，其中双组元（Ti Si）再结晶石墨的热导率达 494 W/(m·K)，柔性石墨箔材料的热导率达 610～650 W/(m·K)，双向拉伸聚酰亚胺薄膜所制高定向石墨热导率达到 823～975 W/(m·K)。

三、镁合金材料在航天电子产品中的应用

（一）纯镁及其应用

纯镁化学性质活泼，具有一定的耐腐蚀能力。纯镁为密排六方结构，变形困难。20℃时密度为 1.74g/cm^3，是铝的 2/3，是结构材料中最轻的金属。熔点为 650℃，与铝的熔点 650℃相当。沸点为 1 090℃，蒸气压很高，727℃时为 1.04kPa，熔化时易燃烧。目前，发达国家镁产量的 49.8%应用于铝合金化，17%用于制备压铸镁合金，14.8%用于钢铁冶金过程脱硫，5.6%用于球墨铸铁球化剂，6.3%用于电子和化工，1.8%用于制造变形镁合金，1.3%用于还原金属，0.6%用于普通铸造，2%用于其他用途。由此可见，应用于制造镁合金仅占总产量的 20.2%，开发新型镁合金具有极大的潜力。

（二）镁合金用于结构材料的优势

高集成、低质量、多功能、高速率的信息生成、传载和显像设备要求新材料必须在物理性质上具备良好的减振、散热和抗电磁干扰性能；机械性能上具备高的比刚度和比强度；视、感觉上具备美观和良好触感；生态方面具备节能和可再生。飞

行器质量每降低 1g，发射燃料可以节约 4kg；航空发动机本身质量降低 40%，比功率可以提高约 30%。与其他合金相比，镁合金的最大优点是质量轻，其密度约为铝合金的 64%、钢的 23%。Mg 的弹性模量比 Al 低，在制作受力零件时必须用加强筋或适当增加零件断面厚度，尽管如此零件的重量仍可减轻 20%左右。镁合金的特点是具有良好的机械加工性能，其切削速度大大高于其他金属，而且另一个突出的特点是不需要磨削和抛光，不使用切削液即可得到光洁的表面。镁合金的其他性能包括阻尼性、尺寸稳定性、抗冲击和抗压缩能力，以及具有高导热率、无毒性、无磁性、不易破碎等优点。然而，通过结构优化设计而降低发动机质量的空间已经很小，研发高比强度新材料成为唯一可行的途径。结构材料中最轻的镁合金具有友好的生物兼容性、最高的比强度和比刚度、优良的工艺性能、较好的耐腐蚀性能、良好的导热性和减振及电磁屏蔽性，被认为是制备电器产品壳体和架体、运输工具和航天飞行器零部件最具有前途的材料。我国镁资源丰富，价格与铝相当，这对于发展我国航空航天大支柱产业，开发新型镁合金提供了必要的资源保证。

（三）超高强度镁合金及其应用

由于镁合金品种少、强度低和塑性差，因此，综合开发镁及镁合金已成为国际共识，并确立了 7 个主要研发方向：降低生产成本、研究和开发产品的制备工艺、防腐与表面处理、提高合金室温和高温机械性能、新材料开发、进一步开发在航空航天领域的应用、快速凝固与后续加工。快速凝固之所以被作为其中重要的研究方向，是由于利用快速凝固可以研究凝固过程的基本原理，制备超高性能非平衡材料。通常情况下，快速凝固制备的镁合金强度＞500MPa，比强度＞250Mpa/(g/cm^3)，因此被称为超高强度镁合金。近年来，快速凝固应用于镁合金方面取得了可喜成绩，超高强度镁合金抗拉强度已经达到了 935MPa，比强度达到了 480Mpa/(g/cm^3)，其中比强度远远高于超高强度钛合金［比强度 260Mpa/(g/cm^3)］。研究发现镁合金中加入 Y 和重稀土合金元素可以获得 300℃以下稳定存在的亚稳相。该类合金在保证了工艺性能不变条件下，通过亚稳相强化后具有优异的室温、高温性能和耐腐蚀性能。

目前，镁合金快速凝固的研究工作主要集中在几个发达国家，研究和制备的材料应用目标明确，即航天器和飞行器。美国军方、飞机和发动机制造商联合研究结果表明，镁合金除了通常提到的优点外，还有一定的耐高温能力，可以与液体燃料接触，可以防止高空臭氧腐蚀和空间射线辐射，可以防止短电磁波、高能粒子和流星体的轰击，由其制备的零部件因质量减小可带来巨大的经济效益。为此，美国、以色列和欧共体投入巨资，研究和开发超高强度镁合金以及其在航空航天领域的应用，其原因不仅是因为超高强度镁合金可以减小飞行器的质量，更重要的是可以改善飞行器的飞行姿态。

目前，公开应用于航空和航天飞行器的镁合金材料包括 AZ91E、QE22、ZE41、EQ21、EZ33 和 WE43。其典型应用包括用 ZE41 制备的 BR710 发动机箱体部件（零件尺寸为 1 400mm×500mm×700mm，质量为 34kg）、Tiger 直升机主驱动箱体（尺寸为 600mm×500mm×800mm，质量为 57kg）和尾导航系统箱体、T117 燃气涡轮发动机驱动系统零件（尺寸为 φ350mm×4 000mm）；用 QE22 制备的 Eurofighter 尾导航铸件（尺寸为 φ450mm×350mm）；用 ZE41 制备的发动机箱体部件（尺寸为 400mm×320mm×650mm，质量为 34kg）等。据报道，如今超高强度镁合金已经被美国和以色列应用于飞行器推进器冷室的多种关键零部件上，超高强度镁合金的零部件通过压力成型和机械连接制成。但是，所有用超高强度镁合金生产的航天航空飞行器的零部件的制造工艺全部处于高度保密状态。超高强度镁合金在我国的研究工作刚刚起步，为了发展我国航空航天技术，特别是载人飞行器和空间实验室，研究和开发超高强度镁合金具有重要的现实意义。

四、镁锂合金材料在航天电子产品中的应用

（一）概述

由于镁属于密排六方晶体结构，滑移系少，塑性低，且在高温下易于氧化，成型加工能力差，制约了镁及其合金的使用。向 Mg 中加入 Li 可降低镁合金的密度，还能够大大提高其塑性且使其能够在室温下变形，避免了高温氧化的问题，经过挤压、轧制等方式变形后，合金在保持较好塑性的同时具备了较高的强度，成为一种性能较为优异的超轻结构材料。因此，对镁锂（Mg-Li）合金的研究具有重要的实际意义。

Mg-Li 合金是目前最轻质的合金，其密度一般为 1.35～1.65g/cm^3，为铝合金的 1/2～2/3，为普通镁合金的 3/5～3/4，比玻璃橡胶等许多无机物及有机物还轻。Mg-Li 合金具有高比强度、比刚度、弹性模量，以及良好的高、低温韧性，同时还具有一般镁合金所具备的良好的阻尼减震性、导热性、电磁屏蔽性、抗高能粒子穿透能力，

同时还具有机械加工性能优良、易回收等优点，在航空、航天、汽车、3C 产业、医疗器械等领域都有着巨大的发展潜力，可部分替代目前应用于航空航天领域的铝及铝合金材料，具有广泛的应用前景。

（二）国内外发展现状

当 Li 含量超过 5.7wt%时，Mg-Li 合金的组织中除了密排六方结构的基体相外，还会出现体心立方结构相。这是在 1910 年，德国 Masinflo 在研究 Li、Na、K 与 Mg 相互作用时，意外地发现 Mg 和 Li 发生有趣的结构转变，并认为该结构是超结构。1934—1936 年，德、美、英三国研究者相继研究了 Mg-Li 合金的结构转变，测定了二元合金相图，证实了 Li 含量达 5.7wt%时出现 hcp-bcc 结构转变。1954 年，Frentll 等人提出了完整精确的 Mg-Li 二元相图。二战爆发后，战争对飞行器、军事装备车辆性能要求的提高，推动了镁在全球领域的快速发展。1942 年，美国冶金学家提议向镁基合金中添加金属锂，使镁基合金的晶体结构由密排六方变成体心立方，以期改善合金的加工性能，并同时降低合金的比重。

随着 Mg-Li 合金研究的逐步深入，并取得了一些积极的成果，Mg-Li 合金的研究引起了美国航天部的注意，并最终使其在航天飞行器上得以应用。美国 Battel 研究所、海军部、宇航局开始大规模合作研制 Mg-Li 合金，目标是开发出密度低、比强度高、比刚度高、成型性良好，各向异性不明显的超轻合金。随后美国坦克指挥部与道化公司合作成功开发了 LAZ933Mg-Li 合金，被用于制造 M131 装甲运兵车车体部件，并通过了道路行驶试验；而后陆军弹道导弹部门与 Battel 研究所合作研制出 LA141lMg-Li 合金，被纳入航空材料标准 AMs4386，并在“Apolol”宇宙飞船的起动火箭 Satunl-V 中的计算机、电器仪表框架和外壳、防宇宙尘壁板等多处得到应用。Agena-D 的末级制动火箭上也用了 Mg-Li 合金部件，重量减轻了 23kg。20 世纪 80 年代，美国开始尝 Mg-Li 合金的制备新工艺及 Mg-Li 基复合材料的制备，并制备出 Mg-Li/B4C 复合材料。此外，Mg-Li 合金也用于电池上。

Mg-Li 合金有一系列尚待解决的问题，要通过重金属元素的添加来获得低密度、高比强度兼有其他优良性能（稳定性、耐蚀性等）的超轻合金看起来是比较困难的。因此，20 世纪 80 年代中期开始，人们着手探索通过其他途径来改善合金性能的可能性。这些途径包括 Mg-Li 基复合材料、Mg-Li 合金的快速凝固（RSP）工艺和 Mg-Li-RE 系合金等。同时，人们并未放弃传统的提高合金性能的各种尝试，即常规元素添加、冷热加工、时效热处理等方面。

从20世纪80年代起，各国开始尝试使用新的方法制备Mg-Li合金，以寻求新的突破。麦道公司尝试用快速凝固新技术制备了新型Mg-9Li-X合金。Gresing和Das分别研究了快速凝固Mg-Li-si合金和Mg-Li-Si合金的氧化性。斯坦福大学Sherby研究小组与海军部合作研究了Mg-9Li-4%B4C、Mg-9Li/6063、Mg-9Li等合金与复合材料的常温和高温性能。另外，德国K．Schemme等人首次使用激光对Mg-Li-Al合金进行表面热处理。

20世纪60年代中期至90年代，苏联科学院开发出了MAl8、MA21等超轻Mg-Li合金，制备了强度与延展性较好、组织稳定的Mg-Li合金部件，应用于电器仪表件、外壳零件等部位。

日本人近年来对Mg-Li合金的研究较多，进行了Mg-Li合金添加常规元素、稀土元素（RE）的性能及时效机理、冷热加工性能等方面的研究，并取得了一定成果。日本学者于20世纪90年代进行了Mg-Li合金半固态加工的研究。据报道，日本长冈技术大学的小岛阳教授研制了一种超轻Mg-Li合金，比重为0.95，比水还轻，可用于航天以及诸如笔记本电脑等需要使用坚固而又轻质材料的电子产品。

随着3C产业迅速发展，该类产品多有便携性，人们对轻量化、环保型产品青睐有加，Mg-Li合金的应用也越来越多，打破了以往只局限在航空飞行器上应用的局面。其中，日本法库特公司与科贝尔克公司联合开发的实用Mg-Li合金已投入批量生产，主要提供给需要不断扩大的便携式轻量器材制造领域使用。此外，英国的Magnesium Electron公司已把LAl41合金投入商业化生产，其产品涵盖了板带材、挤压材和铸造材。

近年来，我国研究人员在充分吸收欧美等国的研究成果基础上，进一步研究了Mg-Li合金超塑性，复合添加稀土元素Mg-Li合金，新型Mg-Li/SiQ，B_2O_3，siC复合材料以及对传统Mg-Li合金（如LAl41合金）进行了压蠕变等性能的研究，取得了令人鼓舞的成果。但同时也应该看到我国对Mg-Li合金的研究工作还处于起步阶段，仍然缺乏Mg-Li合金特性基础性研究工作。2010年西安交通大学与西安四方超轻材料有限公司合作在西安阎良国家航空高技术产业基地建成了中国第一条Mg-Li合金生产线。2012年我国首届Mg-Li合金应用推介会在西安召开，标志着Mg-Li合金将进入量产，预计可达到年产100吨，这种新材料将进入航空、航天和能源等多个应用领域。

（三）Mg-Li 合金技术难点

（1）Mg-Li 合金熔炼成本较高：合金的熔铸设备、工艺复杂，需要进一步探索。

（2）Mg-Li 合金绝对强度低：需要通过合金化以及新的加工方式进一步提高合金机械性能。

（3）Mg-Li 合金耐热性差：一般镁合金的长期使用温度范围较低（不高于 423K），而 Mg-Li 合金的使用温度范围更低。这严重限制了 Mg-Li 合金的使用范围。

（4）Mg-Li 合金力学稳定性差：这是 Mg-Li 合金需要解决的难点，需要进一步研究 Mg-Li 合金时效机理，并通过新思想、新工艺来提高 Mg-Li 合金力学稳定性。

（5）Mg-Li 合金耐腐蚀性极差：Mg-Li 合金在潮湿大气中的应力腐蚀敏感性很大。Mg-13Li-Al 合金在 0.01%NaCl 溶液中进行环形应力腐蚀试验时，合金被腐蚀成粉状。可见，Mg-Li 合金表面处理技术成为制约合金广泛应用的关键因素。

（四）Mg-Li 合金表面处理方法

Mg-Li 合金作为最轻的金属结构材料，在航空航天、汽车和电子等领域展现出良好的应用前景。但其较差的耐腐蚀性是制约其应用的关键因素之一。

目前镁合金防腐表面处理技术一般有化学转化膜层技术、化学镀镍磷镀层、微弧氧化技术等。

1. 化学转化膜技术

化学转化膜技术是镁合金表面防腐蚀的有效方法。该技术通过镁合金基体与某种转化处理溶液相接触，在金属表面形成一层附着力良好的难熔化合物膜层，这层膜能够保护底材金属不受水和其他腐蚀性环境的影响，改善镁合金零件的防护性能，获得良好的外观，还可以作为涂装等后续处理的底层，提高后续涂装漆膜的附着力，并且该方法操作简单、成本低廉、成膜均匀。

目前 Mg-Li 合金的化学转化膜处理方法有以下两类：一类是磷酸盐、高锰酸盐作为成膜剂；另一类是铬酸盐作为成膜剂。目前技术较为成熟的是铬酸盐处理，Sharma 等人研究了 Mg-Li 合金的铬酸盐转化膜，得到的膜层厚度为 8～11μm，对 Mg-Li 合金的表面耐蚀性有很大的提高。但铬酸盐处理中含有毒性的六价铬离子，污染环境，对人体有害，并且废液的处理成本高。因此，开发无毒的环保型 Mg-Li

合金化学转化工艺具有重要的应用价值，已经成为当今的研究热点。目前一系列适用于镁合金的无铬转化处理技术，如磷酸盐转化膜、稀土转化膜、锡酸盐转化膜、钴酸盐转化膜等已经得到了成功的发展，展现出良好的应用前景。

2. 化学镀镍磷镀层

化学镀镍磷镀层以其较高的硬度、耐磨性和耐蚀性，以及良好的延展性被广泛应用到各个领域。将化学镀镍磷技术应用到镁合金表面提高镁合金的耐蚀性和耐磨性，国内外都有很多相关的研究，但在 Mg-Li 合金表面化学镀的研究报道还很少，目前仅有韩玉昌等在 Mg-13Li-5Zn 上进行了化学镀镍的研究。

由于镁合金的电极电位很低，电化学活性很高，直接进行化学镀时，金属镁会与镀液中的阳离子发生置换反应，沉积的镀层疏松多孔、结合力差，并且会影响镀液的稳定性，缩短镀液的使用寿命。所以为使镁合金得到理想的镀层，最重要的就是适当的前处理过程，一旦形成适当的底层，就可以进一步镀覆我们所需性能的金属或合金。目前镁合金化学镀镍前处理有浸锌法和直接化学镀镍法。直接化学镀镍法是指试样在化学镀镍前在铬酸和硝酸溶液中进行铬化处理，再浸在氟化氢溶液中使其表面生成氟化镁保护膜，再进行碱性化学镀镍。而六价铬致癌，对人体和环境造成危害，所以无铬表面处理工艺的研究成为当今研究的热点。

3. 微弧氧化技术

微弧氧化是一种在阳极氧化基础上发展起来的新技术。它是将 Al、Mg、Ti 等阀金属或其合金置于电解液中，利用电化学方法，在材料表面产生火花放电斑点，在热化学、等离子体化学和电化学的共同作用下，在阀金属表面原位生长出与基体结合牢固，结构致密，具有良好的耐磨、耐腐蚀、耐高温冲击和电绝缘等特性的陶瓷膜层。该技术具有工序简单、效率高、成本低、环境友好等特点。目前该技术已成功用于铝合金、钛合金以及镁合金的表面处理。

目前国内外关于Mg-Li合金微弧氧化技术的研究还较少，国内某些高校在Mg-Li合金表面原位生长陶瓷膜层，并在此基础上制备了微弧氧化/化学转化复合涂层。

（五）新型轻量化复合材料在航天领域的发展展望

随着航空航天、军工以及汽车工业的迅速发展，传统的轻合金材料铝、镁和铁合金已远远不能满足高性能宇宙飞船、飞机、导弹、汽车的设计要求，对质量轻、刚性强、韧性高、耐高温、耐腐蚀的新型轻质材料的需求与日俱增。新型轻量化金属基复合材料的最大特点就是密度小，热膨胀系数匹配适应性强，并且可以根据碳的含量的改变来改变其热膨胀系数，同时有出色的导热性能及耐腐蚀性；同时用于机箱结构的镁合金材料密度小，有良好的减振、散热和抗电磁干扰性能；机械性能上具备高的比刚度和比强度，在航空航天飞行器领域使用的电子系统中，在满足电子材料的其他基本要求的同时，轻质低密度是最首要的问题，因为每增加 1kg 甚至是 1g，都要付出昂贵的代价。据统计，在飞行器上，每 1 kg 有效负载的成本高达 5 万英镑（约合 45 万人民币），对于通信卫星成本就更要高出 10 倍，实际上达到了是“克克计较”的状况。因此新型轻量化金属基复合材料及镁合金是航天电子产品选材的趋势，这种材料也将广泛应用于航天电子产品之中。

五、航天防热材料及热防护系统的应用

（一）概述

航天飞行器飞行速度的不断提高导致其服役环境越来越恶劣，飞行器的热防护问题成为不可回避的研究热点，而防热材料和由典型材料构成的热防护系统（Thermal Protection System，TPS）是解决热防护问题、确保飞行器安全工作的物质基础。以目前国内外都在积极开展的高超声速（Hypersonic）飞行器研制计划为例，无论是从科学与技术角度，还是从工程制造发展角度，防热材料和热防护系统都是实现高超声速飞行的关键技术之一。

根据经典高超声速高温气体动力学教科书和美国国家研究会议对美国空军高超声速规划的评估报告，一般将大于 5 倍声速的速度称为高超声速。高超声速飞行器一般指的是飞行速度在 5 倍声速以上，即马赫数大于 5 的空天飞行器，包括可重复使用跨大气层飞行器（Reusable Launch Vehicle，RLV）、空间作战飞行器（Space Operations Vehicle，SOV）、轨道转移飞行器（Orbital Transfer Vehicle，OTV）、通用航空飞行器（Common Aero Vehicle，CAV）、高超声速巡航飞行器（Hypersonic Cruise Vehicle，HCV）等。以高超声速、跨大气层或亚轨道、高机动、远距离精确打击、快速响应/高可靠性以及多任务/低成本为主要技术特征的高超声速飞行器已成为航空航天领域的主要发展方向，将在未来国家安全中起重要作用。

与传统飞行器相比，高超声速飞行器具有极大的优势，可以有效地减少防御响

应时间，增强突防和反防御能力，提高飞行器自身的生存能力。然而，当飞行器的飞行速度很高时，周围空气会和飞行器机体表面发生强烈摩擦，产生强热，引起材料的烧蚀发光，从而造成飞行器结构的破坏失效，这就是所谓的“热障”。对于高超声速飞行器，“热障”问题显得尤为突出，并且飞行马赫数越大，引起的气动加热现象也就越强，最终造成的破坏也就越严重。所以，关于航天防热材料及热防护系统的研究具有极其重要的意义。

一般来说，飞行器的头锥、翼前缘和火箭发动机喷管等受强热的部位目前多采用先进防热材料对结构进行热保护，主要材料有碳/碳（C/C）复合材料和超高温陶瓷等。对于飞行器的大面积防热，综合考虑质量、成本等多方面因素，主要采用热防护系统，尤其是金属热防护系统（Metallic Thermal Protection Systems，MTPS）对飞行器结构进行热保护。本节从材料的制备、氧化机理、力学与物理性能表征和数值分析方法等方面综述了防热材料与热防护系统的研究现状。

（二）先进防热材料

航天防热材料是一种在战略、战术武器和航天飞行器上使用的专用功能材料，用以防护工程结构在气动热环境中免遭烧毁破坏，并保持结构所需的气动外形。先进防热材料主要有难熔金属、超高温陶瓷和碳/碳复合材料等。由于难熔金属具有成本高、密度大、难以加工和抗氧化性差等缺点，所以超高温陶瓷和碳/碳复合材料是航天防热材料的主流发展方向。

1. 碳/碳复合材料

每个碳原子的升华潜热为59 450kJ/kg，所以碳基防热材料可以在高温下保持较高的强度和化学稳定性。碳/碳复合材料是碳纤维增强碳基体复合材料，具有高强高模、比重轻、热膨胀系数小、抗腐蚀、抗热冲击、耐摩擦性能好、化学稳定性好等一系列优异性能，是一种较为成熟的防热复合材料。碳/碳复合材料作为优异的热结构/功能一体化工程材料，自1958年诞生以来，在航天航空领域得到了长足的发展，其中最重要的用途是用于制造导弹的弹头部件、航天飞机防热结构部件（机翼前缘和鼻锥），以及航空发动机的热端部件。多年来，美、法、英等国研制开发了2向、3向、4向、7向、13向等多维碳/碳复合材料以及正交细编、细编穿刺、抗氧化、混杂和多功能等许多种碳/碳复合材料。

碳/碳复合材料受到气动加热后温度将逐渐升高，当材料升高到某一温度时，开始发生复杂的热解反应，材料内的有机物分解产生大量的气体使压力增加，热解气体在压力的作用下向外流动，沿途吸收热量，温度不断升高，最终引射到边界层，形成热阻塞效应。热解剩下的多孔疏松固态碳层，在温度较高的表面通常发生热化学烧蚀现象，主要是碳的氧化、升华和碳-氮反应，表面烧蚀有两个基本过程组成，一个是固体表面上化学动力学过程，另一个是反应物向表面输送的对流-扩散过程。一般的碳/碳复合材料烧蚀模型分为烧蚀层、碳化层、原材料层和内部结构。

虽然碳/碳复合材料具有独特的性能，但由于其具有强烈的氧化敏感性，温度高于 500℃时会迅速氧化，如不加以保护，碳/碳复合材料难以在高温下满足应用要求。提高碳/碳复合材料抗氧化能力有两种途径：一是提高碳/碳复合材料自身的抗氧化能力，二是在碳/碳复合材料表面施加抗氧化涂层。因此，关于碳/碳复合材料的研究主要集中在提高材料的抗氧化性能和抑制涂层失效两方面。

碳/碳复合材料自身抗氧化能力的提高方法主要是基体浸渍和添加抑制剂。目前，常用的抑制剂主要有：B、B_2O_3、B_4C 和 ZrB_2 等硼化物。硼氧化后生成黏度较低的 B_2O_3，因而在碳/碳复合材料氧化温度下，B_2O_3 在多孔体系碳/碳复合材料中很容易流动，并填充到复合材料内的连通孔隙中去，起到内部涂层作用，既可以起到吸氧剂的作用，阻断氧的继续侵入，又可以减少容易发生氧化反应的敏感部位的表面积，即减少反应活性点。

近年来，碳/碳复合材料抗氧化涂层技术有了长足发展，开发出了单组分涂层、多组分涂层、复合涂层、复合梯度涂层以及贵金属涂层等方法。制备工艺有 CVD 法、PACVD 法、溶胶-凝胶法、液相反应法等。由于涂层与碳/碳复合材料热物理性能的差异，产生的热应力必然会引起涂层的开裂和脱落。因此，如何对涂层结构进行优化设计，使碳/碳复合材料与基体性能相匹配，防止材料热失效也是碳/碳复合材料研究的重要方向。通过几十年的努力，碳/碳复合材料性能得到很大的提高，可以在 1 800～2 000℃长时间使用。俄罗斯通过多层抗氧化涂层技术，使碳/碳复合材料在 2 000℃有氧环境下工作 1 小时而不被破坏。美国将耐高温的碳/碳复合材料用在超高速飞行器 X-43 上，并进行了大量的地面和飞行试验。但到目前为止，能在 2 000℃以上有氧环境下长时间工作的碳/碳复合材料研究还没有取得突破性进展。

在国内，可以用于 1 300℃的热结构材料为抗氧化碳/碳复合材料，开展研究工作的单位有北京航天材料与工艺研究所、哈尔滨工业大学、西北工业大学、国防科技大学、中科院煤化所、中科院金属所等多家单位。由于研究背景不同，各个单位开展研究工作的侧重点都不同。

2. 超高温陶瓷材料

超高温陶瓷是一类以 ZrB_2、TaC、HfN、HfB_2、ZrC 等高熔点过渡金属化合物为基体添加 SiC、C 纤维等增强相所组成的复合材料体系，通过热压烧结、无压烧结、添加助烧剂等方式进行制备，在极端的温度环境下（2 000℃以上）具有很好的化学和物理稳定性。目前，关于超高温陶瓷材料的研究主要集中在材料的高温氧化、强韧化和抗热震性问题上。

3. 抗氧化性能

美国空军早在 20 世纪五六十年代就提出了高温防热陶瓷体系，并将抗氧化性能作为研究的重点。ZrB_2-SiC 超高温陶瓷材料氧化层的形成与结构演化主要由温度和氧化时间所决定。当 ZrB_2 和 SiC 两种材料在 700℃以下，氧化速率均可忽略不计。ZrB_2 在 700℃时开始发生较明显的氧化反应，其氧化速率在 700～1 200℃之间明显高于 SiC。当 ZrB_2–SiC 超高温陶瓷材料加热到 1 200℃以上，B_2O_3 的挥发加剧。同时，SiC 发生明显的氧化。氧化生成的 SiO_2 一部分保留在氧化内层，填补了内部孔隙，另一部分被传输到表层，阻碍了氧的进入，氧化速率呈抛物线性规律。SiC 的含量在 1 600℃以下对 ZrB_2-SiC 超高温陶瓷材料组织结构演化的影响非常小。然而，当温度超过 1 600℃时，氧化层形成和组织演化取决于 SiC 的含量。在 1 600℃以下没有 SiC 耗尽层的生成。而在 1 700℃时，含有 20%～30% SiC 的超高温陶瓷材料都有 SiC 耗尽层的生成，这是 SiC 的活性氧化造成的。当温度升高到 1 900℃时，ZrO_2 晶体的长大趋势加剧，温度的进一步提高更有利于 ZrO_2 的再结晶与生长。在这个温度区域，ZrB_2-SiC 超高温陶瓷材料氧化层的变化与 SiC 的含量密切相关。ZrB_2-20%SiC 超高温陶瓷材料在 1 900℃氧化后形成一层含有 ZrO_2 和 SiO_2 致密连续的氧化层；而 ZrB_2-30%SiC 超高温陶瓷材料氧化后生成疏松多孔的结构，此外，还有裂纹和剥落现象发生。在这种环境下，材料的破坏主要是 SiC 耗尽层的破坏引起的，因此 SiC 含量高的陶瓷材料不适宜在超高温环境中使用。

难熔碳化物陶瓷如 ZrC、HfC 等在氧化过程中可以生成黏度及致密度较高的氧化膜，其中包含少量玻璃相，填充了氧化层中存在的裂纹和缺陷，有效地保护了内部材料不被继续氧化。

对于热压烧结材料，由于其致密程度较高，内部杂质很少，氧化过程基本符合上述机制。NASA 在研究氧化的过程中基本将材料分为四层，即表面氧化层、氧化过渡层、SiC 耗尽层以及基体层，并且指出对于没有添加剂的材料，氧化增重是准线性的，说明氧化机制在升温过程中基本没有变化，而对于添加了 C 或增韧纤维的材料，氧化增重却是起伏不定的，氧化过程比较复杂。对于其他制备工艺的材料，其抗氧化机制都具有各自的特点，但总的来说抗氧化性能都有不用程度的降低。采用无压烧结制备的 ZrB_2+ $MoSi_2$ 体系在 1 000℃氧化的情况下，就可以观察到内部出现了很明显的开裂现象，而且可以看到主要是沿晶裂纹，这主要和材料的结合不够紧密有直接的关系。在 1 200～1 400℃氧化过程中，可以观察到在角上有明显的宏观裂纹产生，材料已经失效。Monteverde 采用原位合成制备 ZrB_2+SiC 材料并在 1 400 ℃氧化了 1 200 分钟，氧化增重现象并未停止，说明即使生成了致密的氧化膜也不可能完全阻止氧气的进入，由于氧化温度较低，原位合成材料的氧化机制并没有很好的揭示。对于在制备过程中添加烧结助剂的情况，在较低的氧化温度下晶界上的玻璃相被氧化，能够有效地阻止氧气通过界面向内部传播，对材料的抗氧化性能有所帮助。但当温度进一步升高，玻璃相的氧化产物不再稳定，并且在晶界上沉积的杂质和次生相成为氧气进入基体的主要通道，削弱了材料的高温抗氧化能力。研究结果表明在 1 600℃以下材料具有良好的抗氧化性能，而达到 1 800℃以上材料的抗氧化性能衰减比较明显。

为了在飞行中保持高超声速飞行器锐形头锥和前缘，满足高超声速飞行器的防热要求，美国实施了 SHARP 计划。在其推动下，NASA Sandia 国家实验室研制出了 ZrB_2 和 HfB_2 体系的超高温陶瓷，致密度达 98%。NASA Ames 研究中心对 C/C 复合材料和 ZrB_2 基陶瓷材料进行了烧蚀对比，结果表明：在相同情况下，增强 C/C 材料烧蚀量是超高温陶瓷的 131 倍，超高温陶瓷材料基本达到了“零”烧蚀。

4. 增韧机制

陶瓷材料以共价键和离子键结合为主，这两类化学键都具有较强的方向性和较高的结合强度，这就使得陶瓷晶体内缺少 5 个独立的滑移系，可以看出陶瓷材料的脆性是由其物理结构本质所决定的。

由于服役条件的限制和超高温陶瓷材料在其他方面应用的较高要求使得一些传统的增韧模式失效，比如相变增韧、应力诱导微裂纹增韧。因为材料属于本质脆性，在热震过程中产生裂纹是不可避免的，那么尽量地消耗裂纹扩展的能量，并限制裂纹的扩展长度就成为有效的增韧手段，因此在超高温陶瓷中主要使用的是颗粒增韧以及纤维、晶须增韧。

无论是颗粒增韧还是纤维增韧，其主要目的都是消耗裂纹扩展过程中的能量，裂纹偏转、桥联、分叉及钉扎等多种机制的协同作用构成了超高温陶瓷材料的增韧模式，见图9-1。

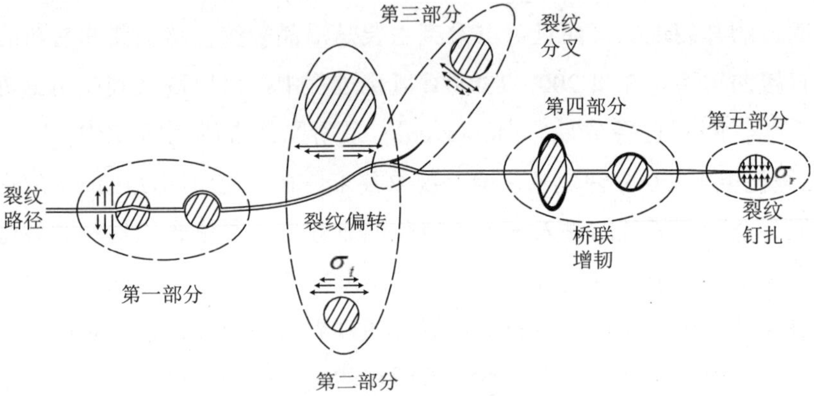

图9-1 裂纹扩展路径示意图

裂纹偏转是一种裂纹尖端效应，是指在裂纹扩展过程中当裂纹前端遇上某显微结构单元时发生倾斜和扭转。裂纹偏转往往是残余应力引起的，由于材料体内的颗粒分布不均匀，第二相颗粒与基体的热膨胀系数不匹配，导致材料体内存在残余热应力，而这正成为了裂纹偏转的原动力。裂纹桥联是发生在裂纹尖端后方由某显微结构单元连接裂纹的两个表面并提供一个使两个裂纹面相互靠近的应力。当裂纹遇到桥联剂时，桥联剂有可能穿晶破坏也有可能出现互锁现象，即裂纹绕过桥联剂沿晶界发展并形成摩擦桥。Swanson 等在粗晶 Al_2O_3 中发现了裂纹桥联机制的存在，Sakai 等在多晶石墨中也发现了裂纹桥联的存在，说明裂纹桥联在颗粒增韧中是广泛存在的。

国内针对超高温陶瓷材料的研究，哈尔滨工业大学复合材料与结构研究所做了许多开创性的工作，包括超高温陶瓷材料的制备合成技术、抗氧化、强韧化和抗热震性等方面的研究。

（三）热防护系统

对于飞行器的大面积防热，综合考虑质量、成本等多方面因素，主要采用热防护系统对航天飞行器进行热保护。飞行器的任务需求、设计目标、使用次数、飞行轨迹、气动外形和工作环境都不尽相同，其气动加热状况迥异，因而其防热系统类型和方案也千差万别。通常所考虑的主要防热系统方案可分为三大类，即被动防热方案、半被动防热方案和主动防热方案，各类防热方案又包括若干种防热结构形式，见图 9-2。目前的各种防热方案大多为被动防热系统，而且大多是热辐射与热传导复合作用的隔热结构，包括前文提到的超高温陶瓷材料和下面将要介绍的各种热防护系统；半被动防热系统的典型例子就是烧蚀性碳/碳复合材料；而主动式防热系统的研究还不成熟。

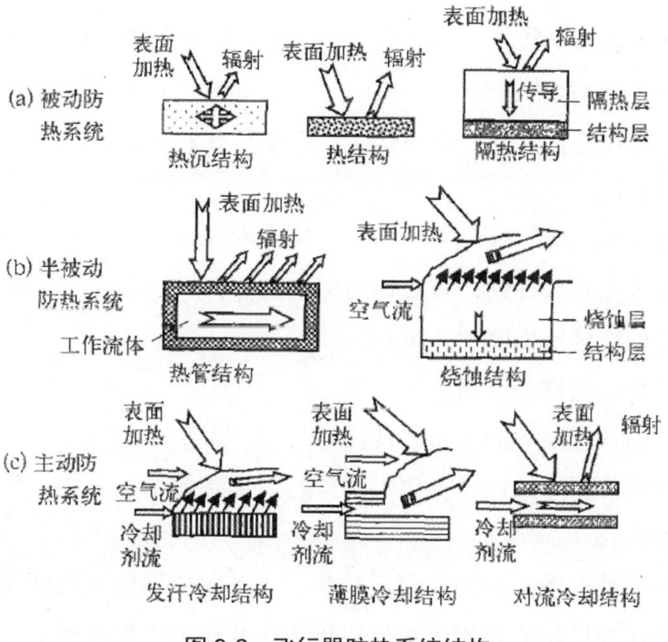

图 9-2　飞行器防热系统结构

1. 柔性热防护系统

早期的热防护系统主要是柔性热防护系统，简称为 AFEI（Advanced Flexible External Insulation），其材料主要具有轻质性、柔性、可折叠、耐高温性等特点。柔性防热结构是一种棉被式的防热结构。没有热匹配问题，可减少制造和安装方面的复杂性，能制成较大尺寸直接用胶粘接到蒙皮上，并具有质量轻、耐热震性好及价格便宜的优点。然而柔性热防护系统没有刚性结构，只能起到防热作用，而并不能起到承受外部载荷的作用。

2. 刚性陶瓷瓦热防护系统

刚性陶瓷瓦热防护系统由陶瓷防热瓦、Nomex 柔性应变隔离垫（SIP）和室温固化硅胶（RTV）组成。陶瓷防热瓦主要应用于机身机翼下表面温度为 600～1 260℃的较高温区。由于陶瓷防热瓦具有脆性大和强度低的缺点，因此陶瓷瓦热防护系统必须与底层机体结构相隔离，以减小二者由温度等因素引起的应变，这主要靠 SIP 来实现。陶瓷防热瓦防热结构通常用 RTV 通过应变隔离垫间接地将表面涂有辐射涂层的刚性陶瓷防热瓦连接在机身蒙皮上。虽然陶瓷防热瓦外层为刚性陶瓷瓦，但由于陶瓷瓦脆性大、强度低，所以其承受外载的能力也是很有限的。除此之外，陶瓷防热结构还存在易脱落、吸水、不防雨、易变形、维修和更换困难等缺点。

3. 金属热防护系统

金属本身的内在特性，使得金属热防护系统具有如下特点：

（1）高的强韧性。

（2）良好的耐冲击性。

（3）不吸水，无资源开销，可实现全天候工作。

（4）与主结构连接结构简单、可靠。

（5）易于安装、维修和更换。

（6）与主结构具有同等的热膨胀特性，易于一体化设计。

（7）无须气动外壳，结构质量比用陶瓷防热瓦显著减小。

（8）使用寿命长。

金属热防护系统一般分为外层面板结构、内部隔热结构、机械连接结构和整体密封结构。外层面板结构主要用于承受机械载荷并保证飞行过程中良好的气动表面形状。从强度的角度来看，要求该结构具有较高的高温持久强度与高温抗氧化能力。从结构轻量化的要求出发，金属蜂窝夹芯结构以其特有的高比刚度、高比强度、结构稀疏、完整性与极低的结构密度等优点，成为 TPS 面板结构的首选。内部隔热结构的目的是阻止入射热量的向内传递，一般为具有较小的热导率和一定耐热能力的轻质多孔疏松的纤维材料。因为在高温下，辐射传热成为各种传热方式的重心，所以有效地减小辐射热传递就成为隔热设计的首要任务，于是结构中选用了填充多孔纤维隔热材料的多层反射结构作为隔热结构。机械连接结构把 TPS 结构与航天器主体结构连接起来，是结构设计中的一个难点。连接结构在传递必要机械载荷的同时要求其不能导致过多的热流失，即要求连接结构在具有较高强度与刚度的同时，热导率要尽可能地小，并且具有一定的变形协调能力。

高温合金蜂窝复合防热瓦用于 RLV 或高超声速飞行器迎风面 600～1 200℃的区域。美国在研制高温合金蜂窝复合 TPS 过程中，结构形式的发展历经了四代。第一代（1984—1993 年）结构中，外层为高温合金蜂窝夹层板结构，里层为钛合金蜂窝夹层板结构，两层之间夹有封闭式的纤维隔热层，四周由高温合金箔材作侧壁，试验瓦尺寸为 305mm×305mm×47mm，高温合金材料为 Inconel617。第二代（1993—1996 年）结构中，将里层钛合金蜂窝夹层板结构的中心部分线切割掉，只留下四周固定纤维隔热层，中心除掉的部分焊上钛箔以封闭纤维隔热层，隔热纤维采用了比第一代质量更轻、隔热效果更好的隔热纤维，其余跟第一代一样，总体效果比第一代结构质量更轻。第三代（1996—2000 年）结构中，即应用于 X-33 上的高温合金蜂窝复合防热瓦结构，其外层为高温合金蜂窝夹层板结构，里层为封装隔热纤维的高温合金箔盒，四周没有侧壁，最下层除掉了钛合金蜂窝夹层的刚性结构。第三代高温合金蜂窝复合防热瓦的尺寸为 450mm×450mm×37mm，其瓦与瓦之间的闭封比前两代有了进一步改进，高温合金材料仍为 Inconel617。最新一代的金属 TPS 称为可适应的、耐久的、可操作的、可重复使用的 TPS，即 ARMOR TPS（ARMOR-Adaptable Robust Metallic Operable Reusable- TPS），见图 9-3。

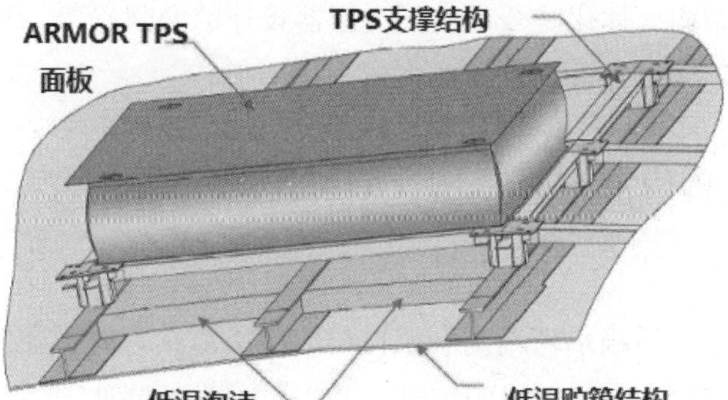

图 9-3　ARMOR TPS 示意图

ARMOR TPS 与 X-33 迎风面使用的金属 TPS 相比，在以下几方面进行了改进和提高：

（1）采用了 3 种密封技术。

1）在面板盒的两端，蜂窝夹层板的金属外面板延长，搭接覆盖两面板盒间的缝隙防止热短路并避免 RLV 再入时热气进入板的内部。

2）细钛合金盒桁条结构确定面板内表面的边界，可以利用这些硬的桁条边缘压缩 TPS 面板和底层结构之间的低温密封毡。

3）用金属箔片制造的弯曲的、柔性侧面封闭 TPS 的四周阻止辐射热通过板与板之间的缝隙进行传输，避免缝隙的热辐射对金属 TPS 的影响。

（2）由于底部采用了箔制钛框，所以刚度得到进一步提高。

（3）更易于同底部低温贮箱等机身结构一体化设计和制造。

（四）小结

（1）根据航天飞行器的服役环境，应在飞行器的不同部位采取不同的防热措施。开展多种新型防热材料的研究，综合利用多种防热结构和材料，是热防护系统设计的最佳方案。

（2）碳/碳复合材料虽然耐高温，然而不能保持飞行器的气动外形；超高温陶瓷虽然抗烧蚀，却有本质脆性。碳/碳复合材料的抗烧蚀性研究和超高温陶瓷增韧机制的研究是这两类材料今后的研究方向。

（3）在大面积防热方面，金属热防护系统具有明显的优势，是各类航天飞行器大面积防热的最佳选择。

（4）防热—结构一体化是今后航天飞行器设计的必然趋势。对高温传热机理和热分析数值方法的研究具有重要意义。

六、航天器结构中复合材料构件的应用及发展

（一）概述

轻质、高强度、耐极端环境是航天材料应用所需具有的重要性能。先进复合材料具有轻质、高强度、抗疲劳、耐腐蚀、易于实现设计制造一体化，以及适于整体制造大型构件等特点，对于减轻构件质量和提高其可靠性具有重要作用。先进复合

材料的这些特点使其在航天领域获得了广泛应用。而航天科技的发展和需求也推动了先进复合材料的发展。美国复合材料市场调研公司 Lucintel 的市场研究报告认为，全球复合材料市场在交通运输、建筑、风能、管道和储罐、船舶、消费品、电气和电子、航空航天等领域具有引人注目的发展前景。到 2024 年，全球复合材料市场预计将达到 402 亿美元，预计 2021 年至 2024 年的全球复合材料市场额年增长率将达到 3.3%。到 2024 年，全球复合材料终端产品市场预计将达到 1 147 亿美元。

（二）航天器结构对材料的基本要求

航天器结构和机构的性能，特别是航天器结构的性能在很大程度上取决于材料的性能。因此，在航天器结构和机构的研制中，材料的选择和应用是一个特别重要的问题，需要进行专门研究分析。由于航天器工作环境的特殊性（发射环境和空间环境），对于航天器结构材料的要求与对常规机械产品材料的要求有很大区别，即使与航空结构材料也有所不同。航天器对材料性能的基本要求有如下几方面。

1. 轻量化要求

为了提高航天器性能，降低发射成本，确保航天器进入规定的空间轨道，对航天器的质量，特别是对航天器结构的质量有严格限制。因此必须采用轻型材料，即采用密度尽量小的材料。

2. 机械性能要求

为了提高结构和机构的自然频率，防止在发射时引起过大的动态响应载荷和保证航天器姿态控制系统的正常运行，以及为了提高航天器薄壁结构在发射压缩载荷下的稳定性，均需要提高结构和机构的刚度，而最有效的途径是采用弹性模量高的材料。另外，为了更好地承受载荷，需要采用强度高的材料。根据高模量、高强度的要求与上述低密度要求相结合，需要采用比模量（材料弹性模量与密度之比）高和比强度（材料强度与密度之比）高的材料。其中，高比模量的要求是航天器结构材料的重要特征。

3. 物理性能要求

根据航天器结构的不同需求，对材料的物理性能有各种不同要求。如果需要在空间温度变化条件下保持尺寸稳定的结构（如天线结构），希望材料具有较小的热膨胀系数。一般结构要求材料有较高的比热和热导率，使温度分布比较均匀，以避免过高的温度应力或变形。但有时由于热控或防热需要，要求结构兼有隔热作用，则应采用热导率低的材料。为此，应根据电性能对结构的特殊要求，采用导电材料或绝缘材料。

4. 耐空间轨道环境要求

对于长期在轨道运行的航天器结构材料，尤其是对于直接暴露在空间的航天器外部的结构材料，要求材料具有良好的空间环境稳定性，包括在真空、温度交变、紫外辐照、电子辐照、原子氧等环境下性能材料的稳定性。

5. 材料真空出气要求

在空间真空环境下，材料出气不仅可能降低材料的性能，更重要的是污染了邻近的光学、热控或电气设备表面。所以，对航天器结构材料应提出限制真空出气的要求。一般规定为：材料的总质量损失（TML）不得大于 1%，收集到的可凝挥发物（CVCM）不得大于 0.1%。

6. 制造工艺性能要求

航天器结构材料要通过各种制造工艺手段才能形成结构和机构产品，特别是对于复合材料制品，制造过程也就是材料形成的过程。因此，材料的制造工艺性能非常重要，制造工艺性能的好坏将直接影响到材料性能的发挥程度，甚至可能决定材料的实际使用价值。

（三）复合材料在航天器结构上的应用

作为航天器结构应用的复合材料主要是纤维增强复合材料。纤维材料主要有以下几种：玻璃纤维、碳纤维、凯芙拉纤维（Kevlar 纤维）、硼纤维，基体材料目前大多数采用热固性的环氧树脂材料。

1. 玻璃/环氧复合材料

玻璃/环氧复合材料（玻璃钢）是发展最早的复合材料之一，由于它的强度高、韧性好、工艺性好、成本低廉，在民用工业中有着广泛的应用，也曾是早期航天器上应用的结构材料。但由于其比模量太低，不适合作为航天器的主要结构材料，因而除了隔热或电绝缘的特殊需要以外，目前均由其他先进纤维增强复合材料代替。

2. 硼/环氧复合材料

硼/环氧复合材料具有不少优良的性能，如较高的强度和模量，特别是有较高的抗压强度和层间剪切强度，以及优良的抗氧化、抗腐蚀、抗疲劳、抗蠕变、抗湿性等性能，在国外航天器上曾得到应用，主要是作为杆件、壳体和金属结构的增强材料。但由于硼纤维制备成本太高，纤维较粗而硬，不适于制造薄壁或形状较复杂的构件，成型工艺也很困难。因而限制了它的实际应用。

3. 碳/环氧复合材料

碳/环氧复合材料主要优点是密度小，模量高，强度高，良好的热稳定性（线膨胀系数小和纵向线膨胀系数为负值），热导率低，良好的疲劳强度、振动阻尼性能、抗腐蚀性和耐磨性。缺点是为脆性材料，抗冲击性能低；层间性能差，材料的各向异性严重，因此横向性能比纵向性能差得多；有吸湿性，材料的机加工性能较差，材料成本较贵。碳/环氧复合材料的综合性能在各种纤维增强复合材料中有较大优势，特别是它具有很高的比模量值，很符合航天器结构材料的需求，因此在航天器结构中得到日益广泛的应用，可以制成各种杆件、构架、加筋板壳、夹层板壳等主要或次要的承力构件。综上所述，碳/环氧复合材料（主要是指高模量的碳/环氧复合材料）是目前在航天器中应用最广泛的复合材料，特别是以碳/环氧复合材料为面板的铝蜂窝夹层结构已得到了广泛的应用。例如，用于航天器结构的中心承力筒、各种管件和接头组成的桁架结构、太阳电池阵的基板、天线反射面结构等。

4. 凯芙拉/环氧复合材料

凯芙拉/环氧复合材料具有很高的比强度，较高的抗冲击、抗疲劳性能，良好的热稳定性（线膨胀系数很小并且纵向线膨胀系数为负值）、隔热性能、阻尼性能、绝缘性能和射频透过性能。材料的工艺性能较好，可以编织和成型较复杂形状的构件。但材料的压缩强度较低，弹性模量也不高，各向异性严重，有吸湿性，机加工性能差。

由于对航天器刚度要求的不断提高，为了提高复合材料的比模量值，需要采用模量更高的纤维材料，例如，碳纤维材料目前已从高模量碳纤维发展到超高模量碳纤维。因此，高性能碳纤维的发展是一个必然的趋势。目前大多数复合材料均采用环氧树脂作为基体材料，但环氧树脂材料存在不少不足之处，主要是韧性低、抗冲击性差、耐热和耐湿性差。因此，近年来对复合材料的开发进行了大量的工作。

5. 改进基体材料

改进现有基体材料的一种途径是应用性能更好的热固性树脂作为基体材料，另一种更有前途的途径是研制热塑性树脂作为基体材料。热塑性材料不仅在韧性、耐热和耐湿性方面大大优于热固性树脂，并且由于热塑性树脂固有的特性，其具有预浸料不需低温而可长期保存，其复合材料可反复成型，成型时间短，成型后可进行修补等一系列热固性树脂无法达到的优点。

另外，树脂基复合材料与金属材料相比也存在不少不足之处。其原因在很大程度上与采用的基体材料有关。因此，考虑采用金属材料作为基体材料，以利用金属基体材料的优势来弥补现有树脂基复合材料性能的不足，可把复合材料性能提高到一个新的水平。目前，金属基复合材料的种类很多，其中，硼/铝复合材料曾在美国航天飞机结构（机身框的管件）中得到过应用。对于航天器结构和机构，碳纤维/铝合金和碳化硅颗粒/铝合金复合材料将是比较适合的新材料。碳纤维/铝合金具有低膨胀系数，特别适用于要求尺寸稳定的航天器构件。碳化硅颗粒、铝合金复合材料在制造工艺、生产成本、界面性能等方面，与其他金属基复合材料相比有一定的优势，可以替代普通铝合金作为耐磨传动部件、连接部件等，并已在国内航天器上得到应用。随着复合材料材料性能的提高、成型工艺的不断完善、质量控制方法的不断改进、制造成本的相应降低，复合材料必然会逐渐取代各种金属材料，成为航天器结构的主要材料。

（a）在空间运行过程中的天线支架　（b）在集装到哈勃望远镜之前的天线支架

图 9-4　哈勃望远镜上 P100/6061Al 复合材料制造的天线支架

（四）航天复合材料构件的应用水平

大型复合材料构件是航天运载器及其他航天设备设施重要的结构部件，相对于一般的金属材料制造加工技术，大型复合材料构件的加工制造技术还有许多问题需要解决。近年来，西方发达国家通过实施一系列研究计划，如美国的 ACT（Advanced Composite Technology，1986—1996）计划、CAI（Composites Affordability Initiative，1996—2006）计划和 AADP（Aircraft Aging＆Durability Project，2007—2016）计划，欧盟的 TANGO（Technology Application to the Near Term Business Goals and Objectives of the Aerospace Industry，2000—2005）计划和 ALCAS（Advanced Low-Cost Aircraft Structures，2005—2009）计划等，促进了先进复合材料制造技术水平的提升，使航空航天飞行器的复合材料用量快速攀升。我国要赶超世界航天技术强国，也必须提高复合材料在航天领域的应用水平，研究先进复合材料构件加工制造技术。

1. 设计制造一体化技术

复合材料的性能分散性和环境依赖性使其设计过程相当复杂，而目前确定设计准则和结构设计值的方法陈旧。现有方法需要大量试验，设计周期长且成本高，这就需要开发高效的设计理论和方法，实现跨层次的、高可靠度设计和分析。

针对先进复合材料结构材料同一性的特点，借助 CAD 技术。从材料的细观设计出发，建立实验模拟平台和数值模拟平台，实现复合材料材料与结构的一体化优化设计，最大限度地发挥复合材料的优势，对复合材料的制造至关重要。

美国复合材料设计软件供应商 VISTAGY 公司的 FiberSIM 软件，提供了多种复合材料设计制造解决方案。该软件可读取 CATIA、UG、Pro/E 等通用 CAD/CAM/CAE 软件文件中的构件几何信息，以及构件模具面、层位置和边界信息等，生成满足铺层边界要求的平面展开图样，并根据设计要求自动生成 Nc 加工代码文件；其还可进行复合材料部件的制造可行性评估，精确模拟纤维的材料特性，使层合板的设计信息与有限元分析软件和制造设备形成无缝连接，实现复合材料部件设计制造过程一体化、自动化，进而有效地降低制造成本。

2. 成型技术

（1）航天主结构复合材料的软模树脂传递模塑（RTM）成型技术

以碳纤维增强环氧树脂为代表的聚合物基复合材料在航天领域逐渐由次承力结构向主承力结构乃至大载荷主承力结构的应用方向发展。聚合物基复合材料在主承力结构上的应用已成为当今复合材料的研究热点之一。

复合材料在航天主承力结构上的应用有如下特点：

一是承载能力要求高，因为复合材料中纤维的体积分数要尽可能高。

二是结构构型较复杂，结构整体可靠性要求高。传统的复合材料成型工艺，要么所获得的复合材料性能较高，但难于制造复杂构件，如模压工艺、缠绕工艺、热压罐工艺等；要么可制造复杂构件，但复合材料的性能较差，如手糊工艺、树脂传递模塑（RTM）工艺、树脂模熔渗（RFI）工艺等。为解决聚合物基复合材料在航天主承力结构上应用的难题，近年来，各国研究人员正在开展软模辅助RTM工艺的开发研究。

航天主结构复合材料的软模RTM成型技术是膨胀芯模法成型工艺的一种，是目前欧美低成本树脂基复合材料技术发展的两大方向之一。美国F22战斗机中采用软模RTM成型技术制造的复合材料零部件数量已达400余件。预计，该技术将成为21世纪国外复合材料的主导成型技术之一，在技术先进性、节能环保和市场推广方面具有重要意义。

为解决复合材料在航天主结构方面的应用难题，近年来，世界各国都在研究软模RTM成型技术。软模RTM成型技术具有以下特点：一是软模在树脂加热过程中膨胀，可对待成型的纤维预成型体施加压力，达到挤胶、压实，提高制品纤维体积分数、提高复合材料性能的目的；二是软模易于从模腔中脱去，可用于制造复杂形状的复合材料构件。美国“猎户座”乘员舱壳体就采用了复合材料结构，其基本结构为碳纤维蜂窝夹层结构，顶部压力壳和下部压力壳结合在一起，采用软模RTM成型技术制造，无须使用高温高压反应釜。该制造方法为未来复合材料航天器构件的制造积累了经验。

（2）复合材料自动铺放技术

火箭整流罩等大型航天器结构必须采用透波复合材料，对于直径5m的整流罩，很难采用现有的手工技术来制造，需采用自动铺带技术才能保证质量；采用复合材料自动铺缠一体化制造技术制造运载火箭的箭体是国际先进大型运载火箭制造的优先发展方向和重点。

自动铺放CAD/CAM软件技术是实现复合材料构件自动化制造的关键技术，软件功能将直接影响复合材料构件的制造效率和产品质量，材料工艺技术和装备技术研究的日益深入对自动铺放CAD/CAM软件技术提出了更高要求。面向自动铺放技术的复合材料结构设计方法已成为自动铺放CAD/CAM软件技术的研究热点。实现自动铺放CAD/CAM/CAE技术一体化，充分发挥复合材料结构功能一体化和设计制造一体化的特点，也将是今后业界研究的重点。

复合材料自动铺放技术是大型复合材料构件制造的新技术，包括材料工艺技术、装备技术，以及 CAD/CAM 软件技术等。其利用专用铺放设备，采用数控技术，按照模具型面逐层增量成型，按构件设计确定的纤维方向和分布密度控制铺放路径与工艺，实现了复合材料铺叠的自动化，以及预浸带的自动化裁剪和一体化高速制造，突破了大型复合材料构件手工成型的瓶颈，已成为发达国家大型航空航天复合材料构件的典型制造工艺。目前，复合材料自动铺放技术发展的主要方向是一体化制造和高效率，自动铺带与自动铺丝趋于融合，包括采用多带铺放、多头同步铺放、高效铺放与同步切割等先进技术。

（3）纤维缠绕技术

纤维湿法缠绕成型是实现复合材料“低成本、高性能”的重要手段之一，也是发展较早、技术相对成熟的复合材料自动化成型技术，在先进复合材料，尤其航天航空高性能复合材料结构制造中应用极为广泛，占据相当重要的地位，主要包括各类压力容器、固体火箭发动机壳体、承力碳筒、管道、贮罐、发电机叶片等。

复合材料压力容器已成为航空航天结构动力系统的关键组成部件之一，无论从结构重量还是从所占据的几何空间上看，都占有极高的比例，而其减重要求是制约着新一代先进发动机系统的研制和发展的技术瓶颈之一。如何设计和制备出轻量化的复合材料压力容器，最大化地减轻系统的重量，是复合材料研究人员追求的目标。世界发达国家均将发展轻量化复合材料压力容器技术列为太空探索的关键技术之一，如美国 NASA 提出的新航空研究计划（New Aeronautics Research Program）、2030 前的太空探索规划（3rd Space Exploration Conference & Exhibit）、欧洲木星探索计划等。

国内航天材料及工艺研究所已经开展了纤维湿法缠绕成型技术在航天结构件的应用开发研究。基于航天环境对基体树脂的特殊需求，改进了复合材料湿法缠绕树脂的配方，开发了高韧性环氧树脂体系 C601；突破了高性能复合材料气瓶的湿法缠绕成型工艺，初步建立了复合材料压力容器设计、制备、试验和测试评价一体化的技术集成系统，有效地提高了复合材料气瓶成型的设计制造能力，为轻量化复合材料压力容器的可靠应用提供了技术保障。

（4）航天推进器的自由实体成型（PDFF）技术

航天推进器的自由实体成型（PDFF）技术是利用陶瓷固体自由曲面加工（SFF）工艺的技术和材料，促进航天器推进系统组件开发和生产的一种新颖成型方法。其应用可提高发动机性能，提高燃烧稳定性，使发动机系统减重并有利于创造适于液体火箭喷注器的操作条件。PDFF 技术将固态自由成型的快速原型制造技术与陶瓷材料的优异特性相结合，大大扩展了火箭发动机部件和系统的设计自由度，可广泛应用于一次性推进器，以及空间或月球和火星任务中原位能源设备组件的生产。

（5）自装配、柔性、预陶瓷复合成型技术

自装配、柔性、预陶瓷复合成型技术是航天领域的独特工艺之一。柔性预成型陶瓷可应用于空间较小的结构中，便于装载在航天运载器上，可在各种宇航结构中“原位”展开。预成型陶瓷复合材料在展开后可立即转换为陶瓷并恢复刚性，可使难熔金属制成的刚性环成型为伸缩型喷嘴延伸段。这种陶瓷复合材料的应用为航空航天零部件设计和制造提供了一种创新方法。

3. 机械加工技术

在复合材料数字化加工方面，欧盟已开始在航空产品的生产中应用机器人智能化加工技术，其装配装备和钻铆设备从结构和功能上看完全是一体化的，且自动化程度越来越高，形成了大规模的飞机部件数字化自动钻铆装配线。此外，为提高复合材料构件的钻孔效率，国外公司纷纷采用计算机控制的自动钻孔系统或机器人钻孔。例如，美国麦克唐纳・道格拉斯公司研制出了五坐标自动钻孔系统；通用电气公司在生产 F-16 飞机的复合材料构件时，采用辛辛那提 T3 机器人钻孔，使加工效率提高了 10 倍以上。目前，航空航天复合材料构件，如机翼、蒙皮、舱段等，普遍已开始采用先进的柔性装配技术和数字化加工制造技术，这也是复合材料构件制造技术的重要发展方向和趋势。

丹麦 A Kople.J 等人于 1983 年提出，切削表面质量与增强纤维的取向有关：当切削方向垂直于纤维方向时，可观察到无断裂的凹槽；当切削方向平行于纤维方向时，凹槽前面出现裂纹。其他研究发现，轴向力和扭矩与进给量之间也存在一定关系：大的轴向力会对材料加工产生不利影响，纤维束的形状对轴向力的影响较明显，而基体材料类型对轴向力影响不大。另外，对碳纤维复合材料的高速钻削试验研究表明，提高转速有利于改善加工质量。对不同缠绕复合材料的钻削研究表明，钻削纤维连续缠绕复合材料时的轴向力比交叉缠绕时大 3 个数量级。钻削力是分层等缺陷形成的主要原因，减小钻削力可有效防止出口分层缺陷的产生。

对刀具材料与结构参数改进方面的研究主要是针对某一种复合材料进行的。巴西的 J. R. Ferreira 等人通过实验得出，切自 tlc/c 复合材料的最佳刀具为 PCD 刀具；而美国波音公司针对芳纶纤维增强复合材料的加工问题，开发了一种贯穿全长的单向四槽螺旋硬质合金铣刀，靠近刃口处装有反方向的螺旋槽，开槽与刀具轴线成 20°，较好地解决了切削热问题。

4. 连接技术

（1）碳/碳（C/C）复合材料构件之间的连接

随着 C/C 复合材料的技术进步和广泛应用，C/C 复合材料的连接技术成为新的前沿课题。目前，C/C 复合材料的连接技术研究尚处于起步阶段，连接技术和工艺稳定性还不成熟，与实现实际应用尚有较大距离。连接新技术和新工艺的探索，以及计算材料学在 C/C 复合材料连接中的应用是今后 C/C 复合材料连接技术研究的主要内容。而随着 C/C 复合材料的进步发展，耐高温、低成本和高质量的连接技术定会应运而生。

（2）C/C 复合材料与金属的连接

C/C 复合材料构件之间的连接由于受预制体编制技术和 CVI 工艺的限制，直接制备大型复杂形状 C/C 复合材料构件的难度较大，成本高昂，因此通常利用简单形状 C/C 复合材料通过二次连接来获得复杂形状的 C/C 复合材料构件，其中，最简单的连接方法是采用螺栓、螺钉等机械紧固方式实现 C/C 复合材料构件的机械连接。为避免螺栓和螺孔等边角位置产生集中导致构件低应力破坏，C/C 复合材料构件的连接通常需引入中间过渡层，如需采用固相扩散连接、活性金属钎焊和玻璃连接等。

奥地利 Plansee GE 公司于 1992 年发明了活性金属浇铸（AMC）工艺，实现了高导热 C/C 复合材料与铜合金的连接。该方法首先通过激光在 C/C 复合材料表面刻槽，再利用物理气相沉积法在表面沉积 Ti 薄膜，接着将约 0.5mm 厚的软质纯铜浇铸于待焊表面，冷却后采用银基焊料对软质纯铜和铜合金进行钎焊。采用 AMC 工艺获得的接头强度优异，但激光加工成本高。为降低制造成本，研究人员对 C/C 复合材料与软质纯铜的连接进行了深入研究。为使 C/C 复合材料始终与铜合金保持紧密接触，法国的 G Chaumat 等人提出了压力辅助钎焊法。该方法按 Ag68.8%-Cu26.7%-Ti4.5%的配比制作钎料，利用热等静压对 C/C 复合材料和无氧高导电铜管施加外压，从而获得高强度接头。近年来，意大利的 Pietro Appendino 等人先后报道了利用 Cr、Mo、W 等元素，通过固态反应在 C/C 复合材料表面生成一层碳化物薄层来提高铜在 C/C 复合材料表面的润湿性，实现高导热 C/C 复合材料与无氧铜连接的新工艺。意大利 Milena Salvo 等人提出了 C/C 复合材料与铜台金的一步钎焊工艺：首先通过涂刷金属 Cr，在高温下固态反应生成致密 CrC 层对 C/C 复合材料表面进行改性，再采用 Cu_2Ge/纯 Cu/Cu_2Ge_3 层复合中间层在 970℃下保温 10min，即可实现 C/C 复合材料与铜合金的连接，所得接头的平均强度可达 34MPa。

（3）复合材料和金属头部间的连接

复合材料和金属头部间的连接方式通常有 2 种：一是直接焊接，二是利用法兰机械连接。焊接连接具有很多优点，美国 ARC 公司和 UItramet 公司，以及俄罗斯的某些科研机构已经实现了 C/SiC 复合材料推力室身部与金属头部的焊接连接。美国戈达德空间飞行中心开发了一种新型增强复合材料和金属接头强度的方法——挫带法。该方法成本低，且易于与以前的方法结合，是一种设计和制造箱形梁或其他层压复合材料与固定这些复合材料的金属接头的连接方法。其基本思路是盖住金属端与复合材料接口的黏结表面，以减小边缘应力集中缺陷、提高接头强度。此外，采用这种方法，黏结剂不会对结构件的其他表面造成污染。该方法最初应用于带圆角的扁平复合材料管结构件，接头是由低热膨胀镍/铁合金制成的插头。测试表明，采用挫带法进行连接，可使接头的拉伸强度增大 1.9 倍。

（4）复合材料耐高温异质连接技术

近年来，随着越来越多的新型 C/C 复合材料、C/SiC 复合材料及 TiAI 基合金等材料的性能达到航天器超高温结构的要求，耐高温异质连接技术将成为这些材料能否获得成功应用的关键。此外，高温轻质异质材料连接技术也是高超音速发动机组装的关键技术。就目前的应用情况来看，该技术有望应用于高温环境的连接方法是钎焊和扩散焊，这也是目前国际上该领域的研究热点。美国、俄罗斯等国在新一代火箭发动机上已采用钎焊技术实现了 C/C 复合材料喷管和钛合金部件的连接，并减轻了部件重量，提高了结台牢固程度，以及发动机的推重比。

（五）航天复合材料构件发展方向

难以成型和制造成本居高不下是阻碍大型复合材料构件广泛应用的两大问题，发展高效成型工艺和设备，以及降低成本是未来大型航天复合材料构件制造技术的发展重点。

1. 新型航天复合材料结构的发展方向

新型航空航天飞行器不断向着高效能、低成本、长寿命、高可靠性方向发展，对材料与结构的综合要求也越来越高。为满足航空航天领域的应用需求，一些新型复合材料应运而生，如超轻材料与结构技术力求轻上加轻，纳米复合使其强上加强，多功能化追求功上加功。

多功能复合材料的发展为航天科技工业的发展打下了坚实的基础。航天先进复合材料正由单纯结构型逐步向结构与功能一体化方向发展，机、电、热、磁场和网络一体化多功能复合材料结构已成为航天复合材料结构发展的主要趋势之一。

（1）C/C 复合材料

C/C 复合材料随着新一代航空航天飞行器向高超音速方向的不断发展，极端的超高温服役环境对材料及结构的承载与防热性能提出了更高要求。总体来说，C/C 复合材料的研究和发展趋势大致为：从最初阶段的两向 C/C 复合材料向三向、四向等三维多向 C/C 复合材料发展；从单纯抗烧蚀 C/C 复合材料向抗烧蚀—抗侵蚀和抗烧蚀—抗侵蚀—稳定外形 C/C 复合材料发展；从防热材料向防热-结构材料发展；从单功能材料向多功能材料发展。

（2）透波复合材料

透波复合材料主要分为树脂基透波复合材料和陶瓷基透波复合材料两大类。树脂基透波复合材料具有高强、轻质和电性能优良等特点，是低马赫数飞行器天线罩的首选材料。许多先进制导导弹也采用了高性能树脂基天线罩材料，如俄罗斯的 X-31 导弹和美国的 AGM288A 反辐射导弹均采用了宽频带被动雷达天线罩。为提高树脂基透波复合材料的使用温度，国外在有机/无机杂化树脂方面开展了大量研究工作。美国研究人员制备出一种以硅为主链的树脂（DI 系列树脂），石英纤维增强的 DI 树脂复合材料在 538℃下具有很高的拉伸强度，介电性能可在 850℃下保持稳定，已被用于制造耐温 500℃以上的夹层结构宽频带天线罩。

图 9-5　复合材料天线

（3）智能复合材料与结构

智能复合材料与结构不仅能够承受载荷，还能感知其所处的内外部环境变化，并能通过改变自身的物理性能或形状等做出响应，借此实现自诊断、自适应、自修复等功能，具有广阔的应用前景。为了促进智能复合材料与结构的发展，美国军方制定了多项相关的研究计划，如弹道导弹防御局的“自适应结构计划”、陆军研究局的“智能材料与结构计划”、空军和海军共同实施的“智能金属结构计划”、空军航天实验室的“智能结构/蒙皮计划”等。在欧洲，英国、法国，意大利、德国等国也在研究光纤自诊断智能结构和主动控制技术。日本在智能结构的航天应用方面做了大量研究工作，包括空间结构主动振动控制，自适应静态形状精确控制和自适应可变形桁架等。

（4）先进格栅增强结构

先进格栅增强结构由于其突出的综合性能优势而受到普遍重视：NASA 兰利研究中心把该技术列入未来航天结构技术发展六大方向之一的低成本结构技术内；美国空间实验室把该技术列为应对未来空间系统技术挑战的四大结构技术之一，并指出了该技术在航天器燃料贮箱、机身等大型复杂部件应用的广阔前景。俄罗斯

CRISMB 提出的应用对象包括级间段、压力容器，有效载荷适配器、飞船整流罩、空间望远镜镜身，以及建筑结构等。

（5）点阵复合材料

点阵复合材料是目前公认的最有前景的新一代先进轻质趟强韧材料之一，已开始应用于航天器结构中，为航天器结构的进一步轻量化与材料/结构/功能一体化设计及制造提供了更广阔的发展空间和可能性。

（6）纳米复合材料

纳米复合材料是先进复合材料技术研究最活跃的前沿领域之一，其超常特性使其在航空航天等领域应用前景广阔。目前，纳米复合材料研究需解决分散均匀性、排列和成本等 3 个关键问题。

2. 低成本技术是先进复合材料拓展应用的根本手段与途径

21 世纪，先进复合材料的需求量将以更快的速度增长，高成本已成为制约先进复合材料广泛应用的重要因素之一。因此，低成本复合材料制造技术已成为日前世界复合材料领域研究的核心问题之一。据统计，先进复合材料的制造成本占总成本的 75%以上，各种低成本制造技术的开发和应用将成为复合材料制造技术研究发展的主流。

目前，复合材料结构的成型工艺主要包括 2 种方式，即整体成型和分体成型。整体成型技术已成为先进复合材料制备技术发展的主流趋势。已获得广泛应用的复合材料低成本整体制备技术主要有纤维缠绕（FW）技术、低压液体模塑（LCM）技术、软模成型（TEM）技术和纤维自动铺放（AFP）技术等。LCM 技术是指将液态聚合物注入铺有纤维预成型体的闭合模腔中，或加热熔化预先放入模腔内的树脂。液态聚合物在流动充模的同时完成树脂/纤维的浸润并固化成型为制品的一类制备技术。RTM 成型技术、RFI 工艺和真空导入模塑是最常见的先进 LCM 技术。LCM 技术可一步浸渍制造带有夹芯、加筋、预埋件的大型构件，可按结构要求铺放纤维，具有高性能、低成本等制造优势，是现今复合材料低成本制造技术的主要发展方向。

（六）小结

新型航天器的先进性标志之一是结构的先进性，而先进复合材料构件是实现结构先进性的重要物质基础和先导技术。我国大型复合材料构件应用现状严重制约了航天型号的顺利研制，急需突破复合材料自动成型技术中的材料、装备、工艺等方面的重大、关键、共性技术，提升我国复合材料设计、制造和应用水平。

七、碳纳米管复合材料及其在航天器中的应用

（一）概述

传统复合材料由于自身限制无法满足高强度、高刚度和高韧性综合为一体的飞行器要求，科学家开始设想高强轻质、高温稳定性、良好电学性能综合为一体的多功能结构成为新一代飞行器设计理念。在 1991 年，日本科学家 Ijima 明确提出碳纳米管的结构、形貌和制备工艺后，科学家不断发现碳纳米管独特的优异性能，特别是其突出的比强度和比刚度，还有其良好的径向稳定性、结构的稳定性使碳纳米管表现出良好的抗变形能力。单壁碳纳米管的杨氏模量可达 5TPa，其强度约为钢的 100 倍，而密度却只有钢的 1/6。其杨氏模量和剪切模量与金刚石相同，多壁碳纳米管的轴向杨氏模量实验值为 200～4 000Gpa。此外，碳纳米管还具有极高的强度和韧性，其一般弹性应变约为 5%，最高可达 12%，约为钢的 60 倍。多壁碳纳米管的轴向弯曲强度为 14GPa，轴向压缩强度为 100GPa。碳纳米管典型结构如图 9-6 所示。因此，碳纳米管被认为是终极的增强纤维，有望成为高性能复合材料的理想增强体。碳纳米管现在已经可以大量生产，作为聚合物的增强材料，碳纳米管已经被成功应用于增强纳米复合材料的性能。

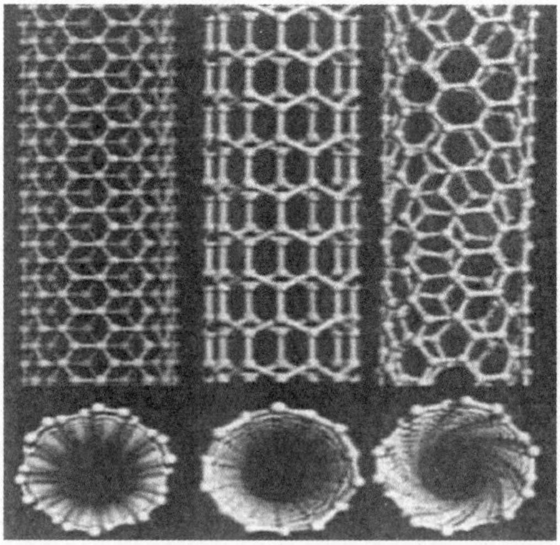

图 9-6　比人的头发小几千倍的碳纳米管结构

到目前为止，人类对碳纳米管的认识也是其全部潜力的一小部分。碳纳米管的性能，特别是强度和电学性能，显著区别于石墨纤维，而导致产生新类型的复合材料。例如麻省理工学院的NECST联合体研究的纳米管装订技术，如图9-7所示，其基本原理是通过在复合材料层间放置碳纳米管，将复合材料铺层更加牢固地固定在一起。这种技术可以使材料韧性提高10倍以上，而且还有助于提高结构材料的隐身、防雷击、防静电及防电磁干扰性能。

图9-7 纳米管装订技术

（一）下一代航天器对材料的基本要求

未来航天飞行器的革命性设计理念将依靠非凡的材料性能，减少航天飞行器组成部分的重量和体积，提高气动效率，最小化能量要求和对环境的危害，同时表达智能，这需要积极脱离现有的飞行器设计概念。这个目标可以通过容纳多功能结构，如热分散和环境感知结构件来实现。由于综合了电性能和力学性能，碳纳米管被期望在设计理念上能实现这个范例转变。

目前航天飞行器结构依靠碳纤维复合材料使之重量减轻，而不牺牲力学性能，然而，石墨纤维复合材料满足了重量减轻要求，但是没有与主要作为承载结构分开。与碳纤维相比，碳纳米管不仅具有优越的力学性能和低密度获得必要的重量减轻，而且具有卓越的电学和热学性能，可以构造多功能结构。碳纳米管在这方面应用会为未来基于多功能结构材料的飞行器赋予激进的设计理念。

（二）碳纳米管复合材料的分类、制备及加工方法

加入碳纳米管后，复合材料的导电性、强度、弹性、韧性和耐久性会明显提高。然而，有效地利用碳纳米管取决于碳纳米管在基体中的均匀分散，而不破坏碳纳米

管的整体性。进而，需要好的界面黏结获得界面荷载传递，才能提高复合材料力学性能。高的长细比有利于在复合材料中沿轴向取向，在其他应用方面，高的轴向导电能力利于制备导电聚合物。

目前，碳纳米管复合材料主要分为碳纳米管与有机物、碳纳米管与金属类复合材料，以及碳纳米管与无机材料的复合材料。

1. 碳纳米管/聚合物复合材料

碳纳米管/聚合物复合材料主要应用碳纳米管作为材料增强体，改善材料的导电性和材料的光电子性能方面。例如碳纳米管增强的聚酰亚胺纳米复合材料被认为在许多领域，特别是在航天领域有潜在应用。传统航天飞行器采用碳纤维增强聚酰亚胺复合材料，碳纤维增强聚合物基复合材料技术已经发展到很成熟，可以通过各种成型工艺，如缠绕、拉挤、铺放实现设计所需要的三维结构。而碳纳米管增强聚合物基复合材料目前还没有达到这种程度。目前主要工作还集中在分散和定向。除了和基体不连接的碳纳米管滑移现象，基体中碳纳米管束团聚会明显降低增强材料的长细比（L/d）。化学气相沉积（CVD）方法制备的碳纳米管，在碳纳米管的生长过程中，团聚现象显著。实现碳纳米管在基体中的均匀分散同时，很关键要控制结构和定向，这样才可以发挥碳纳米管的轴向荷载传递效率。定向碳纳米管系统的表征是理解纳米复合材料的基本增强机理的关键，碳纤维复合材料传统上由预浸布作为前躯体制备而成。和碳纤维相比，碳纳米结构如何跨越到宏观复合材料结构的机理还不是很清楚，部分原因是碳纳米管的独特性，同时碳纳米管彼此有很强的吸引力，形成类似于碳纤维的高刚度和高强度长纤维仍然很模糊。然而，由于有吸引力的力学和电学综合性能，开展利用碳纳米管潜力实现多功能结构的努力依然在持续。最佳的结果，是在纳米复合材料所具备的性能基础上，利用碳纳米管代替石墨纤维。

碳纳米管在高聚物复合材料中的应用首先要解决的问题是分散性。为了提高分散能力及增加碳纳米管与聚合物界面的结合力，需要对其表面进行改性。主要目的是降低它的表面能态，提高其与有机相的亲和力，使其能比较好地应用到聚合物的复合材料中。

（1）改性方法

常用的改性方法主要有化学法和物理法两种。

1）化学法

利用化学反应或高的外加能量在碳纳米管表面引入特定的官能团，从而达到改变其表面性质的方法。具体包括以下几种方法：

①表面处理改性。利用酸化或磺化反应等化学手段处理碳纳米管，在碳纳米管上获得某些官能团，改变其表面性质以符合某些特定的要求（例如表面亲水性、生物相容性）。

②外膜改性。在碳纳米管表面均匀包覆一层其他物质的膜，使其表面性质发生变化。

③局部活性改性。利用化学反应使碳纳米管表面接枝不同官能团，与聚合物复合后使复合材料具有新功能。

碳纳米管/两亲性聚合物复合材料将拥有更加优异的性能，在信息、生物医学、催化等领域将得到重要应用。

2）物理法

这种方法运用粉碎、摩擦等方法，利用机械应力对碳纳米管表面进行激活以改变其表面物理化学结构而对其进行改性的方法。这种方法使碳纳米管的内能增大，在外力作用下活化的碳纳米管表面与其他物质发生反应、附着，以达到改性的目的。主要通过超声分散或利用很大的剪切力来处理碳纳米管，防止其团聚，达到良好的分散效果。

（2）制备方法

碳纳米管/聚合物复合材料的合成方法一般有两种。一种是在碳纳米管存在下的原位聚合。该方法是利用碳纳米管表面的官能团参与聚合，或利用引发剂打开碳纳米管的 π 键，使其参与聚合而达到与有机相的良好相容性。另一种方法是物理共混，又分为溶液共混和熔体共混。它是利用碳纳米管上的官能团和有机相的亲和力或空间位阻效应来达到与有机相的良好相容性。目前已用这两种方法制备出了聚丙烯酸甲酯/CNTs（PMMA/CNTs）、尼龙-6（PA6）/CNTs、聚吡咯（PPY）/CNTs、PmPV/CNTs、PPV/CNTs 及环氧树脂/CNTs 复合材料等多种聚合物/CNTs 复合材料。

研究结果显示，几种方法制备的碳纳米管/聚合物复合材料中，原位聚合法制备出的复合材料导电率最低，逾渗值为质量分数的 0.06%；溶液共混法获得的逾渗值为质量分数的 0.05%～0.1%，熔体共混法制备的碳纳米管/聚合物复合材料逾渗值最高，质量分数为 0.1%～0.2%。采用哪一种方法制备该类复合材料需要根据所采用的聚合物种类、碳纳米管的情况、实验条件，以及复合材料所能达到的性能等来综合考虑。

2. 碳纳米管/金属/陶瓷复合材料

由于传统金属的性能也不能满足日益发展的技术的实际需求，因而对材料进行改性也成为一种发展趋势。碳纳米管由于其独特的力学和物理特性，以其作为金属基体的增强体也越来越受到关注。将其与金属材料复合后能得到各种高性能的新型复合材料，这已成为研究碳纳米管复合材料的一个极为重要领域。其中纳米管增强铝基复合材料和纳米管增强镁基复合材料是近年研究的热点。

（1）纳米管增强铝基复合材料

由于不连续增强铝基复合材料优异的性能，使之在航空、航天和汽车等领域中具有广阔的应用前景。对这种材料而言，增强相的合理选择对其性能改善至关重要。传统上，铝基复合材料采用 SiC、$A1_2O_3$ 等陶瓷粒子作为增强相，近年来纳米尺度的新型增强相——碳纳米管引起人们的极大兴趣。碳纳米管铝基复合材料具有密度低、高强度、抗氧化性好和耐腐蚀等优点，成为尖端技术部门发展高性能结构材料的研究方向。虽然碳纳米管铝基复合材料还处在试验阶段，但取得了很大的进展。

Barrera 等用用富勒烯作为铝基增强相使纯铝硬度提高了近 80%。吴昊等采用粉末冶金常压烧结与高温模压和热挤压相结合的工艺制备了碳纳米管增强铝基复合材料。结果表明，随着碳纳米管含量的增加（质量分数 0～2%），复合材料的硬度逐渐升高，抗拉强度先升高后下降。当碳纳米管含量为 1.5%时抗拉强度达 370MPa，硬度和抗拉强度分别比纯铝提高了 433%和 236%。当碳纳米管含量为 2%时，复合材料的摩擦因数和磨损量分别比纯铝降低了 63%和 14%。许世娇等采用高能球磨法制备了不同体积分数的碳纳米管与 Al 粉的混合粉末，用粉末冶金工艺制备了碳纳米管/铝（CNTs/Al）复合材料。微观结构分析表明，球磨可以分散一定含量的碳纳米管到 A1 基体中，并与其产生良好结合。在适当的球磨工艺下，球磨不会造成碳纳米管的严重损伤。赵霞等用搅拌摩擦加工法制备碳纳米管增强铝基复合材料，并对不同碳纳米管含量的复合材料的微观结构、拉伸性能及断口形貌进行分析。结果表明：碳纳米管添加到铝基体中，搅拌摩擦中心区晶粒细小，碳纳米管与基体之间结合良好，未发现明显的缺陷；碳纳米管对基材有明显的强化作用，铝基复合材料抗拉强度随着碳纳米管含量的增加而提高；碳纳米管体积分数为 7%时，抗拉强度达到 201MPa，是基材的 2.2 倍。

碳纳米管作为理想的纳米级纤维增强相。理论上可以极大地提高金属基体的力学性能，但是实际研究中其力学性能远未达到理想值。这主要是由于碳纳米管自身表面能极容易发生团聚，且与铝基体润湿性差而导致界面结合很不理想。复合材料的界面是影响复合材料综合性能的重要因素之一。所以应加强对 CNTs/Al 复合材料的界面研究，充分挖掘其潜力以获得性能优良的 CNTs/A1 复合材料。

（2）纳米管增强镁基复合材料

碳纳米管/镁基复合材料具有碳纳米管和镁基体的综合优点，即高的导热率、高比强度、高比刚度、良好尺寸稳定性，还具有优良的电磁屏蔽性能、优良的机械加工性能，可生产各种铸件、锻件等。因而在航空航天、汽车工业、3C 产业、运动娱乐以及其他领域都将有可能得到广泛运用。

在镁基体材料中，微小裂纹源的存在造成应力的集中而导致裂纹扩展，致使镁基体材料发生断裂。但当碳纳米管均匀地分布于镁基体材料中时，由于碳纳米管比镁基体材料表面积大、直径小且经表面改性处理后与镁基体间的润湿性比碳纤维好，而且碳纳米管具有很好的热稳定性和耐腐蚀性，所以碳纳米管不易与镁基体反应形成脆性界面，而是与镁基体材料紧密结合形成性能优异的碳纳米管/镁基复合材料。外加的载荷将通过强界面的结合和传递分布到碳纳米管上，因此，镁基复合材料的弹性模量将会大大提高。另外，由于碳纳米管直径为纳米级，其晶格缺陷比碳纤维小得多，所以可显著提高复合材料的强度。

李四年等研究结果表明，采用化学镀镍处理，可在 CNTs 表面获得均匀且结合力较强的涂覆层，改善其与基体的润湿和结合状况。CNTs 对镁基材料具有较好的增强效果，且经过涂覆处理的 CNTs，其增强效果更明显。李维学等采用搅拌铸造法制备 CNTs 和 SiCp 增强镁材料，研究结果表明随 CNTs 加入量的增加，复合材料的硬度增大，而抗拉强度则先增大后减小。当 CNTs 体积分数为 1.1%时，复合材料的抗拉强度提高了 86%，硬度提高了 22.6%。

虽然人们在镁基复合材料的研究上取得了很大进展，但仍存在很多的问题。比如，镁基复合材料的界面强化机理和复合机理等基础研究还不够理想，复合材料的制备工艺还有待改进和完善，还待进一步提高增强相性能等。塑性好、高强度、储氧性能优良的碳纳米管/镁基复合材料正在引起研究者的关注。

（3）制备方法

目前，碳纳米管增强铝基/镁基复合材料的常用制备方法主要有粉末冶金法、搅拌铸造法、熔体浸渍法、原位合成法。

1）粉末冶金法

粉末冶金法是将 CNTs 与铝粉均匀搅拌混合，然后进行球磨、干燥、压实和烧结等。该方法的优点主要是碳纳米管能在铝基体中分布均匀，而且可准确控制碳纳米管的含量，自由度比较高。CNTs 与铝基体不易发生化学反应，工艺过程对设备要求也不高。缺点是混粉时间比较长、压力大，且球磨过程可能对 CNTs 原有结构造成损害，制备出的复合材料中一般会有较多的孔隙、气泡、裂纹等，内部缺陷影响了碳纳米管铝基复合材料的性能，工艺复杂且制造成本高，不易制备形状复杂的零件。

2）搅拌铸造法

搅拌铸造法是最常见的方法之一，该方法是在熔融的液态金属中加入碳纳米管，当增强相碳纳米管慢慢加入到液体金属中，机械搅拌器强力搅拌，利用涡流形成的巨大负压迫使碳纳米管分散于金属基体中，从而达到分散的目的，制备出分散均匀的碳纳米管增强金属基复合材料。该工艺优点是工艺简单易于操作、对设备要求性不高、生产效率高等。缺点是由于碳纳米管密度相对金属较低，在熔体金属中易上浮，造成增强相的偏析，分散不均匀和较多的气孔空隙，对碳纳米管铝基复合材料的性能有很大影响。

3）熔体浸渍法

熔体浸渍法是一种将熔体金属在一定的工艺条件下渗透到具有一定形状和较高空隙的预制块体中，达到渗透的作用，然后通过自然冷却，凝固完成复合材料的制备。一般来说熔体浸渍法分为压力渗透和无压渗透。压力渗透效果比较明显，制备的复合材料孔隙率相对来说较低，目前有报道称这种方法能够制备体积分数高达50%的复合材料。但是制备工艺复杂，对设备要求高，易发生化学反应，生成脆性物质，对复合材料性能影响很大。而且一般要在惰性气体保护下才可进行。无压渗透在自然状态下达到一种熔体浸渍平衡的状态。无压渗透制备的复合材料一般体积分数有一定的限制，很难实现高密度的制备。但操作相对简单，制备条件比较容易实现。相对其他复合材料制备工艺来说，无论哪种浸渍方法都有优缺点，目前来看熔体浸渍法因为其预制块制备比较复杂，而且块体中气孔不易排出，造成复合材料疏松、容易变形等，所以目前还在不断探讨中。

4）原位合成法

原位复合技术作为一种突破性新的复合技术受到国内外学者的普遍重视。原位金属基复合材料主要是以金属为基底，采用适当的工艺方法，在金属基底上达到一种化学或者非化学的反应制备出增强相。原位复合技术基本上能克服其他工艺通常出现的一系列问题，如增强相与金属界面浸润差、界面反应产生脆性层、增强相分布不均匀，特别是微小的第二相或增强相极难与金属进行复合等，因此是接下来研究的热点。

制备方法的单一性、加工工艺的复杂性、生产效率不高等，这些问题还制约着碳纳米管金属基复合材料的发展，碳纳米管在基体中良好的分散和它与基体的界面结合等问题需要进一步地探索研究。

3. 碳纳米管生物复合材料

碳纳米管具有密度低、长径比高，并且可以重复弯曲、扭折而不被破坏的结构，因此是制备强度高、质量轻、性能好的复合材料的最佳承荷增强材料。研究表明，向高分子材料中加入碳纳米管可以显著改善原聚合物的传导性、强度、弹性、韧性和耐久性等性质。

对聚氨酯/多壁碳纳米管复合膜和聚苯乙烯/多壁碳纳米管复合膜的机械拉伸实验表明，当碳纳米管与基体间存在良好的界面结合时，聚合物中碳纳米管可以增强聚合物的抗张强度。Webster 等发现，多壁碳纳米管和聚氨酯形成的复合材料较传统医用聚氨酯具有更好的导电性和机械强度，适合制造应用于临床的载体设备，如可能作为检查神经组织恢复情况的探针和骨科应用的假体等。

目前，碳纳米管生物复合材料制备过程中最关键的仍然是碳纳米管在基体中的良好分散和其与界面的结合问题。

4. 碳纳米管复合材料加工工艺研究

近年来，由于纳米级复合材料的出现，纳米级复合材料的加工成为制造者关注的一大热点。Ahamed 等采用高速钢钻削 5%SiCp-5%B4Cp/Al 基复合材料，结果表明磨粒磨损和黏结磨损是主要磨损形式，影响刀具磨损的主要因素为切削速度。一些 SiC 和 B_4C 增强相颗粒被拔出钻削表面，其他颗粒则发生断裂。由于金属基体材料发生塑性变形，在颗粒周围产生空隙和裂纹。Basavarajappa 等研究 15%SiC-3%石墨混杂 Al 基复合材料，结果表明表面粗糙度随切削速度和进给量的增加而增加。Altunpak 等采用类金刚石碳沉积涂层刀具钻削 20%SiC、不同含量的石墨混杂 Al 基复合材料，结果表明石墨的添加 SiCp/Al 基复合材料中能够降低切削力。进给量是影响切削力的主要因素。Osada 等对加工后的体积分数 15%的 SiC 纳米 Al 基复合材料进行热处理研究，结果表明裂纹自愈合是降低加工成本和提高加工表面完整性的非常有效的技术。Gopalakannan 等采用电火花加工方法加工纳米 SiCp 增强 Al7075 基复合材料，结果表明脉冲电流是影响材料去除率、电极磨损率和表面粗糙度的最重要的因素。Rajmohan 等采用硬质合金刀具、涂层硬质合金刀具和聚晶金刚石钻头加工混杂金属基复合材料，并建模分析轴向力、表面粗糙度、毛刺高度和刀具磨损等加工相应特性。结果暗示进给量对轴向力、表面粗糙度、刀具磨损和毛刺高度影响最大。从提高表面精度，降低轴向力、刀具磨损和毛刺高度考虑，聚晶金刚石刀具比其他两种刀具性能更加好。钻孔表面存在裂纹、颗粒拔出、颗粒剪断等缺陷。

但与纳米 SiCp 增强复合材料不同，碳纳米管复合材料的加工具有其独特的加工特性。例如碳纳米管含量、分散程度、取向和界面结合强度等对材料机械加工性能的影响，以及切削加工高应变率条件下的加工响应特性、表面质量等都会与颗粒增强和纤维增强复合材料不同。

Samuel 等对比研究了多壁碳纳米管复合材料与传统碳纤维聚碳酸酯复合材料的切削加工性能。与传统碳纤维复合材料相比，碳纳米管复合材料切削力和表面粗糙度最小，且容易形成连续切屑。Jasinevicius 等对不同含量的碳纳米管/环氧树脂复合材料进行超精密切削实验，结果显示碳纳米管含量影响复合材料的切削模式（脆性/塑性切削），进一步影响材料的加工特性及表面形成机理。

从上述分析可以看出，碳纳米管复合材料的切削加工仍处在起步阶段。随着碳纳米管复合材料的应用，急需对其切削加工性能进行全面系统的理论与实践研究。

（三）碳纳米管增强复合材料在航天领域应用案例

图 9-8 和图 9-9 示意了一种方法，即碳纳米管表面功能化（用化学方法使表面形成极性基团）、交联、与树脂复合后制成纤维、做成结构，最后应用到飞行器上。

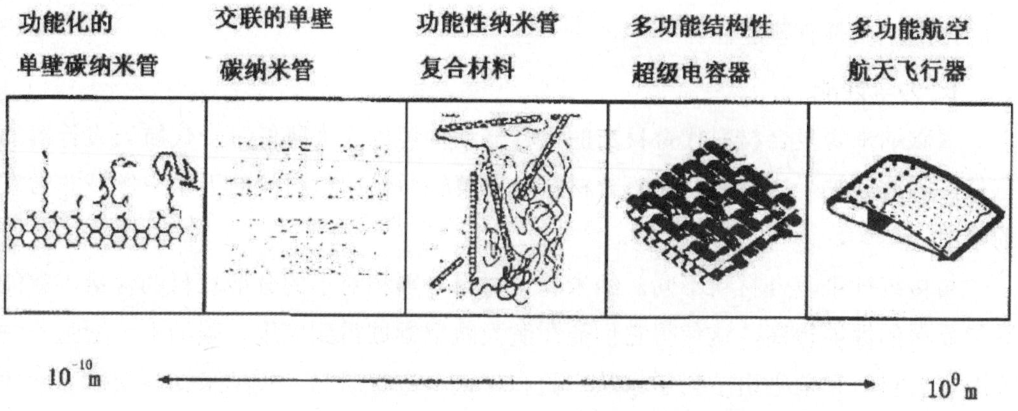

图 9-8　发展宏观材料结构系统的碳纳米管及纳米复合材料路线图

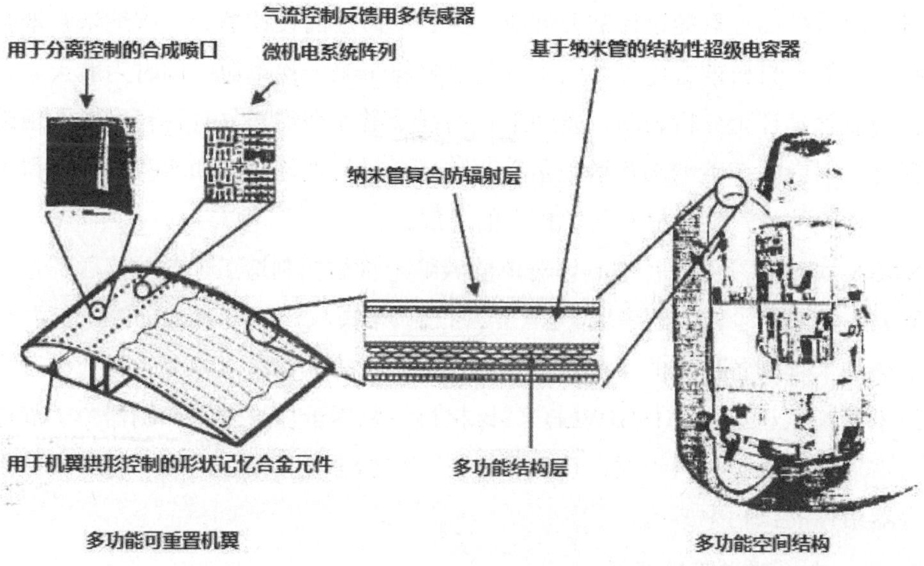

图 9-9　用于智能机翼结构和多功能航天器的纳米复合材料

自下而上的设计方法制造的碳纳米管增强树脂基复合材料能够带来像多功能材料的系统效应，不仅能应用到结构材料中，而且可应用到热控或是抗微流星体撞击结构材料中。美国 NASA 支持了一系列的计划，包括碳纳米管的生产及在航天中的应用，如纳米流体、热塑性纳米复合材料、环氧纳米复合材料纤维体系、聚合物基纳米复合材料。碳纳米管增强的环氧复合材料除了具有轻质、高强、韧性好、耐冲击的特点，还具有智能性。

1. **力学性能**

用碳纳米管复合材料代替目前的飞行器结构可以大大降低下一代航天飞行器的重量，因此碳纳米增强聚合物复合材料在需要轻质耐用材料的航天航空领域非常有前景。

与传统纤维复合材料不同，纳米复合材料只需相对小的分散材料的含量，就能获得显著的性能提高，这使得它们能在航天航空领域得到应用。碳纳米管增强聚酰亚胺复合材料目前吸引了科学家从实验和理论上进行研究。碳纳米管与聚酰亚胺的组合被期望扮演重要的角色开发新型高性能纳米碳聚合物复合材料。聚酰亚胺在航天应用展示出的独特适应空间环境优势，碳纳米管具有轻质、高强、高刚度和高韧性综合一体的力学优势及导电导热、智能的多功能优势。航天发展迫切需要新一代飞行器，而这种飞行器的设计需要创新，需要革命性的设计理念。碳纳米管增强聚酰亚胺纳米复合材料被看作可以为先进复合材料带来一次革命，同时为航天飞行器注入新的概念。理论分析表明，碳纳米管增强聚酰亚胺纳米复合材料可以实现新的设计理念，国内外在碳纳米管增强聚酰亚胺复合材料理论分析和实验结果取得不断进展，推动碳纳米管复合材料科学技术的发展。

NASA 戈达德空间飞行中心针对单壁碳纳米管结构制造工艺难的问题，进行了大量研究，并取得了较大的进展。NASA 通过技术授权，并与 Nanotailor 公司合作，实现了碳纳米管制备技术的产业化。杜邦公司投资的朱诺航天器复合材料公司生产出碳纳米管片状材料（EMSHIWLD），该材料主要用于保护木星探测器免于静电放电。与常规放电保护材料不同，该片状材料就添加进飞行器表层中，将其直接整合进飞行器组件的结构中。

2. **光、电、磁学等性能**

近年新成立的 Nanocomp 技术公司目前生产了碳纳米管并用其制造出了具有电和热传导性能的片材和纱材。Nanocomp 技术公司生产的碳纳米管纱线，可以取代铜线来制造轻重量的同轴电缆，其导电性能是铜的 100 倍以上。这种材料具有的导电性对于对减重有着苛刻要求的航天飞机制造商有着巨大的吸引力。NASA 计划 2012 年发射的“守望号”航天飞机就利用了这种碳纳米管片的静电防护作用。达索公司接受了美国空军的一项合同继续研究和发展用于有人和无人驾驶飞机的具有电磁干扰屏蔽功能的碳纳米管材料。军方对碳纳米管能显著减轻结构布线重量也表示了浓厚的兴趣并进行了飞行试验。

碳纳米管不仅被作为理想的力学增强材料，而且也被利用来增强感知和驱动能力，以获得纳米复合材料的内在多功能性。自从碳纳米管被发现以来，纳米传感器和纳米计算机研究蓬勃发展。最近的结果表明，加入少量的单壁碳纳米管（SWNT）可以增加聚合物的电化学反应，提高感知能力。在电场的作用下，提高 SWNT 的含量可以激活聚合物复合材料、修饰 SWNT 聚合物复合材料的电学和介电性能，直接提高聚合物的传感和驱动能力。变化 SWNT 的含量和取向可以在很大范围调整纳米复合材料的力学、电学和介电性能。这种可变的多功能性，结合增强的纳米复合材料结构性能，将可以用来设计未来航天飞行器的关键智能耐用构件。

利用碳纳米管的导电性能、电磁屏蔽性能和优良的断裂韧性，人们制作出碳纳米管片用于航天器的静电耗损防护。典型的应用例子是美国的朱诺号木星探测器中，碳纳米管复合材料被用于制作发动机的支撑杆和发动机的覆盖件，如图 9-10 和图 9-11 所示。

图 9-10　朱诺号探测器上用碳纳米管复合材料的支撑杆

图 9-11　朱诺号探测器上用碳纳米管复合材料制作的发动机覆盖件

碳纳米管可以潜在应用于高应变复合材料体系或要求在高温下保持力学性能的场合，已成功应用于先进的 “Gossamer”航天飞行器。

碳纳米管在电子器件中用作量子线非常有前景，但是制作上的挑战将在若干年内限制其实际应用。碳纳米管的原子氧效应可用于制造原子氧探测器，实现空间原子氧的实时探测。

3. 热学和吸波性能

碳纳米管优异的导热性能，将使它有望成为今后超高速运算的计算机芯片导热板，也可应用于发动机和火箭等各种高温部件的防护材料。图 9-12 为碳纤维、碳纳米管及碳纳米管复合材料热传导实验照片，该类复合材料有望应用到空间推进系统的热辐射器中，以提高系统的导热性能，减轻推进系统的重量。由于碳纳米管具有优异的吸波性能，研究者开始着手研究其在军事隐形、储能、吸波等方面的应用。美国密执安州立大学的戴维·托姆尼克利用碳纳米管材料，将其固定在一层薄的环氧树脂基体中，制成了有高度导电性和吸收雷达波的复合材料板，并用它制成隐形飞机的蒙皮，用于防止隐形飞机遭遇雷击。

（a）碳纤维　（b）碳纳米管　（c）碳纳米管复合材料

图 9-12　碳纤维、碳纳米管、碳纳米管复合材料热传导实验

（四）小结

过去十几年，我国在碳纳米管复合材料的合成和处理方面有了很大的进展。但碳纳米管作为一种新兴材料，人们对它的研究还不够彻底，在很多领域的研究还有待深入。例如碳纳米管增强铝基复合材料和碳纳米管增强镁基复合材料方面，在材料的界面强化机理、复合材料的制备工艺、结构件的机械加工工艺等方面还有许多亟待解决的问题。特别在航天领域，碳纳米管复合材料被认为可以为复合材料在航天领域带来一次新的革命，实现新概念的多功能结构复合材料。可以结合最终期望获得的性能，从原材料选择、工艺选择、结构分析设计方面入手，选择结构功能一体化的碳纳米管复合材料，实现其在航天领域的广泛应用。

参考文献

[1] 李晓华．面向智慧社会的“新基建”及其政策取向[J]．改革，2020（05）：34-48．

[2] 李胜华，辛洪涛，金彦彤．山东省“新基建”型企业发展战略研究[J]．现代商贸工业，2020，41（12）：6-7．

[3] 李迅雷，徐驰．以“新基建”推进国家治理现代化[J/OL]．人民论坛·学术前沿：1-5[2020-06-08]．https://doi.org/10.16619/j.cnki.rmltxsqy.2020.30.008．

[4] 王转利，周妃．关于“新基建”下信息通信高校学科发展的探讨[J]．经济研究导刊，2019（16）：139-140．

[5] 刘涛．新基建机遇下陕西城际铁路发展研究[J]．陕西行政学院学报，2020，34（02）：31-36．

[6] 李赟，孙建国．新冠肺炎疫情冲击下加强农村“新基建”投资研究[J]．财政监督，2020（10）：24-27．

[7] 董双莹．新基建背景下智慧旅游景区发展对策研究——以云台山为例[J]．旅游纵览（下半月），2020（04）：183-184．

[8] 刘全，翟建伟，章宗长，钟珊，周倩，章鹏，徐进．深度强化学习综述．计算机学报，2018，41（1）：1-27．

[9] 王钰鑫．大数据：国家治理的转型发展与因应[J]．桂林航天工业学院学报，2017，22（03）：344-348．

[10] 董宏伟，顾佳晨，王萱．大数据时代背景下国家治理的变革与创新[J]．现代商业，2015（15）：69-70．

[11] 冯锋．大数据时代的国家治理：评析与反思[J]．东岳论丛，2019，40（10）：102-109．

[12] 张明斗，刘奕．基于大数据治理的城市治理现代化体系研究[J]．电子政务，2020（03）：91-99．

[13] 李美桂．大数据背景下国家治理模式变革——基于大数据对新型冠状病毒肺炎疫情防控的分析研究[J]．今日科苑，2020（02）：25-29+56．

[14] 郭晓燕．大数据服务于地方政府治理的功能优化研究[J]．智库时代，2020（13）：1-3．

[15] 季乃礼，兰金奕．大数据思维下政府治理理念转变的机遇、风险及应对[J]．山东科技大学学报（社会科学版），2020，22（02）：84-92．

[16] 黄璜，黄竹修．大数据与公共政策研究：概念、关系与视角[J]．中国行政管理，2015（10）：25-30．

[17] 李琦．大数据视域下的应急管理思维转变[J]．学习与探索，2018（02）：69-75．

[18] 梁志峰，左宏，彭鹏程．基于大数据的政府决策机制变革：国家治理科学化的一个路径选择[J]．湖南社会科学，2017（03）：118-125．

[19] 周光华，辛英，张雅洁，胡婷，李岳峰．医疗卫生领域大数据应用探讨[J]．中国卫生信息管理杂志，2013，10（04）：296-300+304．

[20] 陈少强，向燕晶．运用财政大数据提升国家治理能力[J]．财政科学，2019（07）：75-83．

[21] 赵发珍，王超，曲宗希．大数据驱动的城市公共安全治理模式研究：一个整合性分析框架[J/OL]．情报杂志：1-9[2020-05-09]．http://kns.cnki.net/kcms/detail/61.1167.G3.20200323.1643.008.html.

[22] 宋刚，刘志，黄玉冰．以大数据建设引领综合执法改革，创新橄榄型城市治理模式，形成市域社会治理现代化的“北京实践”[J]．办公自动化，2020，25（05）：8-10．

[23] 蒲凌，王欣雨．大数据下秦皇岛城市治理能力提升对策[J]．合作经济与科技，2020（04）：32-33．

[24] 尧淦，夏志杰．政府大数据治理体系下的实践研究——基于上海、北京、深圳的比较分析[J]．情报资料工作，2020，41（01）：94-101．

[25] 砳之．大数据下的纽约城市治理[J]．群众，2018（20）：62-63．

[26] 陈志成，王锐．大数据提升城市治理能力的国际经验及其启示[J]．电子政务，2017（06）：7-15．

[27] 孟刚．深化数字浙江建设 奋力推动高质量发展[J]．浙江经济，2019（06）：

8-9.

[28] 王秀丽. 浅谈金属基复合材料在航空航天领域的应用与发展[J]. 科技创新导报，2016（06）：16-20.

[29] 陈舸. 金属基复合材料在航空航天领域的应用和发展[J]. 橡塑技术与装备，2016，042（008）：63-65.

[30] 陈寰贝，庞学满，胡进，等. 航空航天用电子封装材料及其发展趋势[J]. 电子与封装，2014（5）：6-9.

[31] 邢亚娟，孙波，高坤，等. 航天飞行器热防护系统及防热材料研究现状[J]. 宇航材料工艺，2018，48（4）：9-15.

[32] 王静，杨杰，赵文斌. 航天飞行器外防热复合材料发展概况[J]. 材料导报，2018，32（S2）：425-429.

[33] 郑江楠. 先进复合材料在航空航天领域的研发与应用[J]. 科技创新导报，2018，v.15；No.434（02）：18-18.

[34] 徐靖驰. 先进复合材料在航空航天领域的应用分析与研究[J]. 科技经济导刊，2018，26（28）：85.

[35] 周苑生.先进复合材料在航空航天领域的应用[J]. 中国新技术新产品. 2018（03）：16-18.

[36] 唐见茂. 碳纳米管复合材料在航空航天中的应用[J]. 航天器环境工程，2011，28（3）：218-221.

[37] 刘宇明，刘向鹏，童靖宇，等. 基于碳纳米管气体传感器的空间原子氧实时探测技术探讨[J]. 航天器环境工程，2013，30（3）：230-234.

[38] 刘宇明，侯宇葵，丁义刚，等. 碳纳米管气体传感器在空间站在轨检漏中的应用[J]. 航天器工程，2013，22（3）：119-125.

[39] 刁加加，安立宝，常春蕊. 碳纳米管在典型微纳电子器件中的应用进展[J]. 液晶与显示，2016（02）：149-156.

[40] 焦李成，赵进，杨淑媛，刘芳. 深度学习、优化与识别[M]. 北京：清华大学出版社，2017.

[41] 朱松纯. 浅谈人工智能：现状、任务、构架与统一（上）. https://mp.weixin.qq.com/s/HwFsCj4oQM1ronRd8eSGFg.